实用版法规专辑

伤残鉴定与赔偿

中国法治出版社
CHINA LEGAL PUBLISHING HOUSE

我国的立法体系[1]

立法主体	立法权限
全国人民代表大会	修改宪法，制定和修改刑事、民事、国家机构的和其他的基本法律。
全国人民代表大会常务委员会	制定和修改应当由全国人民代表大会制定的法律以外的其他法律；在全国人民代表大会闭会期间，对全国人民代表大会制定的法律进行部分补充和修改；根据全国人民代表大会授权制定相关法律；解释法律。
国务院	根据宪法、法律和全国人民代表大会及其常务委员会的授权，制定行政法规。
省、自治区、直辖市的人民代表大会及其常务委员会	根据本行政区域的具体情况和实际需要，在不同宪法、法律、行政法规相抵触的前提下，制定地方性法规。
设区的市、自治州的人民代表大会及其常务委员会	在不同上位法相抵触的前提下，可对城乡建设与管理、生态文明建设、历史文化保护、基层治理等事项制定地方性法规。
经济特区所在地的省、市的人民代表大会及其常务委员会	根据全国人民代表大会的授权决定，制定法规，在经济特区范围内实施。
上海市人民代表大会及其常务委员会	根据全国人民代表大会常务委员会的授权决定，制定浦东新区法规，在浦东新区实施。
海南省人民代表大会及其常务委员会	根据法律规定，制定海南自由贸易港法规，在海南自由贸易港范围内实施。
民族自治地方的人民代表大会	依照当地民族的政治、经济和文化的特点，制定自治条例和单行条例。对法律和行政法规的规定作出变通的规定，但不得违背法律或者行政法规的基本原则，不得对宪法和民族区域自治法的规定以及其他有关法律、行政法规专门就民族自治地方所作的规定作出变通规定。
国务院各部、委员会、中国人民银行、审计署和具有行政管理职能的直属机构以及法律规定的机构	根据法律和国务院的行政法规、决定、命令，在本部门的权限范围内，制定规章。
省、自治区、直辖市和设区的市、自治州的人民政府	根据法律、行政法规和本省、自治区、直辖市的地方性法规，制定规章。设区的市、自治州人民政府制定的地方政府规章限于城乡建设与管理、生态文明建设、历史文化保护、基层治理等方面的事项。
中央军事委员会	根据宪法和法律制定军事法规，在武装力量内部实施。
中国人民解放军各战区、军兵种和中国人民武装警察部队	根据法律和中央军事委员会的军事法规、决定、命令，在其权限范围内制定军事规章，在武装力量内部实施。
国家监察委员会	根据宪法和法律、全国人民代表大会常务委员会的有关决定，制定监察法规。
最高人民法院、最高人民检察院	作出属于审判、检察工作中具体应用法律的解释。

---

[1] 本图表为编者根据《立法法》相关规定编辑整理，供参考。

■实用版法规专辑·新8版

编 辑 说 明

　　运用法律维护权利和利益,是读者选购法律图书的主要目的。法律文本单行本提供最基本的法律依据,但单纯的法律文本中的有些概念、术语,读者不易理解;法律释义类图书有助于读者理解法律的本义,但又过于繁杂、冗长。

　　基于上述理念,我社自2006年7月率先出版了"实用版"系列法律图书;2008年2月,我们将与社会经济生活密切相关的领域所依托的法律制度以专辑形式汇编出版了"实用版法规专辑",并在2012年、2014年、2016年、2018年、2020年、2022年全面更新升级再版。这些品种均深受广大读者的认同和喜爱。

　　2025年,本着"以读者为本"的宗旨,适应实践变化需要,我们第八次对"实用版法规专辑"增订再版,旨在为广大公民提供最新最高效的法律学习及法律纠纷解决方案。

　　鲜明特点,无可替代:

　　1. **出版权威**。中国法治出版社是中华人民共和国司法部所属的中央级法律类图书专业出版社,是国家法律、行政法规文本的权威出版机构。

　　2. **法律文本规范**。法律条文利用了我社法律单行本的资源,与国家法律、行政法规正式版本完全一致,确保条文准确、权威。

　　3. **条文注释专业、权威**。本书中的注释都是从全国人大常委会法制工作委员会、中华人民共和国司法部、最高人民法院等对条文的权威解读中精选、提炼而来,简单明了、通俗易懂,涵盖百姓日常生活中经常遇到的纠纷与难题。

　　4. **案例典型指引**。本书收录数件典型案例,均来自最高人民法院指导案例、公报案例、各地方高级人民法院判决书等,点出适用

1

要点，展示解决法律问题的实例。

5. **附录实用**。书末收录经提炼的法律流程图、诉讼文书、办案常用数据（如损害赔偿金额标准）等内容，帮助您大大提高处理法律纠纷的效率。

6. "**实用版法规专辑**"从某一社会经济生活领域出发，收录、解读该领域所涉重要法律制度，为解决该领域法律纠纷提供支持。

伤残鉴定与赔偿法律制度理解与适用

人身损害在我们日常生活中时有发生，在解决这类纠纷的过程中，对伤残的鉴定至关重要，伤残鉴定意见往往是决定是否发生民事赔偿甚至刑事责任，以及确定民事赔偿数额的重要证据。

为了对伤残鉴定进行规范，保证鉴定意见的公正、独立和科学，2005年2月28日，第十届全国人大常委会第十四次会议审议通过了《全国人民代表大会常务委员会关于司法鉴定管理问题的决定》，这一法律的出台，加强了对鉴定人和鉴定机构的管理，并且适应司法机关和公民、组织进行诉讼的需要。对完善我国的司法鉴定管理体制，维护当事人的合法权益具有重要意义。2015年4月24日第十二届全国人民代表大会常务委员会第十四次会议通过了《关于修改〈中华人民共和国义务教育法〉等五部法律的决定》，对本决定进行了修正。

在公民的日常生活中，涉及道路交通事故、工伤、医疗事故的纠纷频发，因此，本书对这三类纠纷导致的伤残鉴定与赔偿作出了重点说明。

（一）道路交通事故伤残鉴定与赔偿

道路交通事故的伤残鉴定主要依据为《中华人民共和国道路交通安全法》《中华人民共和国道路交通安全法实施条例》以及《道路交通事故处理程序规定》。道路交通事故的赔偿主要依据为《中华人民共和国民法典》《最高人民法院关于审理道路交通事故损害赔偿案件适用法律若干问题的解释》。

（二）工伤伤残鉴定与赔偿

关于工伤伤残的鉴定，主要依据为《工伤保险条例》《工伤认定办法》，《劳动能力鉴定 职工工伤与职业病致残等级》。《工伤保险条例》《工伤认定办法》主要规范工伤认定程序,依法进行工伤认定;《劳动能力鉴定 职工工伤与职业病致残等级》则为工伤或患职业病劳动者的伤残程度作出更加客观、科学的技术鉴定,提供了具体的标准。

(三) 医疗事故伤残鉴定

对于医疗事故伤残的鉴定,主要依据《医疗事故处理条例》和《医疗事故技术鉴定暂行办法》,其中《医疗事故技术鉴定暂行办法》对专家库的建立、鉴定的提起、受理、专家鉴定组的组成、医疗事故技术鉴定等作出了具体规定。

此外,对于一般人身损害的伤情鉴定,2014年1月1日,《人体损伤程度鉴定标准》正式实施。该标准经过长期实践,几经论证最终出台,逐渐解决长期以来因鉴定标准不统一、不完善带来的一系列定案不准的问题。

伤残鉴定法律要点提示

法律要点	法 条	页 码
司法鉴定业务范围	《全国人民代表大会常务委员会关于司法鉴定管理问题的决定》第2条	第61页
鉴定人从业条件	《全国人民代表大会常务委员会关于司法鉴定管理问题的决定》第4条	第62页
鉴定机构从业条件	《全国人民代表大会常务委员会关于司法鉴定管理问题的决定》第5条	第62页
鉴定机构设立限制	《全国人民代表大会常务委员会关于司法鉴定管理问题的决定》第7条	第62页
鉴定机构的独立性与鉴定业务开展	《全国人民代表大会常务委员会关于司法鉴定管理问题的决定》第8条	第62页
鉴定人出庭作证	《全国人民代表大会常务委员会关于司法鉴定管理问题的决定》第11条《司法鉴定程序通则》第43条-第46条	第63页 第73-74页
保密义务	《司法鉴定程序通则》第6条	第67页
司法鉴定受理条件	《司法鉴定程序通则》第14条	第68页
不予受理司法鉴定的情形	《司法鉴定程序通则》第15条	第68页
确定鉴定人	《司法鉴定程序通则》第18条	第69页

1

法律要点	法 条	页 码
鉴定人回避	《全国人民代表大会常务委员会关于司法鉴定管理问题的决定》第9条 《司法鉴定程序通则》第7条、第20条	第63页 第67、69页
终止鉴定情形	《司法鉴定程序通则》第29条	第71页
补充鉴定	《司法鉴定程序通则》第30条	第71页
重新鉴定	《司法鉴定程序通则》第31条	第72页
会检鉴定	《司法鉴定程序通则》第34条	第72页

目　录

综　合

中华人民共和国民法典（节录）……………………（1）
　　（2020 年 5 月 28 日）
最高人民法院关于适用《中华人民共和国民法典》
　　侵权责任编的解释（一）……………………（55）
　　（2024 年 9 月 25 日）
全国人民代表大会常务委员会关于司法鉴定管理问题
　　的决定……………………………………………（61）
　　（2015 年 4 月 24 日）
中华人民共和国民事诉讼法（节录）………………（65）
　　（2023 年 9 月 1 日）
司法鉴定程序通则……………………………………（66）
　　（2016 年 3 月 2 日）
司法鉴定执业活动投诉处理办法……………………（74）
　　（2019 年 4 月 4 日）
司法鉴定人登记管理办法……………………………（81）
　　（2005 年 9 月 30 日）
人民法院司法鉴定工作暂行规定……………………（88）
　　（2001 年 11 月 16 日）
人民法院对外委托司法鉴定管理规定………………（92）
　　（2002 年 3 月 27 日）

最高人民法院关于人民法院民事诉讼中委托鉴定审查
工作若干问题的规定……………………………………（95）
　　（2020年8月14日）
最高人民法院关于诉前调解中委托鉴定工作规程
（试行）…………………………………………………（99）
　　（2023年7月26日）
最高人民法院关于审理人身损害赔偿案件适用法律
若干问题的解释…………………………………………（102）
　　（2022年4月24日）

鉴定标准

人体损伤程度鉴定标准……………………………………（108）
　　（2013年8月30日）
最高人民法院关于执行《人体损伤程度鉴定标准》
有关问题的通知…………………………………………（150）
　　（2014年1月2日）
人体损伤致残程度分级……………………………………（151）
　　（2016年4月18日）

道路交通事故伤残鉴定与赔偿

中华人民共和国道路交通安全法（节录）………………（205）
　　（2021年4月29日）
中华人民共和国道路交通安全法实施条例（节录）………（214）
　　（2017年10月7日）
道路交通事故处理程序规定（节录）……………………（217）
　　（2017年7月22日）

最高人民法院关于审理道路交通事故损害赔偿案件
　　适用法律若干问题的解释 …………………………（222）
　　（2020年12月29日）

劳动工伤伤残鉴定与赔偿

中华人民共和国职业病防治法（节录）………………（228）
　　（2018年12月29日）
工伤保险条例（节录）……………………………………（232）
　　（2010年12月20日）
工伤认定办法 ……………………………………………（250）
　　（2010年12月31日）
劳动能力鉴定　职工工伤与职业病致残等级 …………（259）
　　（2014年9月3日）
职业病诊断与鉴定管理办法（节录）……………………（343）
　　（2021年1月4日）
职工非因工伤残或因病丧失劳动能力程度鉴定标准（试行）…（350）
　　（2002年4月5日）
最高人民法院关于因第三人造成工伤的职工或其亲属
　　在获得民事赔偿后是否还可以获得工伤保险补偿问
　　题的答复 ………………………………………………（356）
　　（2006年12月28日）

医疗事故伤残鉴定与赔偿

医疗事故处理条例 ………………………………………（358）
　　（2002年4月4日）
医疗事故技术鉴定暂行办法 ……………………………（383）
　　（2002年7月31日）

最高人民法院关于审理医疗损害责任纠纷案件适用法律若干问题的解释 ………………………………………… (392)
　　(2020年12月29日)

精神损害鉴定与赔偿

精神疾病司法鉴定暂行规定 ………………………… (399)
　　(1989年7月11日)
最高人民法院关于确定民事侵权精神损害赔偿责任若干问题的解释 ……………………………………… (404)
　　(2020年12月29日)

实用附录

司法鉴定委托书 ……………………………………… (406)
司法鉴定协议书 ……………………………………… (407)
司法鉴定流程图 ……………………………………… (410)

综　合

中华人民共和国民法典（节录）

（2020年5月28日第十三届全国人民代表大会第三次会议通过　2020年5月28日中华人民共和国主席令第45号公布　自2021年1月1日起施行）

……

第七编　侵权责任

第一章　一般规定

第一千一百六十四条　【侵权责任编的调整范围】本编调整因侵害民事权益产生的民事关系。

注释　在《民法典》[①]中，侵权责任编是专门调整侵权责任法律关系的规范。侵权行为发生后，在侵权人和被侵权人之间发生侵权责任法律关系，被侵权人是侵权责任法律关系的请求权人，是权利主体，侵权人是责任主体，负担满足被侵权人侵权责任请求权的责任。侵权责任编就是调整这种法律关系的专门法。

参见　《最高人民法院关于审理人身损害赔偿案件适用法律若干问题的解释》第1条第1款

第一千一百六十五条　【过错责任原则与过错推定责任】行为

[①] 本书中引用的《中华人民共和国民法典》统一简称为《民法典》，全书其他法律法规采用同样的处理方式。

人因过错侵害他人民事权益造成损害的,应当承担侵权责任。

依照法律规定推定行为人有过错,其不能证明自己没有过错的,应当承担侵权责任。

注释 ［过错责任］

过错责任是指造成损害并不必然承担赔偿责任,必须要看行为人有过错,有过错有责任,无过错无责任。在过错责任原则下,只要同时满足以下条件,行为人就应承担侵权责任:一是行为人实施了某一行为。二是行为人行为时有过错。过错分为故意和过失。故意是指行为人预见到自己的行为会导致某一损害后果而希望或者放任该后果发生的一种主观心理状态。过失是指行为人因疏忽或者轻信而使自己未履行应有注意义务的一种心理状态。三是受害人的民事权益受到损害。四是行为人的行为与受害人的损害之间有因果关系。

在过错责任原则中,通常由受害人证明行为人有过错,但在一些情况下也适用过错推定。所谓过错推定,是指根据法律规定推定行为人有过错,行为人不能证明自己没有过错的,应当承担侵权责任。

案例 1. 江苏某房地产开发有限公司诉陈某石损害责任纠纷案(《中华人民共和国最高人民法院公报》2016年第6期)

案件适用要点: 因财产保全引起的损害赔偿纠纷,适用《侵权责任法》规定的过错责任归责原则。财产保全制度的目的在于保障将来生效判决的执行,只有在申请人对财产保全错误存在故意或重大过失的情况下,方可认定申请人的申请有错误,不能仅以申请保全标的额超出生效裁判支持结果作为判断标准。

2. 郭某某诉王某某、章某某提供劳务者受害责任纠纷案(贵州省高级人民法院发布5起人身损害赔偿纠纷典型案例之二)

案件适用要点: 对于受害人自行委托的伤残鉴定,在赔偿义务人未提出异议且未提出司法鉴定申请时,可以确认其证明力。《最高人民法院关于民事诉讼证据的若干规定》第41条规定:"对于一方当事人就专门性问题自行委托有关机构或者人员出具的意见,另一方当事人有证据或者理由足以反驳并申请鉴定的，人民法院应予准许。"一般而言，赔偿义务人如果对受害人自行委托的伤残等级鉴定提出初步的证据或者理由，也就是说二者有其一即可，如伤情与伤残等级鉴定不符等，同时申请司法鉴定的，原则上应当予以准许。法院委托的司法鉴定的证明力要大于当事人自行委托的鉴定，但是，如果赔偿义务人对受害人自行委托的伤残鉴定未提出异议且未提出司法鉴定申请的，该伤残鉴定结论也可作为定案根据。

第一千一百六十六条　【无过错责任】行为人造成他人民事权益损害，不论行为人有无过错，法律规定应当承担侵权责任的，依照其规定。

注释　[非过错责任]

非过错责任原则是指不以行为人的过错为要件，只要其活动或者所管理的人或物损害了他人的民事权益，除非有法定的免责事由，行为人就要承担侵权责任。适用无过错责任原则的意义在于加重行为人的责任，及时救济受害人，使其损害赔偿请求权更容易实现。

非过错责任的构成要件有三个：一是行为；二是受害人的损害；三是行为与损害之间具有因果关系。行为人如果能够证明损害是受害人自己故意造成的，则免除侵权责任。

第一千一百六十七条　【危及他人人身、财产安全的责任承担方式】侵权行为危及他人人身、财产安全的，被侵权人有权请求侵权人承担停止侵害、排除妨碍、消除危险等侵权责任。

注释　[民事权益保全请求权]

民事权益保全请求权，是指侵权行为危及人身、财产安全时，被侵权人对侵权人享有停止侵害、排除妨碍、消除危险等请求权。这几种侵权责任的适用条件，都是侵权行为危及他人人身、财产安全，尚未造成实际损害的情形。事实上，即使这种侵权行为已经造成了受害人的损害，除了损害赔偿之外，被侵权人也可以请求这些救济方法。

第一千一百六十八条 【共同侵权】二人以上共同实施侵权行为，造成他人损害的，应当承担连带责任。

注释 [共同侵权行为]

共同侵权行为，是指二人以上基于主观的或者客观的意思联络，共同实施侵权行为造成他人损害，应当承担连带赔偿责任的多数人侵权行为。构成共同侵权行为，应当承担连带赔偿责任。

构成共同侵权行为需要满足以下几个要件：一是主体的复数性。二是共同实施侵权行为。这一要件中的"共同"主要包括三层含义：其一，共同故意。其二，共同过失。"共同过失"主要是数个行为人共同从事某种行为，基于共同的疏忽大意，造成他人损害。其三，故意行为与过失行为相结合。三是侵权行为与损害后果之间具有因果关系。四是受害人具有损害，且该损害不可分割。

参见 《最高人民法院关于审理人身损害赔偿案件适用法律若干问题的解释》第2条

案例 赵某明等诉烟台某汽车运输公司卫某平等机动车交通事故责任纠纷案（2013年11月8日最高人民法院指导案例19号）

案件适用要点： 机动车所有人或管理人将机动车号牌出借他人套牌使用，或者明知他人套牌使用其机动车号牌不予制止，且为其提供方便，纵容套牌机动车在公路上行驶的行为已属于出借机动车号牌给他人使用的情形，违反了《道路交通安全法》等有关机动车管理的法律规定，增加了道路交通的危险性，危及公共安全。套牌机动车发生交通事故造成第三人损害后，作为号牌出借人的机动车所有人同样存在过错，对于肇事的套牌车一方应负的赔偿责任，号牌出借人应当承担连带责任。

第一千一百六十九条 【教唆侵权、帮助侵权】教唆、帮助他人实施侵权行为的，应当与行为人承担连带责任。

教唆、帮助无民事行为能力人、限制民事行为能力人实施侵权行为的，应当承担侵权责任；该无民事行为能力人、限制民事行为能力人的监护人未尽到监护职责的，应当承担相应的责任。

注释 ［教唆行为］

教唆行为,是指对他人进行开导、说服,或通过刺激、利诱、怂恿等方法使该他人从事侵权行为。教唆行为只能以积极的作为方式做出,消极的不作为不能成立教唆行为,教唆行为可以通过口头、书面或其他形式加以表达,可以公开进行也可以秘密进行,可以当面教唆也可以通过别人传信的方式间接教唆。

［帮助行为］

帮助行为,是指给予他人以帮助,如提供工具或者指导方法,以便使该他人易于实施侵权行为。一般认为,教唆行为与帮助行为的区别在于:教唆行为的特点是教唆人本人不亲自实施侵权行为,而是唆使他人产生侵权意图并实施侵权行为或危险行为;而帮助行为可能并不对加害行为起决定性作用,只是对加害行为起促进作用。

第一千一百七十条 【共同危险行为】二人以上实施危及他人人身、财产安全的行为,其中一人或者数人的行为造成他人损害,能够确定具体侵权人的,由侵权人承担责任;不能确定具体侵权人的,行为人承担连带责任。

注释 ［共同危险行为］

共同危险行为,是指数人的危险行为对他人的合法权益造成了某种危险,但对于实际造成的损害又无法查明是危险行为中的何人所为,法律为保护被侵权人的利益,将数个行为人视为侵权行为人。对于共同危险行为的免责事由,只有在确定具体侵权人的情形下,其他行为人才可以免除责任。

构成共同危险行为应当满足下列几个要件:一是二人以上实施危及他人人身、财产安全的行为,行为主体是复数。二是其中一人或者数人的行为造成他人损害。三是不能确定具体侵权人。如果受害人能够指认或者法院能够查明具体侵权人,就不能适用本条规定,只能要求具体侵权人承担侵权责任。

参见 《民法典》第 178 条

第一千一百七十一条 【分别侵权的连带责任】二人以上分别实施侵权行为造成同一损害,每个人的侵权行为都足以造成全部损

5

害的,行为人承担连带责任。

注释 适用本条规定需要符合以下构成要件:一是二人以上分别实施侵权行为。二是造成同一损害后果。"同一损害"指数个侵权行为所造成的损害的性质是相同的,都是身体伤害或者财产损失,并且损害内容具有关联性。如甲的侵权行为造成了丙左腿受伤,乙的侵权行为也造成了丙左腿受伤。如果乙的侵权行为造成了丙右腿受伤,那么,甲、乙两人的侵权行为造成的就不是同一损害,而是不同损害。三是每个人的侵权行为都足以造成全部损害。本条中的"足以"并不是指每个侵权行为都实际上造成了全部损害,而是指即便没有其他侵权行为的共同作用,独立的单个侵权行为也有可能造成全部损害。如甲、乙两个人分别从不同方向向同一房屋放火,将该房屋烧毁,根据两个方向的火势判断,如果不存在另一把火,每把火都有可能将整栋房屋烧毁,但事实上两把火共同作用烧毁了该房屋,所以只能说每把火都"足以"烧毁整栋房屋。

案例 曾某某诉彭某某、某财产保险股份有限公司某支公司机动车交通事故责任纠纷案(最高人民法院发布四起侵权纠纷典型案例之四)

案件适用要点:交通事故受害人遭多辆车先后碾压后死亡,除最后一名肇事者外其他肇事者均逃逸的情况下,是否应由最后一名肇事者承担全部责任?

交通事故受害人遭多辆车先后碾压后死亡,无法确定具体是哪一名肇事者的碾压行为直接导致了受害人的死亡,即每一名肇事者的碾压行为均有可能导致受害人死亡结果的发生。根据《侵权责任法》第11条规定,"二人以上分别实施侵权行为造成同一损害,每个人的侵权行为都足以造成全部损害的,行为人承担连带责任。"连带责任人为多人时,每个人都负有清偿全部债务的责任,各责任人之间有连带关系。因此,交通事故受害人遭多辆车先后碾压后死亡,多名肇事者应对受害人的死亡承担连带责任,均负有承担全部清偿责任的义务。在其他肇事者均逃逸的情况下,最后一名肇事者作为连带责任人,应承担受害人死亡的全部责任。

第一千一百七十二条 【分别侵权的按份责任】二人以上分别实施侵权行为造成同一损害，能够确定责任大小的，各自承担相应的责任；难以确定责任大小的，平均承担责任。

注释 适用本条规定应当符合下列构成要件：一是二人以上分别实施侵权行为。这一要件与本法第1171条中"二人以上分别实施侵权行为"的含义相同，要求数个侵权行为相互之间是独立的，不存在应当适用第1168条共同侵权制度的情形。二是造成同一损害后果。这一要件与本法第1171条中"造成同一损害"的含义也是一样的。本条与本法第1171条同属分别侵权制度，但在构成要件上有所不同，第1171条的构成要件更加严格，要求"每个人的侵权行为都足以造成全部损害"。

案例 丁某章诉江苏某高速公路有限公司等人身损害赔偿纠纷案（《中华人民共和国最高人民法院公报》2016年第10期）

案件适用要点： 车辆通过付费方式进入高速公路的法律关系，系通行者与高速公路管理者达成的有偿使用高速公路的民事合同关系，高速公路管理者有及时巡视和清障的义务，以保障司乘人员在通过高速公路时的安全、畅通。通行者在高速公路驾车行驶时碾压到车辆散落物导致交通事故的，高速公路管理者在不能举证证明已尽到及时巡视和清障义务的情况下，应当承担相应的赔偿责任。

第一千一百七十三条 【与有过错】被侵权人对同一损害的发生或者扩大有过错的，可以减轻侵权人的责任。

注释 侵权人可以被侵权人的过错为主张进行抗辩，要求减轻自己的侵权责任，主要是减少损害赔偿的数额。

参见 《水污染防治法》第96条第3款；《电力法》第60条第2款；《道路交通安全法》第76条第1款第2项

案例 1. 荣某英诉王某、某财产保险股份有限公司江阴支公司机动车交通事故责任纠纷案（2014年1月26日最高人民法院指导案例24号）

案件适用要点： 交通事故中，虽然受害人的个人体质对交通事故导致的伤残存在一定影响，但对损害的发生或者扩大无过错，则

7

不存在减轻或免除侵权人赔偿责任的情况。同时我国交强险立法也并未规定在确定交强险责任时应依据受害人体质状况对损害后果的影响作相应扣减。因此，受害人的体质状况对损害后果的影响不属于可以减轻侵权人责任的法定情形。保险公司的免责事由也仅限于受害人故意造成交通事故的情形，即使投保机动车无责，保险公司也应在交强险无责限额内予以赔偿。

2. 汤某1诉连云港某置业有限公司、灌南县某物业管理有限公司人身损害赔偿纠纷案（《中华人民共和国最高人民法院公报》2017年第3期）

案件适用要点：物业公司作为小区健身器材的管理人，应当对健身器材进行日常管理和维护，器材存在安全隐患的，物业公司应设置安全警示标志并及时维修，以保障他人使用器材时的安全。物业公司未尽到该职责造成他人损害的，应依法承担相应赔偿责任。

第一千一百七十四条 【受害人故意】损害是因受害人故意造成的，行为人不承担责任。

注释 受害人故意造成损害，是指受害人明知自己的行为会发生损害自己的后果，而希望或者放任此种结果的发生。受害人故意分为直接故意和间接故意。直接故意如受害人摸高压线自杀；间接故意如受害人盗割高压线，导致自己伤亡。

本条规定对行为人免责，是指损害完全是因为受害人的故意造成的，即受害人故意的行为是其损害发生的唯一原因。如果有证据证明损害是由于受害人的故意造成，但也有证据证明行为人对损害的发生也有故意或者重大过失的，应适用本法1173条关于与有过失的规定。

参见 《道路交通安全法》第76条第2款；《水污染防治法》第96条第3款；《铁路法》第58条；《电力法》第60条

第一千一百七十五条 【第三人过错】损害是因第三人造成的，第三人应当承担侵权责任。

注释 ［第三人原因］

第三人原因也叫第三人过错,是指受害人和加害人对于损害的发生没有过错,受害人的损害完全是第三人的过错行为造成的,应当由第三人承担侵权责任的免责事由。第三人的过错包括故意和过失。

第三人原因的特征是:(1)过错的主体是第三人;(2)第三人与当事人特别是行为人之间没有过错联系;(3)第三人的过错是损害发生的全部原因;(4)是免责事由,行为人不承担责任。

第三人原因作为免责事由,是一般性的免责事由,但是法律有特别规定的,应当适用特别规定。例如,《民法典》第1198条第2款、第1204条、第1233条、第1250条等都规定了第三人原因的特别规则,因而不适用本条规定。

第一千一百七十六条 【自甘风险】自愿参加具有一定风险的文体活动,因其他参加者的行为受到损害的,受害人不得请求其他参加者承担侵权责任;但是,其他参加者对损害的发生有故意或者重大过失的除外。

活动组织者的责任适用本法第一千一百九十八条至第一千二百零一条的规定。

注释 ［自甘风险］

自甘风险,是指受害人自愿参加具有一定风险的文体活动,因其他参加者的行为受到损害的,受害人不得请求其他参加者承担侵权责任。如果其他参加者对损害的发生有故意或者重大过失除外的免责事由。其构成要件是:(1)组织者组织的文体活动有一定的风险,例如蹦极;(2)受害人对该危险有意识,但是自愿参加;(3)受害人因参加此活动,因其他参加者的行为造成损害;(4)组织者没有故意或者过失。

本条第2款规定的"活动组织者的责任适用民法典第1198条至第1201条的规定",是指自甘风险的危险活动的组织者,如果有故意重大或者过失,构成违反安全保障义务的侵权责任,或者对学校组织未成年学生参加的文体活动,造成未成年学生人身伤害的,分为两种情况:

1. 组织者因故意或者过失，未尽到安全保障义务造成受害人损害的，应当承担赔偿责任。

2. 组织者因故意或者过失，致使第三人造成受害人损害的，承担相应的补偿责任，承担责任后可以向第三人追偿。

案例 宋某祯诉周某身体权纠纷案（最高人民法院发布人民法院贯彻实施民法典典型案例（第一批））

案件适用要点： 本案是《民法典》施行后，首例适用《民法典》第1176条"自甘冒险"规定作出判决的案件。《民法典》施行前，由于法律规定不明确，人民法院在处理文体活动中身体受伤引发的民事纠纷时，容易出现认识分歧，进而引发争议。《民法典》确立"自甘冒险"规则，既统一了思想认识，也统一了裁判尺度。本案审理法院结合具体案情，适用"自甘冒险"规则，明确判决对损害发生无故意、无重大过失的文体活动参加者，不承担赔偿责任，亮明了拒绝"和稀泥"的司法态度，宣示了冒险者须对自己行为负责的规则，不仅弘扬了社会主义核心价值观，促进了文体活动的健康有序发展，也为《民法典》新规则的实施提供了有益的司法经验。

生效裁判认为，竞技体育运动不同于一般的生活领域，主要目的即为争胜，此类运动具有对抗性、人身危险性的特点，参与者均处于潜在危险中，既是危险的潜在制造者，也是危险的潜在承担者。羽毛球运动系典型的对抗性体育竞赛，除扭伤、拉伤等常规风险外，更为突出的风险即在于羽毛球自身体积小、密度大、移动速度快，运动员如未及时作出判断即会被击中，甚至击伤。宋某祯作为多年参与羽毛球运动的爱好者，对于自身和其他参赛者的能力以及此项运动的危险和可能造成的损害，应当有所认知和预见，而宋某祯仍自愿参加比赛，将自身置于潜在危险之中，属于自甘冒险的行为。依照《民法典》第1176条第1款，在此情形下，只有周某对宋某祯受伤的损害后果存在故意或重大过失时，才需承担侵权损害赔偿责任。本案中，周某杀球进攻的行为系该类运动的正常技术动作，周某并不存在明显违反比赛规则的情形，不应认定其存在重大过失，且现行法律未就本案所涉情形适用公平责任予以规定，故宋某祯无权主张周某承担赔偿责任或分担损失。

第一千一百七十七条 【自力救济】合法权益受到侵害,情况紧迫且不能及时获得国家机关保护,不立即采取措施将使其合法权益受到难以弥补的损害的,受害人可以在保护自己合法权益的必要范围内采取扣留侵权人的财物等合理措施;但是,应当立即请求有关国家机关处理。

受害人采取的措施不当造成他人损害的,应当承担侵权责任。

注释 [自助行为]

自助行为,是指权利人为了保护自己的合法权益,在情事紧迫而又不能获得国家机关及时救助的情况下,对他人的财产或者自由在保护自己合法权益的必要范围内采取扣押、拘束或者其他相应措施,为法律或社会公德所认可的行为。例如,去饭店吃饭未带钱而不能付费,店主不让其离开,等待他人送钱来结账的拘束自由的行为,就是自助行为。

自助行为的要件是:(1)行为人的合法权益受到侵害;(2)情况紧迫且不能及时获得国家机关保护;(3)不立即采取措施将使其权益受到难以弥补的损害;(4)对侵权人实施扣留财产或者限制人身自由的必要范围内的行为。

行为人如果对受害人采取自助行为的措施不适当,造成受害人损害的,应当承担侵权责任,赔偿损失。

第一千一百七十八条 【特别规定优先适用】本法和其他法律对不承担责任或者减轻责任的情形另有规定的,依照其规定。

注释 《民法典》规定的免责事由,主要是指《民法典》总则编规定的免责事由。《民法典》在第180条规定了不可抗力、第181条规定了正当防卫、第182条规定了紧急避险、第184条规定了紧急救助行为,都是免责事由和减责事由,都可以适用于侵权责任编,作为侵权责任的免责事由或者减责事由。

其他法律规定的免责事由,是指《民法典》之外的其他民事法律或者非民事法律中规定的有关侵权责任的免责事由和减责事由。

例如，《道路交通安全法》规定了道路交通事故责任的免责事由，《产品质量法》规定了产品责任的免责事由，《环境保护法》规定了相应的免责事由和减责事由。

参见 《民法典》第180-182、184条

第二章 损害赔偿

第一千一百七十九条 【人身损害赔偿范围】侵害他人造成人身损害的，应当赔偿医疗费、护理费、交通费、营养费、住院伙食补助费等为治疗和康复支出的合理费用，以及因误工减少的收入。造成残疾的，还应当赔偿辅助器具费和残疾赔偿金；造成死亡的，还应当赔偿丧葬费和死亡赔偿金。

注释 医疗费根据医疗机构出具的医药费、住院费等收款凭证，结合病历和诊断证明等相关证据确定。医疗费的赔偿数额，按照一审法庭辩论终结前实际发生的数额确定。器官功能恢复训练所必要的康复费、适当的整容费以及其他后续治疗费，赔偿权利人可以待实际发生后另行起诉。但根据医疗证明或者鉴定结论确定必然发生的费用，可以与已经发生的医疗费一并予以赔偿。

误工费根据受害人的误工时间和收入状况确定。误工时间根据受害人接受治疗的医疗机构出具的证明确定。受害人因伤致残持续误工的，误工时间可以计算至定残日前一天。受害人有固定收入的，误工费按照实际减少的收入计算。受害人无固定收入的，按照其最近3年的平均收入计算；受害人不能举证证明其最近3年的平均收入状况的，可以参照受诉法院所在地相同或者相近行业上一年度职工的平均工资计算。

护理费根据护理人员的收入状况和护理人数、护理期限确定。护理人员有收入的，参照误工费的规定计算；护理人员没有收入或者雇佣护工的，参照当地护工从事同等级别护理的劳务报酬标准计算。护理人员原则上为一人，但医疗机构或者鉴定机构有明确意见的，可以参照确定护理人员人数。护理期限应计算至受害人恢复生活自理能力时止。受害人因残疾不能恢复生活自理能力的，可以根

据其年龄、健康状况等因素确定合理的护理期限，但最长不超过20年。受害人定残后的护理，应当根据其护理依赖程度并结合配制残疾辅助器具的情况确定护理级别。

交通费根据受害人及其必要的陪护人员因就医或者转院治疗实际发生的费用计算。交通费应当以正式票据为凭；有关凭据应当与就医地点、时间、人数、次数相符合。

住院伙食补助费可以参照当地国家机关一般工作人员的出差伙食补助标准予以确定。受害人确有必要到外地治疗，因客观原因不能住院，受害人本人及其陪护人员实际发生的住宿费和伙食费，其合理部分应予赔偿。

营养费根据受害人伤残情况参照医疗机构的意见确定。

残疾赔偿金根据受害人丧失劳动能力程度或者伤残等级，按照受诉法院所在地上一年度城镇居民人均可支配收入标准，自定残之日起按20年计算。但60周岁以上的，年龄每增加一岁减少一年；75周岁以上的，按5年计算。受害人因伤致残但实际收入没有减少，或者伤残等级较轻但造成职业妨害严重影响其劳动就业的，可以对残疾赔偿金作相应调整。

残疾辅助器具费按照普通适用器具的合理费用标准计算。

丧葬费按照受诉法院所在地上一年度职工月平均工资标准，以六个月总额计算。

死亡赔偿金按照受诉法院所在地上一年度城镇居民人均可支配收入标准，按20年计算。但60周岁以上的，年龄每增加一岁减少一年；75周岁以上的，按5年计算。

参见　《产品质量法》第44条；《消费者权益保护法》第49条；《最高人民法院关于审理人身损害赔偿案件适用法律若干问题的解释》第6-22条；《最高人民法院关于适用〈中华人民共和国侵权责任法〉若干问题的通知》四

案例　金某诉谭某、某保险公司机动车交通事故责任纠纷案（最高法发布交通事故责任纠纷典型案例）

案件适用要点： 当前，超过法定退休年龄的人继续工作、劳动的情形较为常见，其合法权益应当受到法律保护。超过法定退休年

13

龄的人因交通事故受伤后是否有权请求赔偿误工费，应根据其是否存在因误工导致收入减少进行判断，而不能简单地以法定退休年龄来确定是否支持误工费。本案中，超过法定退休年龄但仍依靠自身劳动获取收入的被侵权人请求赔偿误工费损失，人民法院予以支持，充分体现了对超龄劳动者合法权益的尊重和维护，有利于充分发挥老年人作用，推动实现老有所为。

第一千一百八十条　【以相同数额确定死亡赔偿金】因同一侵权行为造成多人死亡的，可以以相同数额确定死亡赔偿金。

注释　这里需要注意几点：一是以相同数额确定死亡赔偿金并非确定死亡赔偿金的一般方式，若分别计算死亡赔偿金较为容易，可以不采用这种方式；二是根据本法的规定，以相同数额确定死亡赔偿金原则上仅适用于因同一侵权行为造成多人死亡的案件；三是本条特别强调，对因同一侵权行为造成多人死亡的，只是"可以"以相同数额确定死亡赔偿金，而不是任何因同一侵权行为造成多人死亡的案件都"必须"或者"应当"以相同数额确定死亡赔偿金。法院可以根据具体案情，综合考虑各种因素后决定。四是以相同数额确定死亡赔偿金的，原则上不考虑受害人的年龄、收入状况等个人因素。

参见　《最高人民法院关于审理人身损害赔偿案件适用法律若干问题的解释》第15条

第一千一百八十一条　【被侵权人死亡时请求权主体的确定】被侵权人死亡的，其近亲属有权请求侵权人承担侵权责任。被侵权人为组织，该组织分立、合并的，承继权利的组织有权请求侵权人承担侵权责任。

被侵权人死亡的，支付被侵权人医疗费、丧葬费等合理费用的人有权请求侵权人赔偿费用，但是侵权人已经支付该费用的除外。

注释　本条区分以下情况作出规定：一是被侵权人死亡的，其近亲属有权请求侵权人承担侵权责任。根据本法第1045条的规定，配偶、父母、子女、兄弟姐妹、祖父母、外祖父母、孙子女、外孙子女为近亲属。二是被侵权人为单位,该单位分立、合并的,承继权利的单位有权请求侵权人承担侵权责任。

本条第2款赋予实际支付医疗费、丧葬费等费用的主体独立请求权。适用本款时,应重点注意以下四个问题:(1)本款适用的情形为,侵权人实施侵害行为致使被侵权人死亡的。如果被侵权人的死亡与侵权人无关,则应当依其他相关的民事法律处理,与本款无关。(2)支付医疗费、丧葬费等合理费用的人,为请求权主体。该第三人应当与被侵权人无近亲属关系。否则该第三人无须依本款请求侵权人赔偿,而应当直接依据本条第1款前半段请求侵权人承担侵权责任。(3)支付合理费用的第三人只能请求侵权人赔偿其实际支付的合理费用,包括医疗费、丧葬费等,而不能请求侵权人支付死亡赔偿金。死亡赔偿金请求权只能依本条第1款前半段的规定,由被侵权人的近亲属享有。(4)如果侵权人之前已经向被侵权人的近亲属或者其他第三人支付过医疗费、丧葬费等合理费用的,本款中支付被侵权人医疗费、丧葬费等合理费用的人不得再请求侵权人支付,而只能向获得侵权人所支付款项的被侵权人的近亲属或其他第三人请求支付。

第一千一百八十二条 【侵害他人人身权益造成财产损失的赔偿计算方式】侵害他人人身权益造成财产损失的,按照被侵权人因此受到的损失或者侵权人因此获得的利益赔偿;被侵权人因此受到的损失以及侵权人因此获得的利益难以确定,被侵权人和侵权人就赔偿数额协商不一致,向人民法院提起诉讼的,由人民法院根据实际情况确定赔偿数额。

第一千一百八十三条 【精神损害赔偿】侵害自然人人身权益造成严重精神损害的,被侵权人有权请求精神损害赔偿。

因故意或者重大过失侵害自然人具有人身意义的特定物造成严重精神损害的,被侵权人有权请求精神损害赔偿。

注释 本条规定"造成严重精神损害"才能够获得精神损害赔偿,偶尔的痛苦和不高兴不能认为是严重精神损害。非法使被监护人脱离监护,导致父母子女关系或者其他近亲属关系受到严重损害的，应当认定为本条规定的严重精神损害。非法使被监护人脱离监护，被监护人在脱离监护期间死亡，作为近亲属的监护人既请求赔偿人身损害，又请求赔偿监护关系受侵害产生的损失的，人民法院依法予以支持。

精神损害的赔偿数额根据以下因素确定：（1）侵权人的过错程度，但是法律另有规定的除外；（2）侵权行为的目的、方式、场合等具体情节；（3）侵权行为所造成的后果；（4）侵权人的获利情况；（5）侵权人承担责任的经济能力；（6）受理诉讼法院所在地的平均生活水平。

参见 《民法典》第996条；《最高人民法院关于确定民事侵权精神损害赔偿责任若干问题的解释》第3条、第5条；《最高人民法院关于适用〈中华人民共和国民法典〉侵权责任编的解释（一）》第2条、第3条

第一千一百八十四条 【财产损失的计算】 侵害他人财产的，财产损失按照损失发生时的市场价格或者其他合理方式计算。

第一千一百八十五条 【故意侵害知识产权的惩罚性赔偿责任】 故意侵害他人知识产权，情节严重的，被侵权人有权请求相应的惩罚性赔偿。

第一千一百八十六条 【公平分担损失】 受害人和行为人对损害的发生都没有过错的，依照法律的规定由双方分担损失。

注释 适用本条规定，对损失进行分担的要件是：（1）行为人造成了受害人的损害；（2）行为人和受害人对损害的发生都没有过错；（3）须有法律的特别规定。对具备了这三个要件的损害，才可以适用公平分担损失规则，双方当事人对损失按照公平的要求进行分担。例如，《民法典》第1188条第1款、第1190条和第1254条的规定，都是法律明文规定可以分担损失的规范。

案例 贾某仁诉石某鸿人身损害赔偿纠纷案（《人民法院案例选（月版）》2010年第1辑）

案件适用要点 本案是体育运动过程中发生人身损害赔偿纠纷的典型案例。由于体育运动是一种具有竞技性质的活动，带有一定

的风险性和人身伤害性，当事人往往对损害后果的发生均无过错，因此行为人的行为不构成侵权。对于民事责任比例的承担，本案适用的是公平责任原则。

第一千一百八十七条 【赔偿费用的支付方式】损害发生后，当事人可以协商赔偿费用的支付方式。协商不一致的，赔偿费用应当一次性支付；一次性支付确有困难的，可以分期支付，但是被侵权人有权请求提供相应的担保。

注释 [分期支付适用的条件]
分期支付应当具备两个条件：一是一次性支付确有困难。确有困难应当由侵权人举证证明，由人民法院作出判断。二是应当提供担保。

参见 《医疗事故处理条例》第52条；《最高人民法院关于审理人身损害赔偿案件适用法律若干问题的解释》第21条

第三章 责任主体的特殊规定

第一千一百八十八条 【监护人责任】无民事行为能力人、限制民事行为能力人造成他人损害的，由监护人承担侵权责任。监护人尽到监护职责的，可以减轻其侵权责任。

有财产的无民事行为能力人、限制民事行为能力人造成他人损害的，从本人财产中支付赔偿费用；不足部分，由监护人赔偿。

注释 [监护人责任]
监护人责任，是指无民事行为能力人或者限制民事行为能力人造成他人损害，其监护人承担的侵权责任。本条规定的规则与《民法典》第1068条关于"未成年子女造成他人损害的，父母应当依法承担民事责任"的规定部分重合，其中的"依法"，就是本条规定。

本条第1款规定的是监护人承担侵权责任的规则，第2款规定的是履行该赔偿责任的规则。

监护人承担民事责任的规则是：(1)替代责任，无民事行为能力人或者限制民事行为能力人造成他人损害，应当由他们的监护人承担侵权责任,而不是自己承担责任,因为他们没有或者只有不完全的民事行为能力。(2) 实行过错推定,无民事行为能力人或者限制民事行为能力人造成他人损害,推定其监护人有监护过失,被侵权人无须提供监护人未尽监护责任的过失的证明。(3) 如果监护人能够证明自己没有监护过失,实行公平分担损失,减轻监护人的赔偿责任,根据双方经济状况,对监护人的赔偿责任适当减轻。

履行赔偿责任的规则是:(1) 造成他人损害的无民事行为能力人或者限制民事行为能力人自己有财产的,由他们自己的财产支付赔偿金,例如被监护人是成年人,自己有收入或者有积蓄等。(2) 用被监护人的财产支付赔偿金有不足的,监护人承担补充责任,不足部分由监护人补充赔偿。(3) 造成他人损害的无民事行为能力人或者限制民事行为能力人没有财产的,不适用前两项规则,全部由监护人承担侵权责任。

参见 《民法典》第34条、第35条

第一千一百八十九条 【委托监护时监护人的责任】无民事行为能力人、限制民事行为能力人造成他人损害,监护人将监护职责委托给他人的,监护人应当承担侵权责任;受托人有过错的,承担相应的责任。

注释 委托监护人的责任,是指无民事行为能力人或者限制民事行为能力人造成他人损害,监护人将监护职责委托他人,监护人与委托监护人分担责任的特殊侵权责任。

委托监护人的责任的构成条件是:

1. 委托监护,是监护人对自己负有的对无民事行为能力人或者限制民事行为能力人的监护职责委托给他人承担。

2. 无民事行为能力人或者限制民事行为能力人是在委托监护人的监护下,而不是在监护人的监护下。

3. 被监护的无民事行为能力人或者限制民事行为能力人实施的行为,造成了被侵权人的损害。

4. 对监护人推定其存在未尽监护职的过失,对委托监护人的过失,应当由被侵权人举证证明。

符合这四个要件的要求，构成委托监护责任，应当承担侵权责任。

委托监护责任的责任分担规则是：

1. 委托监护侵权责任的主体有两个，一是监护人，二是受托监护人。

2. 被侵权人可以任意选择由谁承担责任。受托人承担过错责任并不以监护人先行承担责任为前提，受托人的责任亦不符合补充责任的特征。

3. 能够证明委托监护人存在未尽监护职责的过失，应当在就其过失造成损失的范围内，承担相应的按份责任，不承担连带责任，被侵权人不能向其主张承担全部赔偿责任。

第一千一百九十条　【暂时丧失意识后的侵权责任】完全民事行为能力人对自己的行为暂时没有意识或者失去控制造成他人损害有过错的，应当承担侵权责任；没有过错的，根据行为人的经济状况对受害人适当补偿。

完全民事行为能力人因醉酒、滥用麻醉药品或者精神药品对自己的行为暂时没有意识或者失去控制造成他人损害的，应当承担侵权责任。

注释　第1款中的过错，是指"过错"导致其丧失意识，因为失去意识之后确实没有过错可言。完全民事行为能力人是由于其过错导致意识丧失，那么对于丧失意识后的行为造成他人损害的，则要承担相应的侵权责任。

第2款规定的是行为人因醉酒、滥用麻醉药品或者精神药品而暂时没有意识或者失去控制造成他人损害的，就是对自己暂时丧失心智有过失，因而对造成的损害应当承担赔偿责任。

第一千一百九十一条　【用人单位责任和劳务派遣单位、劳务用工单位责任】用人单位的工作人员因执行工作任务造成他人损害的，由用人单位承担侵权责任。用人单位承担侵权责任后，可以向有故意或者重大过失的工作人员追偿。

劳务派遣期间，被派遣的工作人员因执行工作任务造成他人损害的,由接受劳务派遣的用工单位承担侵权责任;劳务派遣单位有过错的,承担相应的责任。

注释 [用人单位承担侵权责任的条件]

用人单位承担责任的前提之一必须是工作人员的行为构成了侵权。本条中的"用人单位"泛指一切使用他人的法人、非法人组织。例如,公司、机关、合伙企业、基金会甚至一人有限责任公司等,只要聘用他人作为自己单位的工作人员,都属于用人单位。

用人单位承担侵权责任的前提之二是工作人员的行为与"执行工作任务"有关。工作人员应当按照用人单位的授权或者指示进行工作。需要指出的是,国家机关以及工作人员因工作造成他人损害的,一类属于履行公职权的行为,另一类不属于履行公职权的行为,是国家机关为了维持国家机关正常运转所进行的民事行为。对于第一类属于履行公职权的行为,依据《国家赔偿法》的规定,有的需要国家机关承担国家赔偿责任。对于第二类国家机关在民事活动中侵害他人合法权益的,国家机关需要承担民事侵权责任。比如,国家机关的司机外出办理公务,发生了交通事故有责任的,应当由国家机关承担侵权责任。本法调整国家机关及工作人员在民事活动中发生的侵权行为,对于属于《国家赔偿法》调整范围的,适用《国家赔偿法》的规定。

在劳务派遣期间,被派遣的工作人员因工作造成他人损害的,其责任应当由用工单位承担。劳务派遣单位若有过错,也应承担相应的责任。

参见 《劳动合同法》第58条第1款、第59条;《最高人民法院关于审理人身损害赔偿案件适用法律若干问题的解释》第3条

第一千一百九十二条 【个人劳务关系中的侵权责任】 个人之间形成劳务关系,提供劳务一方因劳务造成他人损害的,由接受劳务一方承担侵权责任。接受劳务一方承担侵权责任后,可以向有故意或者重大过失的提供劳务一方追偿。提供劳务一方因劳务受到损害的,根据双方各自的过错承担相应的责任。

提供劳务期间,因第三人的行为造成提供劳务一方损害的,提

供劳务一方有权请求第三人承担侵权责任,也有权请求接受劳务一方给予补偿。接受劳务一方补偿后,可以向第三人追偿。

注释 [劳务关系]

劳务关系是指提供劳务一方为接受劳务一方提供劳务服务,由接受劳务一方按照约定支付报酬而建立的一种民事权利义务关系。

实践中,保姆等家政服务人员提供劳务的,接受劳务一方获得了利益。提供劳务一方在劳务过程中因此而受到损害的,为体现公平原则,原则上应当由接受劳务一方承担侵权责任;提供劳务一方对损害的发生有故意或重大过失的,接受劳务一方可以向其追偿。

无偿提供劳务的帮工人,在从事帮工活动中致人损害的,被帮工人应当承担赔偿责任。被帮工人承担赔偿责任后向有故意或者重大过失的帮工人追偿的,人民法院应予支持。被帮工人明确拒绝帮工的,不承担赔偿责任。

无偿提供劳务的帮工人因帮工活动遭受人身损害的,根据帮工人和被帮工人各自的过错承担相应的责任;被帮工人明确拒绝帮工的,被帮工人不承担赔偿责任,但可以在受益范围内予以适当补偿。

帮工人在帮工活动中因第三人的行为遭受人身损害的,有权请求第三人承担赔偿责任,也有权请求被帮工人予以适当补偿。被帮工人补偿后,可以向第三人追偿。

参见 《最高人民法院关于审理人身损害赔偿案件适用法律若干问题的解释》第4条、第5条

第一千一百九十三条 【承揽关系中的侵权责任】承揽人在完成工作过程中造成第三人损害或者自己损害的,定作人不承担侵权责任。但是,定作人对定作、指示或者选任有过错的,应当承担相应的责任。

注释 本条规定了两种责任:(1)定作人指示过失责任中造成他人损害的责任,这是典型的定作人指示过失责任。(2)造成承揽人自己损害的责任,这其实是承揽人的工伤事故责任。

第一千一百九十四条 【网络侵权责任】网络用户、网络服务

21

提供者利用网络侵害他人民事权益的，应当承担侵权责任。法律另有规定的，依照其规定。

第一千一百九十五条 【"通知与取下"制度】网络用户利用网络服务实施侵权行为的，权利人有权通知网络服务提供者采取删除、屏蔽、断开链接等必要措施。通知应当包括构成侵权的初步证据及权利人的真实身份信息。

网络服务提供者接到通知后，应当及时将该通知转送相关网络用户，并根据构成侵权的初步证据和服务类型采取必要措施；未及时采取必要措施的，对损害的扩大部分与该网络用户承担连带责任。

权利人因错误通知造成网络用户或者网络服务提供者损害的，应当承担侵权责任。法律另有规定的，依照其规定。

第一千一百九十六条 【"反通知"制度】网络用户接到转送的通知后，可以向网络服务提供者提交不存在侵权行为的声明。声明应当包括不存在侵权行为的初步证据及网络用户的真实身份信息。

网络服务提供者接到声明后，应当将该声明转送发出通知的权利人，并告知其可以向有关部门投诉或者向人民法院提起诉讼。网络服务提供者在转送声明到达权利人后的合理期限内，未收到权利人已经投诉或者提起诉讼通知的，应当及时终止所采取的措施。

第一千一百九十七条 【网络服务提供者与网络用户的连带责任】网络服务提供者知道或者应当知道网络用户利用其网络服务侵害他人民事权益，未采取必要措施的，与该网络用户承担连带责任。

第一千一百九十八条 【违反安全保障义务的侵权责任】宾馆、商场、银行、车站、机场、体育场馆、娱乐场所等经营场所、公共场所的经营者、管理者或者群众性活动的组织者，未尽到安全保障义务，造成他人损害的，应当承担侵权责任。

因第三人的行为造成他人损害的，由第三人承担侵权责任；经营者、管理者或者组织者未尽到安全保障义务的，承担相应的补充责任。经营者、管理者或者组织者承担补充责任后，可以向第三人追偿。

注释　[安全保障义务]

安全保障义务，是指宾馆、商场、银行、车站、机场、体育场馆、娱乐场所等公共场所的管理人或者群众性活动的组织者，所负有的在合理限度范围内保护他人人身和财产安全的义务。本条中的"群众性活动"，是指法人或者其他组织面向社会公众举办的参加人数较多的活动，比如体育比赛活动、演唱会、音乐会等文艺演出活动、展览、展销等活动、游园、灯会、庙会、花会、焰火晚会等活动、人才招聘会、现场开奖的彩票销售等活动。

案例　1.吴某礼等诉某银行云南省分行昆明市官渡支行、昆明市某保安公司人身损害赔偿纠纷案（《人民法院案例选》2006年第4辑）

案件适用要点：银行、餐馆、旅店等是面向公众开放的、负有安全注意义务的经营场所，如因第三人侵权致人损害的，经营者作为安全保障义务人，在其能够防止或者制止损害的范围内对受害人承担与其过错相适应的补充赔偿责任。

2.李某月等诉广州市花都区某村村民委员会违反安全保障义务责任纠纷案（2020年10月9日最高人民法院指导案例140号）

案件适用要点：公共场所经营管理者的安全保障义务，应限于合理限度范围内，与其管理和控制能力相适应。完全民事行为能力人因私自攀爬景区内果树采摘果实而不慎跌落致其自身损害，主张经营管理者承担赔偿责任的，人民法院不予支持。

3.支某1等诉北京市永定河管理处生命权、健康权、身体权纠纷案（2020年10月9日最高人民法院 指导案例141号）

案件适用要点：消力池属于禁止公众进入的水利工程设施，不属于《侵权责任法》第37条第1款规定的"公共场所"。消力池的管理人和所有人采取了合理的安全提示和防护措施，完全民事行为能力人擅自进入造成自身损害，请求管理人和所有人承担赔偿责任的，人民法院不予支持。

第一千一百九十九条　【教育机构对无民事行为能力人受到人身损害的过错推定责任】无民事行为能力人在幼儿园、学校或者其他教育机构学习、生活期间受到人身损害的,幼儿园、学校或者其他教育机构应当承担侵权责任;但是,能够证明尽到教育、管理职责的,不承担侵权责任。

注释 其他教育机构,是指少年宫以及电化教育机构等。

案例 厉某某诉盛某、盛某某、王某某、闵行区某小学教育机构责任纠纷案(最高人民法院发布98例未成年人审判工作典型案例之六十七)

案件适用要点: 法院经审理认为,本案中,事发之时原、被告均为无民事行为能力人,被告某华一小应当对其强化安全教育,并进行适当的管理和保护,但未能尽到教育、管理、保护的职责,对原告的损害后果负有责任。判决被告闵行区某小学赔偿原告厉某某1743.40元;被告盛某以其个人财产赔偿原告厉某某1307.55元,不足部分,由被告盛某某、王某某赔偿。

学生在教育教学、体育锻炼过程中因同学而受到人身损害的案件,在教育机构责任纠纷案件中占到很大比例。在处理时,如何合理判定各方的责任,是该类案件的难点。本案结合加害人的因素,对学校的责任承担分别实行过错推定及过错责任原则,合理地处理了纠纷,保护了未成年人的利益。

第一千二百条 【教育机构对限制民事行为能力人受到人身损害的过错责任】限制民事行为能力人在学校或者其他教育机构学习、生活期间受到人身损害,学校或者其他教育机构未尽到教育、管理职责的,应当承担侵权责任。

参见 《学生伤害事故处理办法》第9条

第一千二百零一条 【受到校外人员人身损害时的责任分担】无民事行为能力人或者限制民事行为能力人在幼儿园、学校或者其他教育机构学习、生活期间,受到幼儿园、学校或者其他教育机构以外的第三人人身损害的,由第三人承担侵权责任;幼儿园、学校或者其他教育机构未尽到管理职责的,承担相应的补充责任。幼儿园、学校或者其他教育机构承担补充责任后,可以向第三人追偿。

注释 "以外的第三人"是指幼儿园、学校或者其他教育机构的教师、学生和其他工作人员以外的人员。注意以下三点：

第一，第三人的侵权责任和安全保障义务人的补充责任有先后顺序。首先由第三人承担侵权责任，在无法找到第三人或者第三人没有能力全部承担侵权责任时，才由幼儿园、学校或者其他教育机构承担侵权责任。如果第三人已经全部承担侵权责任，则幼儿园、学校或者其他教育机构不再承担侵权责任。

第二，幼儿园、学校或者其他教育机构承担的补充责任是相应的补充责任。对于第三人没有承担的侵权责任，幼儿园、学校或者其他教育机构不是全部承担下来，而是在其未尽到安全保障义务的范围内承担，即根据幼儿园、学校或者其他教育机构未尽到的管理职责的程度来确定其应当承担的侵权责任的份额。

第三，校方承担了相应的补充责任之后，还可以就其损失向第三人请求追偿，因为第三人才是真正的侵权人，对于损害的发生具有全部原因力，校方只是存在不作为的间接原因而已。

第四章 产品责任

第一千二百零二条 【产品生产者侵权责任】因产品存在缺陷造成他人损害的，生产者应当承担侵权责任。

注释 [产品责任]

本章所说的产品责任，是指产品存在缺陷发生侵权，造成他人损害，生产者、销售者等所应当承担的侵权责任，而不是指合同中的产品质量不合格的民事责任。

[缺陷]

这里的缺陷，不是一般指产品有瑕疵，而是指产品质量不好，达到危害人民生命和财产安全的程度，实践中以《产品质量法》第46条为判断标准。

按照本条的规定，只要因产品存在缺陷造成他人损害的，除了法定可以减轻或者免除责任的事由外，不论缺陷产品的生产者主观上是否存在过错，都应当承担侵权责任。

参见 《产品质量法》第41条、第42条、第46条

案例 张某梅诉南京某燃气有限公司产品生产者责任纠纷案(《中华人民共和国最高人民法院公报》2019年第1期)

案件适用要点：燃气经营企业仅以发放用户手册等方式进行安全风险的书面告知，而未能在发现安全隐患后作出具体、明确的警示，以保证消费者清楚认知到危险的存在从而避免危险后果发生的，应就未积极履行安保义务所导致的消费者的损害后果承担侵权责任。

第一千二百零三条 【被侵权人请求损害赔偿的途径和先行赔偿人追偿权】因产品存在缺陷造成他人损害的，被侵权人可以向产品的生产者请求赔偿，也可以向产品的销售者请求赔偿。

产品缺陷由生产者造成的，销售者赔偿后，有权向生产者追偿。因销售者的过错使产品存在缺陷的，生产者赔偿后，有权向销售者追偿。

注释 本条所讲被侵权人是指因产品存在缺陷造成人身、财产损害之后，有权要求获得赔偿的人，包括直接购买并使用缺陷产品的人，也包括非直接购买使用缺陷产品但受到缺陷产品损害的其他人。

参见 《产品质量法》第43条；《消费者权益保护法》第40条；《农产品质量安全法》第79条；《乳品质量安全监督管理条例》第43条

案例 刁某奎诉云南某石化有限公司产品销售者责任纠纷案(《中华人民共和国最高人民法院公报》2020年第12期)

案件适用要点：消费者主张因购买缺陷产品而导致财产损害，但未保留消费凭证的，人民法院应结合交易产品及金额、交易习惯、当事人的陈述、相关的物证、书证等证据，综合认定消费者与销售者之间是否存在买卖合同关系。在此基础上，依据民事诉讼证明标准和民事诉讼证据规则，合理划分消费者和销售者的举证责任。如果产品缺陷与损害结果之间在通常情形下存在关联性，可认定二者之间具有因果关系。

第一千二百零四条 【生产者、销售者的第三人追偿权】因运

输者、仓储者等第三人的过错使产品存在缺陷,造成他人损害的,产品的生产者、销售者赔偿后,有权向第三人追偿。

注释 产品在运输流通过程中,运输者、仓储者等应当按照有关规定和产品包装上标明的储藏、运输等标准进行储存、运输。如果运输者、仓储者等不按规定运输或者仓储,有可能造成产品缺陷。根据过错原则,行为人应当对因自己的过错产生的损害负赔偿责任。因此,因运输者、仓储者等第三人导致产品缺陷造成他人损害的,应当承担赔偿责任。

第一千二百零五条 【产品缺陷危及他人人身、财产安全的侵权责任】因产品缺陷危及他人人身、财产安全的,被侵权人有权请求生产者、销售者承担停止侵害、排除妨碍、消除危险等侵权责任。

参见 《消费者权益保护法》第49条

第一千二百零六条 【生产者、销售者的补救措施及费用承担】产品投入流通后发现存在缺陷的,生产者、销售者应当及时采取停止销售、警示、召回等补救措施。未及时采取补救措施或者补救措施不力造成损害扩大的,对扩大的损害也应当承担侵权责任。

依据前款规定采取召回措施的,生产者、销售者应当负担被侵权人因此支出的必要费用。

注释 构成缺陷产品预防性补救责任的要件是:(1)产品在流通前,根据现有科学技术无法发现其是否有缺陷,符合发展风险的要求,可以投入流通。(2)产品投入流通后发现其存在缺陷,负有停止销售、警示、召回等补救义务。(3)生产者、销售者未及时采取补救措施,或者补救措施不力。(4)该产品由于生产者、销售者未采取补救措施或者采取的补救措施不力,而造成了被侵权人损害的扩大。

参见 《消费者权益保护法》第19条;《消费品召回管理暂行规定》;《食品安全法》第63条;《乳品质量安全监督管理条例》第36条、第42条;《缺陷汽车产品召回管理条例》;《食品召回管理办法》;《药品召回管理办法》

第一千二百零七条　【产品责任中的惩罚性赔偿】明知产品存在缺陷仍然生产、销售，或者没有依据前条规定采取有效补救措施，造成他人死亡或者健康严重损害的，被侵权人有权请求相应的惩罚性赔偿。

> **注释**　[惩罚性赔偿]
>
> 　　惩罚性赔偿也称惩戒性赔偿，是加害人给付受害人超过其实际损害数额的一种金钱赔偿。根据本条的规定，适用惩罚性赔偿的条件是：第一，侵权人具有主观故意，即明知道是缺陷产品仍然生产、销售，或者没有依据前条规定采取有效补救措施；第二，要有损害事实，这种损害事实不是一般的损害事实，而应当是造成严重损害的事实，即造成他人死亡或者健康受到严重损害；第三，要有因果关系，即被侵权人的生命被侵害或者健康严重被损害是因为侵权人生产或者销售的缺陷产品造成的。本条还规定了惩罚性赔偿的适用范围，即在被侵权人生命受到损害或者健康受到严重损害的范围内适用，除此之外的其他损害不适用惩罚性赔偿，如被侵权人的财产损害。被侵权人要求的惩罚赔偿金的数额应当与其所受到的损害相当，具体的赔偿数额由人民法院根据个案具体分析裁决。
>
> **参见**　《消费者权益保护法》第55条；《食品安全法》第148条

第五章　机动车交通事故责任

第一千二百零八条　【机动车交通事故责任的法律适用】机动车发生交通事故造成损害的，依照道路交通安全法律和本法的有关规定承担赔偿责任。

> **注释**　《民法典》在机动车交通事故责任一章中，没有规定机动车交通事故责任的一般规则，而是规定直接适用《道路交通安全法》第76条规定的机动车交通事故责任的基本规则。
>
> 　　《道路交通安全法》第76条规定的基本规则是：
>
> 　　1. 确定机动车交通事故责任，首先适用机动车交通事故强制保

险规则解决；赔偿不足部分，适用《道路交通安全法》和《民法典》的相关规定。

2. 机动车交通事故责任的归责原则：（1）机动车与行人、非机动车驾驶人之间发生的交通事故，适用过错推定原则；（2）机动车相互之间发生的机动车交通事故责任，适用过错责任原则。

3. 机动车交通事故责任适用过失相抵规则：（1）机动车与行人或者非机动车驾驶人之间发生的交通事故，按照双方各自的过错程度和原因力，机动车一方承担的责任比例，在过失相抵确定的比例之上增加10%；（2）机动车相互之间发生的交通事故，按照过失相抵规则确定。

4. 机动车一方完全没有过失，发生交通事故造成损害的全部原因是行人或者非机动车驾驶人过失所致，机动车一方承担不超过10%的赔偿责任，可以根据受害人一方的过失程度，在5%-10%之间确定合适的赔偿责任。

5. 受害人故意造成损害，例如受害人故意碰撞机动车造成损害的，机动车一方免责。

参见 《道路交通安全法》第17条、第21条、第23条、第76条；《机动车交通事故责任强制保险条例》第2条、第3条、第21条、第23条

第一千二百零九条 【租赁、借用机动车交通事故责任】 因租赁、借用等情形机动车所有人、管理人与使用人不是同一人时，发生交通事故造成损害，属于该机动车一方责任的，由机动车使用人承担赔偿责任；机动车所有人、管理人对损害的发生有过错的，承担相应的赔偿责任。

注释 ［机动车租赁］

机动车租赁，是指机动车所有人将机动车在一定时间内交付承租人使用、收益，机动车所有人收取租赁费用，不提供驾驶劳务的行为。机动车借用，是指机动车所有人将机动车在约定时间内交由借用人使用的行为。本条中的"使用人"不仅包括承租人、借用人，还包括机动车出质期间的质权人、维修期间的维修人、由他人

保管期间的保管人等。

［"机动车所有人、管理人对损害的发生有过错"的情形］

根据《最高人民法院关于审理道路交通事故损害赔偿案件适用法律若干问题的解释》第1条的规定："机动车发生交通事故造成损害，机动车所有人或者管理人有下列情形之一，人民法院应当认定其对损害的发生有过错，并适用民法典第一千二百零九条的规定确定其相应的赔偿责任：（一）知道或者应当知道机动车存在缺陷，且该缺陷是交通事故发生原因之一的；（二）知道或者应当知道驾驶人无驾驶资格或者未取得相应驾驶资格的；（三）知道或者应当知道驾驶人因饮酒、服用国家管制的精神药品或者麻醉药品，或者患有妨碍安全驾驶机动车的疾病等依法不能驾驶机动车的；（四）其他应当认定机动车所有人或者管理人有过错的。"

参见 《最高人民法院关于审理道路交通事故损害赔偿案件适用法律若干问题的解释》第1条

第一千二百一十条 【转让并交付但未办理登记的机动车侵权责任】 当事人之间已经以买卖或者其他方式转让并交付机动车但是未办理登记，发生交通事故造成损害，属于该机动车一方责任的，由受让人承担赔偿责任。

注释 根据《民法典》的规定，机动车所有权的转移在交付时发生效力，未经登记，只是缺少公示而不产生社会公信力，在交易过程中不能对抗善意第三人。当事人之间已经以买卖、赠与等方式转让并交付机动车但未办理所有权转移登记的，原机动车所有人已经不是真正的所有人，更不是机动车的占有人，他不具有机动车的实质所有权，丧失了对机动车运行支配的能力，不具有防范事故发生的控制力。

《最高人民法院关于购买人使用分期付款购买的车辆从事运输因交通事故造成他人财产损失，保留车辆所有权的出卖方不应承担民事责任的批复》规定："采取分期付款方式购车，出卖方在购买方付清全部车款前保留车辆所有权的，购买方以自己名义与他人订立货物运输合同并使用该车运输时，因交通事故造成他人财产损失的，出卖方不承担民事责任。"该规定与本条规定的精神是一致的。

参见 《道路交通安全法》第12条；《最高人民法院关于连环购车未办理过户手续，原车主是否对机动车发生交通事故致人损害承担责任的请示的批复》

第一千二百一十一条 【挂靠机动车交通事故责任】以挂靠形式从事道路运输经营活动的机动车，发生交通事故造成损害，属于该机动车一方责任的，由挂靠人和被挂靠人承担连带责任。

注释 挂靠机动车发生交通事故造成他人损害，属于该机动车一方责任的，其责任分担的方式，是挂靠一方和被挂靠一方共同承担连带责任。被侵权人可以向挂靠一方或者被挂靠一方主张承担连带责任，依照《民法典》第178条规定的连带责任规则承担责任。

第一千二百一十二条 【擅自驾驶他人机动车交通事故责任】未经允许驾驶他人机动车，发生交通事故造成损害，属于该机动车一方责任的，由机动车使用人承担赔偿责任；机动车所有人、管理人对损害的发生有过错的，承担相应的赔偿责任，但是本章另有规定的除外。

注释 构成擅自驾驶他人机动车交通事故责任规则的要件是：

1. 未经允许驾驶他人机动车，有两种情形：（1）完全背着机动车所有人或者管理人，秘密将他人的机动车开走；（2）行为人与机动车所有人、管理人借车未得到同意，擅自将他人的机动车开走。无论哪种情形，都构成擅自驾驶他人机动车。

2. 行为人在驾驶他人机动车行驶过程中发生交通事故，造成他人人身损害或者财产损害。

3. 交通事故责任属于该机动车一方责任。

擅自驾驶他人机动车交通事故责任的承担方式是：

1. 与《民法典》第1209条规定的责任形态相同，即单向连带责任（混合责任）。

2. 机动车使用人承担全部责任，即使承担部分责任时也须连带负责。

31

3. 机动车所有人或者管理人有过失的，承担相应的责任即按份责任，不与使用人一道承担连带责任。

4. 本章另有规定的，依照本章的特别规定承担责任，另有规定的有优先适用的效力。例如，盗窃机动车发生交通事故，也属于未经允许驾驶他人机动车，应当适用特别规定确定侵权责任。

第一千二百一十三条　【交通事故侵权救济来源的支付顺序】机动车发生交通事故造成损害，属于该机动车一方责任的，先由承保机动车强制保险的保险人在强制保险责任限额范围内予以赔偿；不足部分，由承保机动车商业保险的保险人按照保险合同的约定予以赔偿；仍然不足或者没有投保机动车商业保险的，由侵权人赔偿。

注释　机动车所有人对于自己的机动车，每年都须投保机动车强制保险，还须投保相应的机动车商业保险。当机动车发生交通事故造成损害，属于该机动车一方责任的，被侵权人同时请求保险人和侵权人承担赔偿责任时，承担保险责任和侵权责任的顺序是：

1. 机动车强制保险优先。机动车强制保险人承担第一顺位保险责任，由其在机动车强制保险责任限额范围内，承担赔偿责任。

2. 强制保险赔偿不足部分，商业保险优先。机动车商业保险人的保险责任为第二顺位责任，对机动车强制保险限额范围赔偿不足的部分，商业保险人按照商业保险合同约定的保险范围承担赔偿责任。

3. 商业保险赔偿仍然不足的部分，或者根本就没有投保商业保险的，侵权人承担赔偿责任。

第一千二百一十四条　【拼装车、报废车交通事故责任】以买卖或者其他方式转让拼装或者已经达到报废标准的机动车，发生交通事故造成损害的，由转让人和受让人承担连带责任。

参见　《道路交通安全法》第14条、第16条、第100条、第103条；《最高人民法院关于审理道路交通事故损害赔偿案件适用法律若干问题的解释》第4条；《报废机动车回收管理办法》第2条

第一千二百一十五条　【盗抢机动车交通事故责任】盗窃、抢

劫或者抢夺的机动车发生交通事故造成损害的，由盗窃人、抢劫人或者抢夺人承担赔偿责任。盗窃人、抢劫人或者抢夺人与机动车使用人不是同一人，发生交通事故造成损害，属于该机动车一方责任的，由盗窃人、抢劫人或者抢夺人与机动车使用人承担连带责任。

保险人在机动车强制保险责任限额范围内垫付抢救费用的，有权向交通事故责任人追偿。

注释 盗窃、抢劫或者抢夺他人的机动车，是侵害他人财产的违法犯罪行为，在占有该机动车行驶中发生交通事故造成他人损害的，盗窃人、抢劫人或者抢夺人应当承担损害赔偿责任，而不是由机动车所有人、管理人承担侵权责任。在盗窃、抢劫或者抢夺他人机动车的过程中发生的交通事故致人损害，也应当适用本条规定。

参见 《机动车交通事故责任强制保险条例》第22条

第一千二百一十六条 【驾驶人逃逸责任承担规则】机动车驾驶人发生交通事故后逃逸，该机动车参加强制保险的，由保险人在机动车强制保险责任限额范围内予以赔偿；机动车不明、该机动车未参加强制保险或者抢救费用超过机动车强制保险责任限额，需要支付被侵权人人身伤亡的抢救、丧葬等费用的，由道路交通事故社会救助基金垫付。道路交通事故社会救助基金垫付后，其管理机构有权向交通事故责任人追偿。

注释 ［机动车肇事逃逸］

是指发生道路交通事故后，道路交通事故当事人为逃避法律追究，驾驶车辆或者遗弃车辆逃离道路交通事故现场的行为。

参见 《道路交通安全法》第17、第70条、第75条；《机动车交通事故责任强制保险条例》第24条、第25条；《道路交通事故社会救助基金管理办法》

第一千二百一十七条 【好意同乘规则】非营运机动车发生交通事故造成无偿搭乘人损害，属于该机动车一方责任的，应当减轻其赔偿责任，但是机动车使用人有故意或者重大过失的除外。

33

注释 无偿搭乘他人的机动车,在运行中发生交通事故,造成无偿搭乘人的损害,属于该机动车一方责任的,减轻机动车一方赔偿责任。

第六章 医疗损害责任

第一千二百一十八条 【医疗损害责任归责原则】患者在诊疗活动中受到损害,医疗机构或者其医务人员有过错的,由医疗机构承担赔偿责任。

注释 医疗损害责任适用过错责任原则,只有医疗机构或者其医务人员在诊疗活动中有过错的,才对该医疗机构就医的患者所受损害承担医疗损害的赔偿责任,只有法律另有规定的,才适用无过错责任原则,如《民法典》第1223条规定的医疗产品损害责任。

诊疗活动包括诊断、治疗、护理等环节,对此可以参考《医疗机构管理条例实施细则》第88条的有关规定,即诊疗活动是指通过各种检查、使用药物、器械及手术等方法,对疾病作出判断和消除疾病、缓解病情、减轻痛苦、改善功能、延长生命、帮助患者恢复健康的活动。

参见 《医疗事故处理条例》第2条、第49条

案例 梁某深诉广州某医院医疗损害责任案——误诊误治的责任认定(广州法院医疗纠纷诉讼情况白皮书(2015-2017)暨典型案例之三)

案件适用要点: 医务人员在诊疗活动中未尽到与当时的医疗水平相应的诊疗义务,造成患者损害的,医疗机构应当承担赔偿责任。本案中,患者5月3日入院电解质检查提示有低钾血症,5月5日、6日电解质检查均明确提示严重低钾血症,医方未重视,未及时采取措施纠正低钾血状态,仅在5月6日1时40分患者病情变化后才在病程记录中写入患者低钾的检查结果,在3时10分给予补钾。患者处于持续低钾状态,心肌受损,短时间内已无法补充至正常量,在4时35分出现难以救治的室颤。患者出现室颤时医方给予速尿,

而速尿对低钾血患者有药物使用禁忌症，速尿具有利尿作用会增加钾的排泄而加剧低钾血症，说明医方对患者持续低钾仍然未予以关注。医方根据现有医疗水平足以诊断出患者低钾血症而未能诊断，延误救治，造成患者死亡的严重后果，所以判决其承担80%的民事责任。

第一千二百一十九条 【医疗机构说明义务与患者知情同意权】医务人员在诊疗活动中应当向患者说明病情和医疗措施。需要实施手术、特殊检查、特殊治疗的，医务人员应当及时向患者具体说明医疗风险、替代医疗方案等情况，并取得其明确同意；不能或者不宜向患者说明的，应当向患者的近亲属说明，并取得其明确同意。

医务人员未尽到前款义务，造成患者损害的，医疗机构应当承担赔偿责任。

参见 《医师法》第25条；《医疗事故处理条例》第11条；《医疗机构管理条例》第32条；《医疗机构管理条例实施细则》第62条、第88条

第一千二百二十条 【紧急情况下实施的医疗措施】因抢救生命垂危的患者等紧急情况，不能取得患者或者其近亲属意见的，经医疗机构负责人或者授权的负责人批准，可以立即实施相应的医疗措施。

第一千二百二十一条 【医务人员过错的医疗机构赔偿责任】医务人员在诊疗活动中未尽到与当时的医疗水平相应的诊疗义务，造成患者损害的，医疗机构应当承担赔偿责任。

注释 依照本条规定，医务人员的注意义务就是应当尽到与当时的医疗水平相应的诊疗义务。本条规定的诊疗义务可以理解为一般情况下医务人员可以尽到的，通过谨慎的作为或者不作为避免患者受到损害的义务。

参见 《医师法》第28条、第29条、第55条、第56条；《医疗事故处理条例》第5条

第一千二百二十二条 【医疗机构过错推定的情形】患者在诊

35

疗活动中受到损害，有下列情形之一的，推定医疗机构有过错：

（一）违反法律、行政法规、规章以及其他有关诊疗规范的规定；

（二）隐匿或者拒绝提供与纠纷有关的病历资料；

（三）遗失、伪造、篡改或者违法销毁病历资料。

注释 患者有损害，有本条规定情形之一的，推定医疗机构有过错，并非当然认定医疗机构有过错。也就是说，医疗机构可以提出反证证明自己没有过错。

参见 《医师法》第28条、第29条、第55条、第56条；《医疗事故处理条例》第5条、第9条；《医疗机构管理条例》第24条

第一千二百二十三条 【因药品、消毒产品、医疗器械的缺陷或输入不合格的血液的侵权责任】因药品、消毒产品、医疗器械的缺陷，或者输入不合格的血液造成患者损害的，患者可以向药品上市许可持有人、生产者、血液提供机构请求赔偿，也可以向医疗机构请求赔偿。患者向医疗机构请求赔偿的，医疗机构赔偿后，有权向负有责任的药品上市许可持有人、生产者、血液提供机构追偿。

参见 《产品质量法》第41条、第43条、第46条；《献血法》第2条、第11条、第14条

第一千二百二十四条 【医疗机构免责事由】患者在诊疗活动中受到损害，有下列情形之一的，医疗机构不承担赔偿责任：

（一）患者或者其近亲属不配合医疗机构进行符合诊疗规范的诊疗；

（二）医务人员在抢救生命垂危的患者等紧急情况下已经尽到合理诊疗义务；

（三）限于当时的医疗水平难以诊疗。

前款第一项情形中，医疗机构或者其医务人员也有过错的，应当承担相应的赔偿责任。

注释 ［患者一方不配合诊疗的行为类型］

实践中患者一方不配合诊疗的行为可以分为两类：第一类比较常见，是患者囿于其医疗知识水平的局限而对医疗机构采取的诊疗措施难以建立正确的理解，从而导致其不遵医嘱、错误用药等与诊疗措施不相配合的现象。对于因患者上述行为导致损害后果的发生，并不能当然视为患者一方的"不配合"具有主观过错，从而医疗机构可以免除责任。判断患者一方是否存在过错的前提，是医务人员是否向患者一方履行了法定的说明告知义务。第二类是患者一方主观上具有过错，该过错又可分为故意和过失。故意的情形一般比较少见，患者就医就是为了治疗疾病、康复身体，而非追求身体损害的结果。但现实情况是复杂的，也不能完全排除患者主观追求损害结果的可能。

同时，根据《医师法》第27条规定："对需要紧急救治的患者，医师应当采取紧急措施进行诊治，不得拒绝急救处置。因抢救生命垂危的患者等紧急情况，不能取得患者或者其近亲属意见的，经医疗机构负责人或者授权的负责人批准，可以立即实施相应的医疗措施。"医师在执业活动中，对需要紧急救治的患者，拒绝急救处置，或者由于不负责任延误诊治的，由县级以上人民政府卫生健康主管部门责令改正，给予警告；情节严重的，责令暂停六个月以上一年以下执业活动直至吊销医师执业证书。

参见 《医师法》第27条、第55条；《医疗事故处理条例》第33条

第一千二百二十五条 【医疗机构对病历的义务及患者对病历的权利】医疗机构及其医务人员应当按照规定填写并妥善保管住院志、医嘱单、检验报告、手术及麻醉记录、病理资料、护理记录等病历资料。

患者要求查阅、复制前款规定的病历资料的，医疗机构应当及时提供。

参见 《医师法》第24条、第56条；《医疗事故处理条例》第8条、第10条、第16条；《医疗机构病历管理规定（2013年

版)》第15-30条

第一千二百二十六条 【患者隐私和个人信息保护】医疗机构及其医务人员应当对患者的隐私和个人信息保密。泄露患者的隐私和个人信息，或者未经患者同意公开其病历资料的，应当承担侵权责任。

第一千二百二十七条 【不必要检查禁止义务】医疗机构及其医务人员不得违反诊疗规范实施不必要的检查。

第一千二百二十八条 【医疗机构及医务人员合法权益的维护】医疗机构及其医务人员的合法权益受法律保护。

干扰医疗秩序，妨碍医务人员工作、生活，侵害医务人员合法权益的，应当依法承担法律责任。

第七章 环境污染和生态破坏责任

第一千二百二十九条 【环境污染和生态破坏侵权责任】因污染环境、破坏生态造成他人损害的，侵权人应当承担侵权责任。

注释 环境污染，既包括对生活环境的污染，也包括对生态环境的污染。环境污染责任作为一种特殊的侵权责任，其特殊性首先表现在其采用了无过错责任的归责原则。依无过错责任原则，在受害人有损害，污染者的行为与损害有因果关系的情况下，不论污染者有无过错，都应对其污染造成的损害承担侵权责任。对于适用无过错责任的环境侵权，其责任并非绝对责任，侵权人可以依据法律规定的不承担责任或者减轻责任的情形提出抗辩，从而免除或者减轻自己的侵权责任。

参见 《环境保护法》第2条、第64条；《水污染防治法》第96条；《大气污染防治法》第125条；《固体废物污染环境防治法》第121条；《噪声污染防治法》第八章；《放射性污染防治法》第59条；《防治陆源污染物污染损害海洋环境管理条例》第32条；《防止拆船污染环境管理条例》第23条

案例　吕某奎等79人诉山海关某重工有限责任公司海上污染损害责任纠纷案（2019年12月26日最高人民法院指导案例127号）

案件适用要点：根据《海洋环境保护法》等有关规定，海洋环境污染中的"污染物"不限于国家或者地方环境标准明确列举的物质。污染者向海水水域排放未纳入国家或者地方环境标准的含有铁物质等成分的污水，造成渔业生产者养殖物损害的，污染者应当承担环境侵权责任。

第一千二百三十条　**【环境污染、生态破坏侵权举证责任】**因污染环境、破坏生态发生纠纷，行为人应当就法律规定的不承担责任或者减轻责任的情形及其行为与损害之间不存在因果关系承担举证责任。

注释　环境污染、生态破坏侵权实行因果关系的举证责任倒置。将污染行为、生态破坏行为与损害之间的因果关系的举证义务加于污染者，有利于保护受害人的合法权益。受害人只要证明污染者有污染行为、损害以及行为与损害的初步联系，就由污染者承担排污行为和损害事实之间有无因果关系的证明责任，污染者必须提出反证，证明其行为与损害之间没有因果关系，才能不承担侵权责任。

参见　《环境保护法》第64条；《水污染防治法》第98条

第一千二百三十一条　**【两个以上侵权人造成损害的责任分担】**两个以上侵权人污染环境、破坏生态的，承担责任的大小，根据污染物的种类、浓度、排放量，破坏生态的方式、范围、程度，以及行为对损害后果所起的作用等因素确定。

注释　本条所规范的环境污染侵权行为有以下要件：一是多个侵权主体，有两个或者两个以上的侵权人；二是数个侵权人的行为都造成了环境损害；三是究竟每个侵权人造成的是哪一部分损害不能实际确定。

侵权人承担责任大小的依据主要是其行为在导致损害的结果中所占的原因力的比例。污染环境、破坏生态中原因力的确定比较复杂，具体到确定责任大小，本条规定应考虑侵权人排放污染物的种类、浓度、排放量，破坏生态的方式、范围、程度，以及行为对损害后果所起的作用等因素。排放污染物的种类是指导致损害结果的污染物的种类，排放量的概念是排放污染物总量乘以排放浓度。

第一千二百三十二条 【侵权人的惩罚性赔偿】侵权人违反法律规定故意污染环境、破坏生态造成严重后果的，被侵权人有权请求相应的惩罚性赔偿。

注释 故意污染环境、破坏生态承担惩罚性赔偿责任的要件是：

1. 侵权人实施了损害生态环境的行为。

2. 侵权人主观上违反法律规定故意损害生态环境，即明知法律规定禁止损害生态环境而执意为之，重大过失不适用惩罚性赔偿责任。

3. 侵权人故意实施的损害生态环境的行为造成的损害后果严重，表现为受害人的死亡或者健康严重损害，而不是一般性的损害。

案例 浮梁县人民检察院诉某化工集团有限公司环境污染民事公益诉讼案（最高人民法院发布人民法院贯彻实施民法典典型案例（第一批））

案件适用要点：本案是我国首例适用《民法典》惩罚性赔偿条款的环境污染民事公益诉讼案件。《民法典》侵权责任编新增规定了污染环境和破坏生态的惩罚性赔偿制度，贯彻了"绿水青山就是金山银山"的环保理念，增强了生态环境保护力度，是构建天蓝地绿水净的美好家园的法治保障。审理法院在判令被告承担生态环境修复费用、环境功能性损失等补偿性费用之外，采取"基数+倍数"的计算方式，结合具体案情决定以环境功能性损失费用为计算基数，综合考虑侵权人主观过错程度、侵权后果的严重程度、侵权人的经济能力、赔偿态度、受到行政处罚的情况等调节因素确定倍数，进而确定最终的惩罚性赔偿数额，为正确实施环境污染和生态破坏责任惩罚性赔偿制度提供了有益借鉴。

　　生效裁判认为，被告公司将生产废液交由无危险废物处置资质的个人处理，放任污染环境危害结果的发生，主观上存在故意，客观上违反了法律规定，损害了社会公共利益，造成严重后果。且至本案审理期间，涉案倾倒废液行为所致的环境污染并未得到修复，损害后果仍在持续，符合《民法典》第1232条规定的环境侵权惩罚性赔偿适用条件。

第一千二百三十三条　【因第三人过错污染环境、破坏生态的责任】因第三人的过错污染环境、破坏生态的，被侵权人可以向侵权人请求赔偿，也可以向第三人请求赔偿。侵权人赔偿后，有权向第三人追偿。

参见　《水污染防治法》第96条第4款

第一千二百三十四条　【生态环境损害修复责任】违反国家规定造成生态环境损害，生态环境能够修复的，国家规定的机关或者法律规定的组织有权请求侵权人在合理期限内承担修复责任。侵权人在期限内未修复的，国家规定的机关或者法律规定的组织可以自行或者委托他人进行修复，所需费用由侵权人负担。

第一千二百三十五条　【生态环境损害赔偿的范围】违反国家规定造成生态环境损害的，国家规定的机关或者法律规定的组织有权请求侵权人赔偿下列损失和费用：

（一）生态环境受到损害至修复完成期间服务功能丧失导致的损失；

（二）生态环境功能永久性损害造成的损失；

（三）生态环境损害调查、鉴定评估等费用；

（四）清除污染、修复生态环境费用；

（五）防止损害的发生和扩大所支出的合理费用。

第八章　高度危险责任

第一千二百三十六条　【高度危险责任一般规定】从事高度危

险作业造成他人损害的,应当承担侵权责任。

注释 ［高度危险作业］
既包括使用民用核设施、高速轨道运输工具和从事高压、高空、地下采掘等高度危险活动,也包括占有、使用易燃、易爆、剧毒和放射性等高度危险物的行为。一般认为,具体行为构成高度危险作业应具备以下三个条件:一是,作业本身具有高度的危险性。也就是说,危险性变为现实损害的几率很大,超过了一般人正常的防范意识,或者说超过了在一般条件下人们可以避免或者躲避的危险。二是,高度危险作业即使采取安全措施并尽到了相当的注意也无法避免损害。三是,不考虑高度危险作业人对造成损害是否有过错。

高度危险作业造成他人损害的,应当承担无过错责任。但不是说高度危险责任没有任何的不承担责任或者减轻责任情形,如果针对具体的高度危险责任,法律规定不承担责任或者减轻责任的,应当依照其规定。

第一千二百三十七条　【民用核设施致害责任】民用核设施或者运入运出核设施的核材料发生核事故造成他人损害的,民用核设施的营运单位应当承担侵权责任;但是,能够证明损害是因战争、武装冲突、暴乱等情形或者受害人故意造成的,不承担责任。

注释　民用核设施以及运入运出核设施的核材料发生核事故致人损害,适用无过错责任原则。

构成民用核设施和核材料损害责任的要件是:

1. 民用核设施和核材料发生了核事故。《核安全法》第93条规定,核事故是指核设施内的核燃料、放射性产物、放射性废物或者运入运出核设施的核材料所发生的放射性、毒害性、爆炸性或者其他危害性事故,或者一系列事故。

2. 民用核设施和核材料的核事故造成了他人的人身损害或者财产损害。

3. 民用核设施和核材料的核事故与他人人身损害和财产损害结果之间有因果关系。

民用核设施和核材料发生核事故损害责任的主体，是核设施的营运单位，即核设施的占有人。《核安全法》第93条规定，核设施营运单位，是指在中华人民共和国境内，申请或者持有核设施安全许可证，可以经营和运行核设施的单位。

参见　《核安全法》第93条；《放射性污染防治法》第59条、第62条；《国务院关于核事故损害赔偿责任问题的批复》

第一千二百三十八条　【民用航空器致害责任】民用航空器造成他人损害的，民用航空器的经营者应当承担侵权责任；但是，能够证明损害是因受害人故意造成的，不承担责任。

注释　[航空器]
是指通过空气的反作用，而不是由空气对地面发生的反作用，在大气中取得支撑的任何机器，航空器主要包括固定翼飞机、滑翔机、直升机等飞机，此外，热气球、飞艇也属于航空器。一般认为，火箭、气垫船和地面效应船不属于航空器。

参见　《民用航空法》第124-172条

第一千二百三十九条　【高度危险物致害责任】占有或者使用易燃、易爆、剧毒、高放射性、强腐蚀性、高致病性等高度危险物造成他人损害的，占有人或者使用人应当承担侵权责任；但是，能够证明损害是因受害人故意或者不可抗力造成的，不承担责任。被侵权人对损害的发生有重大过失的，可以减轻占有人或者使用人的责任。

注释　对易燃、易爆、剧毒、高放射性、强腐蚀性、高致病性物品的认定，一般根据国家颁布的标准，如《危险货物分类和品名编号》《危险货物品名表》《常用危险化学品的分类及标志》等进行认定。

承担责任的主体是占有人和使用人。这里的"占有"和"使用"包括生产、储存、运输高度危险品以及将高度危险品作为原料或者工具进行生产等行为。

参见　《放射性污染防治法》第59条、第62条；《安全生产

43

法》第 42 条、第 82 条、第 117 条

第一千二百四十条 【高度危险活动致害责任】从事高空、高压、地下挖掘活动或者使用高速轨道运输工具造成他人损害的，经营者应当承担侵权责任；但是，能够证明损害是因受害人故意或者不可抗力造成的，不承担责任。被侵权人对损害的发生有重大过失的，可以减轻经营者的责任。

注释 高空作业也称为高处作业，根据高处作业分级标准规定，凡距坠落高度基准面 2 米及其以上，有可能坠落的高处进行的作业，称为高处作业。本条里的"高压"则属于工业生产意义上的高压，包括高压电、高压容器等。地下挖掘就是在地表下向下一定深度进行挖掘的行为。高速轨道运输工具就是沿着固定轨道上行驶的车辆。通常来说，高速轨道运输工具包括铁路、地铁、轻轨、磁悬浮、有轨电车等。

参见 《安全生产法》第 51 条、第 109 条；《电力法》第 60 条

第一千二百四十一条 【遗失、抛弃高度危险物致害的侵权责任】遗失、抛弃高度危险物造成他人损害的，由所有人承担侵权责任。所有人将高度危险物交由他人管理的，由管理人承担侵权责任；所有人有过错的，与管理人承担连带责任。

注释 高度危险物的所有人或者管理人应当严格按照有关安全生产规范，对其占有、使用的高度危险物进行储存或者处理。如果管理人遗失、抛弃高度危险物造成他人损害的，有过错的所有人与管理人承担连带责任。被侵权人可以要求所有人承担侵权责任，也可以要求管理人承担侵权责任，也可以要求所有人和管理人共同承担侵权责任。在对内关系上，所有人和管理人根据各自的责任大小确定各自的赔偿数额；难以确定的，平均承担赔偿责任。支付超出自己赔偿数额的连带责任人，有权向其他连带责任人追偿。

参见 《安全生产法》第 116 条、第 117 条

第一千二百四十二条 【非法占有高度危险物致害的侵权责任】

非法占有高度危险物造成他人损害的，由非法占有人承担侵权责任。所有人、管理人不能证明对防止非法占有尽到高度注意义务的，与非法占有人承担连带责任。

注释　[非法占有]
是指明知自己无权占有，而通过非法手段将他人的物品占为己有。现实中，盗窃、抢劫、抢夺都是非法占有的主要形式。

第一千二百四十三条　【未经许可进入高度危险作业区域的致害责任】未经许可进入高度危险活动区域或者高度危险物存放区域受到损害，管理人能够证明已经采取足够安全措施并尽到充分警示义务的，可以减轻或者不承担责任。

注释　一般来说，高度危险活动区域或者高度危险物存放区域都同社会大众的活动场所相隔绝，如果在管理人已经采取安全措施并且尽到警示义务的情况下，受害人未经许可进入该高度危险区域这一行为本身就说明受害人对于损害的发生具有过错，高度危险活动区域或者高度危险物存放区域的管理人可以减轻或者不承担责任。

案例　杨某波、侯某素与中国铁路上海局集团有限公司、中国铁路上海局集团有限公司南京站铁路运输人身损害责任纠纷案(《中华人民共和国最高人民法院公报》2019年第10期)

案件适用要点： 在车站设有上下车安全通道，且铁路运输企业已经采取必要的安全措施并尽到警示义务的情况下，受害人未经许可、违反众所周知的安全规则，进入正有列车驶入的车站内轨道、横穿线路，导致生命健康受到损害的，属于《中华人民共和国铁路法》第58条规定的因受害人自身原因造成人身伤亡的情形，铁路运输企业不承担赔偿责任。

第一千二百四十四条　【高度危险责任赔偿限额】承担高度危险责任，法律规定赔偿限额的，依照其规定，但是行为人有故意或者重大过失的除外。

注释 ［限额赔偿］

限额赔偿是相对于全额赔偿而言，是行为人的行为已经构成侵权责任，在法律有特别规定的情况下，不适用全额赔偿责任而按照法律规定实行限额赔偿的侵权责任制度。

本条规定的限额赔偿的适用要件是：（1）侵权人已经确定应当承担侵权责任，且承担的是高度危险责任；（2）法律对这种高度危险责任规定了实行限额赔偿的规范。按照这一规定，本章规定的高度危险责任，只要法律规定了限额赔偿，都可以适用限额赔偿制度。

在高度危险责任中，排除限额赔偿法律规定适用的情况是，如果行为人在造成被侵权人损害的高度危险责任中有故意或者重大过失，则不适用限额赔偿规则，而应当承担全部赔偿责任。

第九章　饲养动物损害责任

第一千二百四十五条　【饲养动物损害责任一般规定】饲养的动物造成他人损害的，动物饲养人或者管理人应当承担侵权责任；但是，能够证明损害是因被侵权人故意或者重大过失造成的，可以不承担或者减轻责任。

注释　动物的行为是直接的加害行为。这两种行为相结合，才能构成侵权行为。动物致人损害的构成要件是：须为饲养的动物；须有动物的加害行为；须有造成他人损害的事实；须有动物加害行为与损害之间的因果关系。

普遍认为，野生动物不能列入本法所说的"饲养的动物"。

动物的饲养人或者管理人都是责任主体。动物的饲养人是指动物的所有人，即对动物享有占有、使用、收益、处分权的人；动物的管理人是指实际控制和管束动物的人，管理人对动物不享有所有权，而只是根据某种法律关系直接占有和控制动物。

参见　《野生动物保护法》第2条、第19条

案例　欧某珍诉高某饲养动物损害责任纠纷案（《中华人民共和国最高人民法院公报》2019年第10期）

案件适用要点：饲养动物损害责任纠纷案件中，饲养动物虽未

直接接触受害人，但因其追赶、逼近等危险动作导致受害人摔倒受伤的，应认定其与损害与受害人发生结果身体之间存在因果关系。动物饲养人或管理人不能举证证明受害人对损害的发生存在故意或者重大过失的，应当承担全部的侵权责任。

第一千二百四十六条　【未对动物采取安全措施损害责任】违反管理规定，未对动物采取安全措施造成他人损害的，动物饲养人或者管理人应当承担侵权责任；但是，能够证明损害是因被侵权人故意造成的，可以减轻责任。

注释　这里所谓的管理规定，应当限于规范性法律文件的规定，包括法律、行政法规、规章、条例、办法等。例如，《天津市养犬管理条例》。但是，小区的管理规约等应当不属于此处所说的管理规定。

原《侵权责任法》第79条规定这种饲养动物损害责任，并没有规定减轻责任的规则，因此将其称为绝对责任条款。这样的规定是不合适的。本条增加了减轻责任的规则，动物饲养人或者管理人能够证明损害是由被侵权人故意造成的，不是免除责任，而是减轻责任。被侵权人重大过失或者过失所致损害，不在减轻责任之列。

第一千二百四十七条　【禁止饲养的危险动物损害责任】禁止饲养的烈性犬等危险动物造成他人损害的，动物饲养人或者管理人应当承担侵权责任。

注释　禁止饲养的烈性犬等危险动物造成他人损害的，是饲养动物损害责任中最严格的责任，不仅适用无过错责任原则，而且没有规定免责事由，因而被称为绝对责任条款。

禁止饲养的动物，即禁止饲养的烈性犬等危险动物，不仅包括烈性犬，还包括类似烈性犬等其他凶猛的危险动物。具体的范围是：（1）烈性犬；（2）家畜、家禽中的其他危险动物；（3）禁止饲养的野生动物，属于危险动物，如野猪、狼、豺、虎、豹、狮等。

第一千二百四十八条　【动物园饲养动物损害责任】动物园的动物造成他人损害的，动物园应当承担侵权责任；但是，能够证明尽到管理职责的,不承担侵权责任。

  参见 《野生动物保护法》第 19 条

  案例 谢某某诉某动物园饲养动物致人损害纠纷案(《中华人民共和国最高人民法院公报》2013 年第 8 期)

  案件适用要点:《侵权责任法》第 81 条就动物园无过错责任作出了明确规定,同时规定,如受害人或监护人确有过错,动物园可以减轻或者不承担责任。动物园作为饲养管理动物的专业机构,依法负有注意和管理义务,其安全设施应充分考虑到未成年人的特殊安全需要,最大限度杜绝危害后果发生。游客亦应当文明游园,监护人要尽到监护责任,否则亦要依法承担相应的责任。

  第一千二百四十九条 【遗弃、逃逸动物损害责任】遗弃、逃逸的动物在遗弃、逃逸期间造成他人损害的,由动物原饲养人或者管理人承担侵权责任。

  注释 动物的遗弃是指动物饲养人抛弃了动物。逃逸的动物是指饲养人并不是放弃了自己饲养的权利,而是暂时地丧失了对该动物的占有和控制。

  第一千二百五十条 【因第三人过错致使动物致害责任】因第三人的过错致使动物造成他人损害的,被侵权人可以向动物饲养人或者管理人请求赔偿,也可以向第三人请求赔偿。动物饲养人或者管理人赔偿后,有权向第三人追偿。

  注释 本条中的第三人的过错是指被侵权人和动物饲养人或者管理人以外的人对动物造成损害有过错。第三人的过错在大多数场合表现为:有意挑逗、投打、投喂、诱使动物,其后果致使他人受到人身或者财产的损害,其实质是实施了诱发动物致害的行为。

  第一千二百五十一条 【饲养动物应负的社会责任】饲养动物应当遵守法律法规,尊重社会公德,不得妨碍他人生活。

第十章 建筑物和物件损害责任

  第一千二百五十二条 【建筑物、构筑物或者其他设施倒塌、

塌陷致害责任】建筑物、构筑物或者其他设施倒塌、塌陷造成他人损害的，由建设单位与施工单位承担连带责任，但是建设单位与施工单位能够证明不存在质量缺陷的除外。建设单位、施工单位赔偿后，有其他责任人的，有权向其他责任人追偿。

因所有人、管理人、使用人或者第三人的原因，建筑物、构筑物或者其他设施倒塌、塌陷造成他人损害的，由所有人、管理人、使用人或者第三人承担侵权责任。

注释 ［倒塌、塌陷］

是指建筑物、构筑物或者其他设施坍塌、倒覆、陷落，造成该建筑物、构筑物或者其他设施丧失基本使用功能。

本条第1款对建筑物、构筑物或者其他设施倒塌、塌陷造成他人损害规定了两个责任主体：一是建设单位。通常情况下，建设单位依法取得土地使用权，在该土地上建造建筑物、构筑物或者其他设施，是建设工程合同的总发包人。二是施工单位。施工单位与建设单位或者其他发包人签订建设工程合同，对建设工程进行施工。

［本条中的"其他责任人"的范围］

一般来讲，本条第1款规定的"其他责任人"，主要包括以下范围：一是勘察单位、设计单位等。二是监理单位。三是勘察、设计、监理单位以外的责任人。例如，根据《建筑法》第79条的规定，负责颁发建筑工程施工许可证的部门及其工作人员对不符合施工条件的建筑工程颁发施工许可证的，负责工程质量监督检查或者竣工验收的部门及其工作人员对不合格的建筑工程出具质量合格文件或者按合格工程验收的，造成损失的，由该部门承担相应的赔偿责任。

如果业主或者其他房屋使用者在装修房屋的过程中，违法擅自将房屋的承重墙拆改导致房屋倒塌造成他人损害的，该业主或者其他使用人即属于本条第2款规定的"其他责任人"，应当承担侵权责任。

参见 《建筑法》第55条、第56条、第58条、第60-62条、第66条、第67条、第69条、第70条、第73-75条、第79条、第

49

80条;《刑法》第137条、第138条;《物业管理条例》第55条;《建设工程质量管理条例》第3条、第15条、第26条、第27条、第32条、第36条、第39条、第41条、第42条、第58条、第63-67条、第69条;《最高人民法院关于审理建设工程施工合同纠纷案件适用法律问题的解释（一）》第13条、第18条

第一千二百五十三条 【建筑物、构筑物或者其他设施及其搁置物、悬挂物脱落、坠落致害责任】建筑物、构筑物或者其他设施及其搁置物、悬挂物发生脱落、坠落造成他人损害，所有人、管理人或者使用人不能证明自己没有过错的，应当承担侵权责任。所有人、管理人或者使用人赔偿后，有其他责任人的，有权向其他责任人追偿。

注释 建筑物是指人工建造的、固定在土地上，其空间用于居住、生产或者存放物品的设施，如住宅、写字楼、车间、仓库等。

构筑物或者其他设施是指人工建造的、固定在土地上、建筑物以外的某些设施，例如道路、桥梁、隧道、城墙、堤坝等。

建筑物、构筑物或者其他设施上的搁置物、悬挂物是指搁置、悬挂在建筑物、构筑物或者其他设施上，非建筑物、构筑物或者其他设施本身组成部分的物品。例如，搁置在阳台上的花盆、悬挂在房屋天花板上的吊扇、脚手架上悬挂的建筑工具等。

建筑物、构筑物或者其他设施及其搁置物、悬挂物脱落、坠落，是指建筑物、构筑物或者其他设施的某一个组成部分以及搁置物、悬挂物从建筑物、构筑物或者其他设施上脱落、坠落。例如，房屋墙壁上的瓷砖脱落、房屋天花板坠落、吊灯坠落、屋顶瓦片滑落、房屋窗户玻璃被风刮碎坠落、阳台上放置的花盆坠落等。

本条规定了三个侵权责任主体：一是所有人。所有人是指对建筑物等设施拥有所有权的人。二是管理人。管理人是指对建筑物等设施及其搁置物、悬挂物负有管理、维护义务的人。三是使用人。一般来讲，使用人是指因租赁、借用或者其他情形使用建筑物等设施的人。

第一千二百五十四条 【高空抛掷物、坠落物致害责任】禁止从建筑物中抛掷物品。从建筑物中抛掷物品或者从建筑物上坠落的

物品造成他人损害的，由侵权人依法承担侵权责任；经调查难以确定具体侵权人的，除能够证明自己不是侵权人的外，由可能加害的建筑物使用人给予补偿。可能加害的建筑物使用人补偿后，有权向侵权人追偿。

物业服务企业等建筑物管理人应当采取必要的安全保障措施防止前款规定情形的发生；未采取必要的安全保障措施的，应当依法承担未履行安全保障义务的侵权责任。

发生本条第一款规定的情形的，公安等机关应当依法及时调查，查清责任人。

注释　《侵权责任编解释（一）》第24条、第25条作出相关规定，着力使本条规定在司法实务中落地落实。

1. 对于在具体侵权人和违反安全保障义务的物业服务企业等建筑物管理人作为共同被告时，应如何界定和划分两个责任主体间的民事责任，本条并未明确。《侵权责任编解释（一）》第24条对此予以明确，即具体侵权人是第一责任主体，未采取必要安全保障措施的物业服务企业等建筑物管理人在人民法院就具体侵权人的财产依法强制执行后仍不能履行的范围内，承担与其过错相应的补充责任。这是因为，高空抛掷物、坠落物造成他人损害的行为由第三人实施，物业服务企业等建筑物管理人违反安全保障义务的，依照本法第1198条第2款的规定，应当由安全保障义务人承担与其过错相应的补充责任。

2. 本条第1款规定，经调查难以确定具体侵权人的，除能够证明自己不是侵权人的外，由可能加害的建筑物使用人给予补偿。审判实践中，高空抛掷物、坠落物致害的具体侵权人有时确实难以确定。此种情形下，可能加害的建筑物使用人与违反安全保障义务的物业服务企业等建筑物管理人之间如何划分责任，本条亦未明确。《侵权责任编解释（一）》第25条对此予以了明确：第一，诉讼中无须等待具体侵权人查明。第二，未采取必要安全保障措施的物业服务企业等建筑物管理人先于可能加害的建筑物使用人承担责任。承担责任的范围应与其过错程度相适应。第三，物业服务企业等建筑物管理人承担责任后,被侵权人仍有损害未得到填补的,被侵权人其余部分的损害,由可能加害的建筑物使用人给予适当补偿。对于本条第1款规定的可能加害的建筑物使用人的补偿范围,审判实践中存在争议。《侵权责任编解释(一)》结合既往判决和执行情况,采纳了"适当补偿"的意见,以兼顾权益救济和保障公平。第四,明确了物业服务企业、可能加害的建筑物使用人承担责任后有权向具体侵权人追偿。依照本条第2款规定,安全保障义务人承担补充责任后享有向实施侵权行为的第三人追偿的权利。本条第1款也规定,可能加害的建筑物使用人补偿后,有权向侵权人追偿。《侵权责任编解释(一)》第25条第2款据此明确,具体侵权人确定后,已经承担责任的物业服务企业等建筑物管理人、可能加害的建筑物使用人向具体侵权人追偿的,人民法院应予支持。第五,明确"具体侵权人难以确定"的时间标准。实践中,为解决高空抛掷物、坠落物致害的具体侵权人难以查明的问题,本条第3款规定,公安等机关应当依法及时调查,查清责任人。本着确保被侵权人及时填补损害的宗旨,《侵权责任编解释(一)》第25条明确,经公安等机关调查,在民事案件一审法庭辩论终结前仍难以确定具体侵权人的,人民法院可以依法审理相关案件并确定相关责任主体的民事责任。

案例 庚某娴诉黄某辉高空抛物损害责任纠纷案(最高人民法院发布人民法院贯彻实施民法典典型案例(第一批))

案件适用要点:本案是人民法院首次适用《民法典》第1254条判决高空抛物者承担赔偿责任,切实维护人民群众"头顶上的安全"的典型案例。《民法典》侵权责任编明确禁止从建筑物中抛掷物品,进一步完善了高空抛物的治理规则。本案依法判决高空抛物者承担赔偿责任,有利于通过公正裁判树立行为规则,进一步强化高空抛物、坠物行为预防和惩治工作,也有利于更好地保障居民合法权益,切实增强人民群众的幸福感、安全感。

生效裁判认为,庚某娴散步时被从高空抛下的水瓶惊吓摔倒受伤,经监控录像显示水瓶由黄某辉租住房屋阳台抛下,有视频及庚某娴、黄某辉签订的确认书证明。双方确认抛物者为无民事行为能力人，黄某辉是其监护人，庚某娴要求黄某辉承担赔偿责任，黄某辉亦同意赔偿。涉案高空抛物行为发生在《民法典》实施前，但为了更好地保护公民、法人和其他组织的权利和利益，根据《时间效力规定》第十九条规定，《民法典》施行前，从建筑物中抛掷物品或者从建筑物上坠落的物品造成他人损害引起的民事纠纷案件，适用《民法典》第1254条的规定。2021年1月4日，审理法院判决黄某辉向庚某娴赔偿医疗费、护理费、交通费、住院伙食补助费、残疾赔偿金、鉴定费合计8.3万元；精神损害抚慰金1万元。

第一千二百五十五条 【堆放物致害责任】堆放物倒塌、滚落或者滑落造成他人损害，堆放人不能证明自己没有过错的，应当承担侵权责任。

注释 堆放物是指堆放在土地上或者其他地方的物品。堆放物须是非固定在其他物体上，例如，建筑工地上堆放的砖块，木料场堆放的圆木等。

参见 《最高人民法院关于处理涉及汶川地震相关案件适用法律问题的意见（二）》九

第一千二百五十六条 【在公共道路上妨碍通行物品的致害责任】在公共道路上堆放、倾倒、遗撒妨碍通行的物品造成他人损害的，由行为人承担侵权责任。公共道路管理人不能证明已经尽到清理、防护、警示等义务的，应当承担相应的责任。

注释 公共道路是指公共通行的道路。本条规定的堆放、倾倒、遗撒妨碍通行物，是指在公共道路上堆放、倾倒、遗撒物品，影响他人对该公共道路正常、合理的使用。

参见 《道路交通安全法》第30条、第31条、第48条、第66条；《公路法》第46条、第47条、第54条、第77条、第79条；《道路交通安全法实施条例》第62条；《城市道路管理条例》第21条、第22条；《城市建筑垃圾管理规定》第17条；《最高人民法院关于审理建筑物区分所有权纠纷案件适用法律若干问题的解释》第3条

第一千二百五十七条 【林木致害的责任】因林木折断、倾倒

或者果实坠落等造成他人损害，林木的所有人或者管理人不能证明自己没有过错的，应当承担侵权责任。

注释 本条所说的林木，包括自然生长和人工种植的林木。

需要说明的是，很多时候，林木的折断表面上是由于自然原因或者第三人等的原因造成的，但实质上与所有人或者管理人的过错有关。例如，大风将因虫害而枯死的大树刮倒，砸伤了过路的行人。大风和虫害是导致树木折断的因素，但由于虫害可能是因所有人或者管理人没有尽到管理、维护的义务造成的，因此，所有人或者管理人不能证明自己没有过错的，仍然要承担侵权责任。

参见 《森林法》第20条

第一千二百五十八条 【公共场所或道路施工致害责任和窨井等地下设施致害责任】 在公共场所或者道路上挖掘、修缮安装地下设施等造成他人损害，施工人不能证明已经设置明显标志和采取安全措施的，应当承担侵权责任。

窨井等地下设施造成他人损害，管理人不能证明尽到管理职责的，应当承担侵权责任。

注释 在公共场所或者道路上施工，是指在公共场所或者道路上挖坑、修路、修缮安装地下设施等。例如架设电线、铺设管道、维修公路、修缮下水道等。在公共场所或者道路上施工，应当取得有关管理部门的许可，必须设置明显的警示标志和采取有效的安全措施。首先，设置的警示标志必须具有明显性。施工人设置的警示标志要足以引起他人对施工现场的注意，从而使他人采取相应的安全应对措施，如减速、绕行等。其次，仅设置明显的标志不足以保障他人的安全的，施工人还应当采取其他有效的安全措施。

公共场所施工致人损害的责任人是施工人。施工人是指组织施工的单位或者个人，而非施工单位的工作人员或者个体施工人的雇员。施工人一般是承包或者承揽他人的工程进行施工的单位或者个人，有时也可能是自己为自己的工程施工。

窨井是指上下水道或者其他地下管线工程中，为便于检查或疏通而设置的井状构筑物。其他地下设施包括地窖、水井、下水道以及其他地下坑道等。窨井等地下设施的管理人，是指负责对该地下设施进行管理、维护的单位或者个人。

参见　《道路交通安全法》第32条、第104条、第105条；《公路法》第32条、第44条、第45条；《治安管理处罚法》第37条；《道路交通安全法实施条例》第35条；《城市道路管理条例》第23-25条、第30条、第33-36条、第42条；《物业管理条例》第50条、第51条

最高人民法院关于适用《中华人民共和国民法典》侵权责任编的解释（一）

（2023年12月18日最高人民法院审判委员会第1909次会议通过　2024年9月25日最高人民法院公告公布　自2024年9月27日起施行　法释〔2024〕12号）

为正确审理侵权责任纠纷案件，根据《中华人民共和国民法典》、《中华人民共和国民事诉讼法》等法律规定，结合审判实践，制定本解释。

第一条　非法使被监护人脱离监护，监护人请求赔偿为恢复监护状态而支出的合理费用等财产损失的，人民法院应予支持。

第二条　非法使被监护人脱离监护，导致父母子女关系或者其他近亲属关系受到严重损害的，应当认定为民法典第一千一百八十三条第一款规定的严重精神损害。

第三条　非法使被监护人脱离监护，被监护人在脱离监护期间死亡，作为近亲属的监护人既请求赔偿人身损害，又请求赔偿监护关系受侵害产生的损失的，人民法院依法予以支持。

第四条 无民事行为能力人、限制民事行为能力人造成他人损害，被侵权人请求监护人承担侵权责任，或者合并请求监护人和受托履行监护职责的人承担侵权责任的，人民法院应当将无民事行为能力人、限制民事行为能力人列为共同被告。

第五条 无民事行为能力人、限制民事行为能力人造成他人损害，被侵权人请求监护人承担侵权人应承担的全部责任的，人民法院应予支持，并在判决中明确，赔偿费用可以先从被监护人财产中支付，不足部分由监护人支付。

监护人抗辩主张承担补充责任，或者被侵权人、监护人主张人民法院判令有财产的无民事行为能力人、限制民事行为能力人承担赔偿责任的，人民法院不予支持。

从被监护人财产中支付赔偿费用的，应当保留被监护人所必需的生活费和完成义务教育所必需的费用。

第六条 行为人在侵权行为发生时不满十八周岁，被诉时已满十八周岁的，被侵权人请求原监护人承担侵权人应承担的全部责任的，人民法院应予支持，并在判决中明确，赔偿费用可以先从被监护人财产中支付，不足部分由监护人支付。

前款规定情形，被侵权人仅起诉行为人的，人民法院应当向原告释明申请追加原监护人为共同被告。

第七条 未成年子女造成他人损害，被侵权人请求父母共同承担侵权责任的，人民法院依照民法典第二十七条第一款、第一千零六十八条以及第一千一百八十八条的规定予以支持。

第八条 夫妻离婚后，未成年子女造成他人损害，被侵权人请求离异夫妻共同承担侵权责任的，人民法院依照民法典第一千零六十八条、第一千零八十四条以及第一千一百八十八条的规定予以支持。一方以未与该子女共同生活为由主张不承担或者少承担责任的，人民法院不予支持。

离异夫妻之间的责任份额，可以由双方协议确定；协议不成的，人民法院可以根据双方履行监护职责的约定和实际履行情况等确定。实际承担责任超过自己责任份额的一方向另一方追偿的，人民法院应予支持。

第九条 未成年子女造成他人损害的，依照民法典第一千零七十二条第二款的规定，未与该子女形成抚养教育关系的继父或者继母不承担监护人的侵权责任，由该子女的生父母依照本解释第八条的规定承担侵权责任。

第十条 无民事行为能力人、限制民事行为能力人造成他人损害，被侵权人合并请求监护人和受托履行监护职责的人承担侵权责任的，依照民法典第一千一百八十九条的规定，监护人承担侵权人应承担的全部责任；受托人在过错范围内与监护人共同承担责任，但责任主体实际支付的赔偿费用总和不应超出被侵权人应受偿的损失数额。

监护人承担责任后向受托人追偿的，人民法院可以参照民法典第九百二十九条的规定处理。

仅有一般过失的无偿受托人承担责任后向监护人追偿的，人民法院应予支持。

第十一条 教唆、帮助无民事行为能力人、限制民事行为能力人实施侵权行为，教唆人、帮助人以其不知道且不应当知道行为人为无民事行为能力人、限制民事行为能力人为由，主张不承担侵权责任或者与行为人的监护人承担连带责任的，人民法院不予支持。

第十二条 教唆、帮助无民事行为能力人、限制民事行为能力人实施侵权行为，被侵权人合并请求教唆人、帮助人以及监护人承担侵权责任的，依照民法典第一千一百六十九条第二款的规定，教唆人、帮助人承担侵权人应承担的全部责任；监护人在未尽到监护职责的范围内与教唆人、帮助人共同承担责任，但责任主体实际支付的赔偿费用总和不应超出被侵权人应受偿的损失数额。

监护人先行支付赔偿费用后，就超过自己相应责任的部分向教唆人、帮助人追偿的，人民法院应予支持。

第十三条 教唆、帮助无民事行为能力人、限制民事行为能力人实施侵权行为，被侵权人合并请求教唆人、帮助人与监护人以及受托履行监护职责的人承担侵权责任的，依照本解释第十条、第十二条的规定认定民事责任。

第十四条 无民事行为能力人或者限制民事行为能力人在幼儿园、学校或者其他教育机构学习、生活期间，受到教育机构以外的第三人人身损害，第三人、教育机构作为共同被告且依法应承担侵权责任的，人民法院应当在判决中明确，教育机构在人民法院就第三人的财产依法强制执行后仍不能履行的范围内，承担与其过错相应的补充责任。

被侵权人仅起诉教育机构的，人民法院应当向原告释明申请追加实施侵权行为的第三人为共同被告。

第三人不确定的，未尽到管理职责的教育机构先行承担与其过错相应的责任；教育机构承担责任后向已经确定的第三人追偿的，人民法院依照民法典第一千二百零一条的规定予以支持。

第十五条 与用人单位形成劳动关系的工作人员、执行用人单位工作任务的其他人员，因执行工作任务造成他人损害，被侵权人依照民法典第一千一百九十一条第一款的规定，请求用人单位承担侵权责任的，人民法院应予支持。

个体工商户的从业人员因执行工作任务造成他人损害的，适用民法典第一千一百九十一条第一款的规定认定民事责任。

第十六条 劳务派遣期间，被派遣的工作人员因执行工作任务造成他人损害，被侵权人合并请求劳务派遣单位与接受劳务派遣的用工单位承担侵权责任的，依照民法典第一千一百九十一条第二款的规定，接受劳务派遣的用工单位承担侵权人应承担的全部责任；劳务派遣单位在不当选派工作人员、未依法履行培训义务等过错范围内，与接受劳务派遣的用工单位共同承担责任，但责任主体实际支付的赔偿费用总和不应超出被侵权人应受偿的损失数额。

劳务派遣单位先行支付赔偿费用后，就超过自己相应责任的部分向接受劳务派遣的用工单位追偿的，人民法院应予支持，但双方另有约定的除外。

第十七条 工作人员在执行工作任务中实施的违法行为造成他人损害，构成自然人犯罪的，工作人员承担刑事责任不影响用人单位依法承担民事责任。依照民法典第一千一百九十一条规定用人单位应当承担侵权责任的,在刑事案件中已完成的追缴、退赔可以在民事判决书中明确并扣减,也可以在执行程序中予以扣减。

第十八条 承揽人在完成工作过程中造成第三人损害的,人民法院依照民法典第一千一百六十五条的规定认定承揽人的民事责任。

被侵权人合并请求定作人和承揽人承担侵权责任的,依照民法典第一千一百六十五条、第一千一百九十三条的规定,造成损害的承揽人承担侵权人应承担的全部责任;定作人在定作、指示或者选任过错范围内与承揽人共同承担责任,但责任主体实际支付的赔偿费用总和不应超出被侵权人应受偿的损失数额。

定作人先行支付赔偿费用后,就超过自己相应责任的部分向承揽人追偿的,人民法院应予支持,但双方另有约定的除外。

第十九条 因产品存在缺陷造成买受人财产损害,买受人请求产品的生产者或者销售者赔偿缺陷产品本身损害以及其他财产损害的,人民法院依照民法典第一千二百零二条、第一千二百零三条的规定予以支持。

第二十条 以买卖或者其他方式转让拼装或者已经达到报废标准的机动车,发生交通事故造成损害,转让人、受让人以其不知道且不应当知道该机动车系拼装或者已经达到报废标准为由,主张不承担侵权责任的,人民法院不予支持。

第二十一条 未依法投保强制保险的机动车发生交通事故造成损害,投保义务人和交通事故责任人不是同一人,被侵权人合并请求投保义务人和交通事故责任人承担侵权责任的,交通事故责任人承担侵权人应承担的全部责任;投保义务人在机动车强制保险责任限额范围内与交通事故责任人共同承担责任,但责任主体实际支付的赔偿费用总和不应超出被侵权人应受偿的损失数额。

投保义务人先行支付赔偿费用后,就超出机动车强制保险责任限额范围部分向交通事故责任人追偿的,人民法院应予支持。

第二十二条 机动车驾驶人离开本车后,因未采取制动措施等自身过错受到本车碰撞、碾压造成损害,机动车驾驶人请求承保本车机动车强制保险的保险人在强制保险责任限额范围内，以及承保本车机动车商业第三者责任保险的保险人按照保险合同的约定赔偿的，人民法院不予支持，但可以依据机动车车上人员责任保险的有关约定支持相应的赔偿请求。

第二十三条 禁止饲养的烈性犬等危险动物造成他人损害，动物饲养人或者管理人主张不承担责任或者减轻责任的，人民法院不予支持。

第二十四条 物业服务企业等建筑物管理人未采取必要的安全保障措施防止从建筑物中抛掷物品或者从建筑物上坠落的物品造成他人损害，具体侵权人、物业服务企业等建筑物管理人作为共同被告的，人民法院应当依照民法典第一千一百九十八条第二款、第一千二百五十四条的规定，在判决中明确，未采取必要安全保障措施的物业服务企业等建筑物管理人在人民法院就具体侵权人的财产依法强制执行后仍不能履行的范围内，承担与其过错相应的补充责任。

第二十五条 物业服务企业等建筑物管理人未采取必要的安全保障措施防止从建筑物中抛掷物品或者从建筑物上坠落的物品造成他人损害，经公安等机关调查，在民事案件一审法庭辩论终结前仍难以确定具体侵权人的，未采取必要安全保障措施的物业服务企业等建筑物管理人承担与其过错相应的责任。被侵权人其余部分的损害，由可能加害的建筑物使用人给予适当补偿。

具体侵权人确定后，已经承担责任的物业服务企业等建筑物管理人、可能加害的建筑物使用人向具体侵权人追偿的，人民法院依照民法典第一千一百九十八条第二款、第一千二百五十四条第一款的规定予以支持。

第二十六条 本解释自 2024 年 9 月 27 日起施行。

本解释施行后，人民法院尚未审结的一审、二审案件适用本解释。本解释施行前已经终审，当事人申请再审或者按照审判监督程序决定再审的，适用当时的法律、司法解释规定。

全国人民代表大会常务委员会
关于司法鉴定管理问题的决定

（2005年2月28日第十届全国人民代表大会常务委员会第十四次会议通过 根据2015年4月24日第十二届全国人民代表大会常务委员会第十四次会议《关于修改〈中华人民共和国义务教育法〉等五部法律的决定》修正）

为了加强对鉴定人和鉴定机构的管理，适应司法机关和公民、组织进行诉讼的需要，保障诉讼活动的顺利进行，特作如下决定：

一、【司法鉴定的性质】

司法鉴定是指在诉讼活动中鉴定人运用科学技术或者专门知识对诉讼涉及的专门性问题进行鉴别和判断并提供鉴定意见的活动。

二、【司法鉴定业务范围】

国家对从事下列司法鉴定业务的鉴定人和鉴定机构实行登记管理制度：

（一）法医类鉴定；

（二）物证类鉴定；

（三）声像资料鉴定；

（四）根据诉讼需要由国务院司法行政部门商最高人民法院、最高人民检察院确定的其他应当对鉴定人和鉴定机构实行登记管理的鉴定事项。

法律对前款规定事项的鉴定人和鉴定机构的管理另有规定的，从其规定。

三、【司法鉴定管理体制】

国务院司法行政部门主管全国鉴定人和鉴定机构的登记管理工作。省级人民政府司法行政部门依照本决定的规定，负责对鉴定人和鉴定机构的登记、名册编制和公告。

四、【鉴定人从业条件】

具备下列条件之一的人员，可以申请登记从事司法鉴定业务：

（一）具有与所申请从事的司法鉴定业务相关的高级专业技术职称；

（二）具有与所申请从事的司法鉴定业务相关的专业执业资格或者高等院校相关专业本科以上学历，从事相关工作五年以上；

（三）具有与所申请从事的司法鉴定业务相关工作十年以上经历，具有较强的专业技能。

因故意犯罪或者职务过失犯罪受过刑事处罚的，受过开除公职处分的，以及被撤销鉴定人登记的人员，不得从事司法鉴定业务。

五、【鉴定机构从业条件】

法人或者其他组织申请从事司法鉴定业务的，应当具备下列条件：

（一）有明确的业务范围；

（二）有在业务范围内进行司法鉴定所必需的仪器、设备；

（三）有在业务范围内进行司法鉴定所必需的依法通过计量认证或者实验室认可的检测实验室；

（四）每项司法鉴定业务有三名以上鉴定人。

六、【鉴定人和鉴定机构名册制度】

申请从事司法鉴定业务的个人、法人或者其他组织，由省级人民政府司法行政部门审核，对符合条件的予以登记，编入鉴定人和鉴定机构名册并公告。

省级人民政府司法行政部门应当根据鉴定人或者鉴定机构的增加和撤销登记情况，定期更新所编制的鉴定人和鉴定机构名册并公告。

七、【鉴定机构设立限制】

侦查机关根据侦查工作的需要设立的鉴定机构，不得面向社会接受委托从事司法鉴定业务。

人民法院和司法行政部门不得设立鉴定机构。

八、【鉴定机构的独立性与鉴定业务开展】

各鉴定机构之间没有隶属关系；鉴定机构接受委托从事司法鉴

定业务，不受地域范围的限制。

鉴定人应当在一个鉴定机构中从事司法鉴定业务。

九、【鉴定实施程序及鉴定人回避】

在诉讼中，对本决定第二条所规定的鉴定事项发生争议，需要鉴定的，应当委托列入鉴定人名册的鉴定人进行鉴定。鉴定人从事司法鉴定业务，由所在的鉴定机构统一接受委托。

鉴定人和鉴定机构应当在鉴定人和鉴定机构名册注明的业务范围内从事司法鉴定业务。

鉴定人应当依照诉讼法律规定实行回避。

十、【鉴定人负责制度】

司法鉴定实行鉴定人负责制度。鉴定人应当独立进行鉴定，对鉴定意见负责并在鉴定书上签名或者盖章。多人参加的鉴定，对鉴定意见有不同意见的，应当注明。

十一、【鉴定人出庭作证】

在诉讼中，当事人对鉴定意见有异议的，经人民法院依法通知，鉴定人应当出庭作证。

十二、【鉴定人和鉴定机构执业规范】

鉴定人和鉴定机构从事司法鉴定业务，应当遵守法律、法规，遵守职业道德和职业纪律，尊重科学，遵守技术操作规范。

十三、【鉴定人和鉴定机构法律责任】

鉴定人或者鉴定机构有违反本决定规定行为的，由省级人民政府司法行政部门予以警告，责令改正。

鉴定人或者鉴定机构有下列情形之一的，由省级人民政府司法行政部门给予停止从事司法鉴定业务三个月以上一年以下的处罚；情节严重的，撤销登记：

（一）因严重不负责任给当事人合法权益造成重大损失的；

（二）提供虚假证明文件或者采取其他欺诈手段，骗取登记的；

（三）经人民法院依法通知，拒绝出庭作证的；

（四）法律、行政法规规定的其他情形。

鉴定人故意作虚假鉴定，构成犯罪的，依法追究刑事责任；尚不构成犯罪的，依照前款规定处罚。

十四、【管理部门法律责任】

司法行政部门在鉴定人和鉴定机构的登记管理工作中，应当严格依法办事，积极推进司法鉴定的规范化、法制化。对于滥用职权、玩忽职守，造成严重后果的直接责任人员，应当追究相应的法律责任。

十五、【收费项目和收费标准】

司法鉴定的收费标准由省、自治区、直辖市人民政府价格主管部门会同同级司法行政部门制定。

十六、【有关具体办法的制定批准程序】

对鉴定人和鉴定机构进行登记、名册编制和公告的具体办法，由国务院司法行政部门制定，报国务院批准。

十七、【术语解释】

本决定下列用语的含义是：

（一）法医类鉴定，包括法医病理鉴定、法医临床鉴定、法医精神病鉴定、法医物证鉴定和法医毒物鉴定。

（二）物证类鉴定，包括文书鉴定、痕迹鉴定和微量鉴定。

（三）声像资料鉴定，包括对录音带、录像带、磁盘、光盘、图片等载体上记录的声音、图像信息的真实性、完整性及其所反映的情况过程进行的鉴定和对记录的声音、图像中的语言、人体、物体作出种类或者同一认定。

十八、【实施日期】

本决定自 2005 年 10 月 1 日起施行。

中华人民共和国民事诉讼法（节录）

（1991年4月9日第七届全国人民代表大会第四次会议通过　根据2007年10月28日第十届全国人民代表大会常务委员会第三十次会议《关于修改〈中华人民共和国民事诉讼法〉的决定》第一次修正　根据2012年8月31日第十一届全国人民代表大会常务委员会第二十八次会议《关于修改〈中华人民共和国民事诉讼法〉的决定》第二次修正　根据2017年6月27日第十二届全国人民代表大会常务委员会第二十八次会议《关于修改〈中华人民共和国民事诉讼法〉和〈中华人民共和国行政诉讼法〉的决定》第三次修正　根据2021年12月24日第十三届全国人民代表大会常务委员会第三十二次会议《关于修改〈中华人民共和国民事诉讼法〉的决定》第四次修正　根据2023年9月1日第十四届全国人民代表大会常务委员会第五次会议《关于修改〈中华人民共和国民事诉讼法〉的决定》第五次修正）

……

第七十九条　**【申请鉴定】**当事人可以就查明事实的专门性问题向人民法院申请鉴定。当事人申请鉴定的，由双方当事人协商确定具备资格的鉴定人；协商不成的，由人民法院指定。

当事人未申请鉴定，人民法院对专门性问题认为需要鉴定的，应当委托具备资格的鉴定人进行鉴定。

第八十条　**【鉴定人的职责】**鉴定人有权了解进行鉴定所需要的案件材料，必要时可以询问当事人、证人。

鉴定人应当提出书面鉴定意见，在鉴定书上签名或者盖章。

第八十一条　**【鉴定人出庭作证的义务】**当事人对鉴定意见有

异议或者人民法院认为鉴定人有必要出庭的,鉴定人应当出庭作证。经人民法院通知,鉴定人拒不出庭作证的,鉴定意见不得作为认定事实的根据;支付鉴定费用的当事人可以要求返还鉴定费用。

第八十二条 【对鉴定意见的查证】当事人可以申请人民法院通知有专门知识的人出庭,就鉴定人作出的鉴定意见或者专业问题提出意见。

……

司法鉴定程序通则

(2016年3月2日司法部令第132号公布 自2016年5月1日起施行)

第一章 总 则

第一条 为了规范司法鉴定机构和司法鉴定人的司法鉴定活动,保障司法鉴定质量,保障诉讼活动的顺利进行,根据《全国人民代表大会常务委员会关于司法鉴定管理问题的决定》和有关法律、法规的规定,制定本通则。

第二条 司法鉴定是指在诉讼活动中鉴定人运用科学技术或者专门知识对诉讼涉及的专门性问题进行鉴别和判断并提供鉴定意见的活动。司法鉴定程序是指司法鉴定机构和司法鉴定人进行司法鉴定活动的方式、步骤以及相关规则的总称。

第三条 本通则适用于司法鉴定机构和司法鉴定人从事各类司法鉴定业务的活动。

第四条 司法鉴定机构和司法鉴定人进行司法鉴定活动,应当遵守法律、法规、规章,遵守职业道德和执业纪律,尊重科学,遵守技术操作规范。

第五条 司法鉴定实行鉴定人负责制度。司法鉴定人应当依法独立、客观、公正地进行鉴定,并对自己作出的鉴定意见负责。司法鉴定人不得违反规定会见诉讼当事人及其委托的人。

第六条 司法鉴定机构和司法鉴定人应当保守在执业活动中知悉的国家秘密、商业秘密，不得泄露个人隐私。

第七条 司法鉴定人在执业活动中应当依照有关诉讼法律和本通则规定实行回避。

第八条 司法鉴定收费执行国家有关规定。

第九条 司法鉴定机构和司法鉴定人进行司法鉴定活动应当依法接受监督。对于有违反有关法律、法规、规章规定行为的，由司法行政机关依法给予相应的行政处罚；对于有违反司法鉴定行业规范行为的，由司法鉴定协会给予相应的行业处分。

第十条 司法鉴定机构应当加强对司法鉴定人执业活动的管理和监督。司法鉴定人违反本通则规定的，司法鉴定机构应当予以纠正。

第二章 司法鉴定的委托与受理

第十一条 司法鉴定机构应当统一受理办案机关的司法鉴定委托。

案例 唐某诉乙保险公司人身保险合同纠纷案（2018年度上海法院金融商事审判十大案例之八）

案件适用要点：乙保险公司对唐某提供的鉴定意见书不予认可，理由：首先，唐某事发时系6个牙根折断，鉴定结论却为8个，与实际伤情不一致。其实际伤情不符合《人身保险伤残评定标准》规定的十级伤残标准。其次，根据《团体意外伤害保险条款》约定，唐某申请鉴定时已超过自意外发生之日起180天的鉴定期间。再次，该伤残鉴定系唐某单方委托，违反了《司法鉴定通则》对司法鉴定机构应当统一受理办案机关的司法鉴定委托的规定，鉴定程序不合法。法院认为，乙保险公司对该份鉴定结论提出的异议有理有据。法院委托其他鉴定机构对伤残情况进行重新鉴定，由于唐某（被鉴定人）不配合，造成鉴定无法进行而终止。鉴于此，法院对唐某提供的鉴定意见书的结论不予认可。

在人身保险合同纠纷中，相关鉴定机构出具的鉴定意见是被保险人用以证明保险事故程度的重要证据。司法实践中，一般认为鉴定意见本身的证明效力较高，但并非绝对的证明效力，其证明力有待法院的审查，如确与事实不符，可以通过启动重新鉴定的方式予以补正，在当事人予以拒绝的情况下，法院依法对该等证据不予认可。本案判决有助于明确对鉴定结论的认证规则，促进鉴定机构依法履责，提升司法公信力。

第十二条 委托人委托鉴定的，应当向司法鉴定机构提供真实、完整、充分的鉴定材料，并对鉴定材料的真实性、合法性负责。司法鉴定机构应当核对并记录鉴定材料的名称、种类、数量、性状、保存状况、收到时间等。

诉讼当事人对鉴定材料有异议的，应当向委托人提出。

本通则所称鉴定材料包括生物检材和非生物检材、比对样本材料以及其他与鉴定事项有关的鉴定资料。

第十三条 司法鉴定机构应当自收到委托之日起七个工作日内作出是否受理的决定。对于复杂、疑难或者特殊鉴定事项的委托，司法鉴定机构可以与委托人协商决定受理的时间。

第十四条 司法鉴定机构应当对委托鉴定事项、鉴定材料等进行审查。对属于本机构司法鉴定业务范围，鉴定用途合法，提供的鉴定材料能够满足鉴定需要的，应当受理。

对于鉴定材料不完整、不充分，不能满足鉴定需要的，司法鉴定机构可以要求委托人补充；经补充后能够满足鉴定需要的，应当受理。

第十五条 具有下列情形之一的鉴定委托，司法鉴定机构不得受理：

（一）委托鉴定事项超出本机构司法鉴定业务范围的；

（二）发现鉴定材料不真实、不完整、不充分或者取得方式不合法的；

（三）鉴定用途不合法或者违背社会公德的；

（四）鉴定要求不符合司法鉴定执业规则或者相关鉴定技术规

范的;

（五）鉴定要求超出本机构技术条件或者鉴定能力的;

（六）委托人就同一鉴定事项同时委托其他司法鉴定机构进行鉴定的;

（七）其他不符合法律、法规、规章规定的情形。

第十六条 司法鉴定机构决定受理鉴定委托的，应当与委托人签订司法鉴定委托书。司法鉴定委托书应当载明委托人名称、司法鉴定机构名称、委托鉴定事项、是否属于重新鉴定、鉴定用途、与鉴定有关的基本案情、鉴定材料的提供和退还、鉴定风险，以及双方商定的鉴定时限、鉴定费用及收取方式、双方权利义务等其他需要载明的事项。

第十七条 司法鉴定机构决定不予受理鉴定委托的，应当向委托人说明理由，退还鉴定材料。

第三章 司法鉴定的实施

第十八条 司法鉴定机构受理鉴定委托后，应当指定本机构具有该鉴定事项执业资格的司法鉴定人进行鉴定。

委托人有特殊要求的，经双方协商一致，也可以从本机构中选择符合条件的司法鉴定人进行鉴定。

委托人不得要求或者暗示司法鉴定机构、司法鉴定人按其意图或者特定目的提供鉴定意见。

第十九条 司法鉴定机构对同一鉴定事项，应当指定或者选择二名司法鉴定人进行鉴定；对复杂、疑难或者特殊鉴定事项，可以指定或者选择多名司法鉴定人进行鉴定。

第二十条 司法鉴定人本人或者其近亲属与诉讼当事人、鉴定事项涉及的案件有利害关系，可能影响其独立、客观、公正进行鉴定的，应当回避。

司法鉴定人曾经参加过同一鉴定事项鉴定的，或者曾经作为专家提供过咨询意见的，或者曾被聘请为有专门知识的人参与过同一鉴定事项法庭质证的，应当回避。

第二十一条 司法鉴定人自行提出回避的，由其所属的司法鉴定机构决定；委托人要求司法鉴定人回避的，应当向该司法鉴定人所属的司法鉴定机构提出，由司法鉴定机构决定。

委托人对司法鉴定机构作出的司法鉴定人是否回避的决定有异议的，可以撤销鉴定委托。

第二十二条 司法鉴定机构应当建立鉴定材料管理制度，严格监控鉴定材料的接收、保管、使用和退还。

司法鉴定机构和司法鉴定人在鉴定过程中应当严格依照技术规范保管和使用鉴定材料，因严重不负责任造成鉴定材料损毁、遗失的，应当依法承担责任。

第二十三条 司法鉴定人进行鉴定，应当依下列顺序遵守和采用该专业领域的技术标准、技术规范和技术方法：

（一）国家标准；

（二）行业标准和技术规范；

（三）该专业领域多数专家认可的技术方法。

第二十四条 司法鉴定人有权了解进行鉴定所需要的案件材料，可以查阅、复制相关资料，必要时可以询问诉讼当事人、证人。

经委托人同意，司法鉴定机构可以派员到现场提取鉴定材料。现场提取鉴定材料应当由不少于二名司法鉴定机构的工作人员进行，其中至少一名应为该鉴定事项的司法鉴定人。现场提取鉴定材料时，应当有委托人指派或者委托的人员在场见证并在提取记录上签名。

第二十五条 鉴定过程中，需要对无民事行为能力人或者限制民事行为能力人进行身体检查的，应当通知其监护人或者近亲属到场见证；必要时，可以通知委托人到场见证。

对被鉴定人进行法医精神病鉴定的，应当通知委托人或者被鉴定人的近亲属或者监护人到场见证。

对需要进行尸体解剖的，应当通知委托人或者死者的近亲属或者监护人到场见证。

到场见证人员应当在鉴定记录上签名。见证人员未到场的，司法鉴定人不得开展相关鉴定活动，延误时间不计入鉴定时限。

第二十六条 鉴定过程中，需要对被鉴定人身体进行法医临床检查的，应当采取必要措施保护其隐私。

第二十七条 司法鉴定人应当对鉴定过程进行实时记录并签名。记录可以采取笔记、录音、录像、拍照等方式。记录应当载明主要的鉴定方法和过程，检查、检验、检测结果，以及仪器设备使用情况等。记录的内容应当真实、客观、准确、完整、清晰，记录的文本资料、音像资料等应当存入鉴定档案。

第二十八条 司法鉴定机构应当自司法鉴定委托书生效之日起三十个工作日内完成鉴定。

鉴定事项涉及复杂、疑难、特殊技术问题或者鉴定过程需要较长时间的，经本机构负责人批准，完成鉴定的时限可以延长，延长时限一般不得超过三十个工作日。鉴定时限延长的，应当及时告知委托人。

司法鉴定机构与委托人对鉴定时限另有约定的，从其约定。

在鉴定过程中补充或者重新提取鉴定材料所需的时间，不计入鉴定时限。

第二十九条 司法鉴定机构在鉴定过程中，有下列情形之一的，可以终止鉴定：

（一）发现有本通则第十五条第二项至第七项规定情形的；

（二）鉴定材料发生耗损，委托人不能补充提供的；

（三）委托人拒不履行司法鉴定委托书规定的义务、被鉴定人拒不配合或者鉴定活动受到严重干扰，致使鉴定无法继续进行的；

（四）委托人主动撤销鉴定委托，或者委托人、诉讼当事人拒绝支付鉴定费用的；

（五）因不可抗力致使鉴定无法继续进行的；

（六）其他需要终止鉴定的情形。

终止鉴定的，司法鉴定机构应当书面通知委托人，说明理由并退还鉴定材料。

第三十条 有下列情形之一的，司法鉴定机构可以根据委托人的要求进行补充鉴定：

（一）原委托鉴定事项有遗漏的；

（二）委托人就原委托鉴定事项提供新的鉴定材料的；

（三）其他需要补充鉴定的情形。

补充鉴定是原委托鉴定的组成部分，应当由原司法鉴定人进行。

第三十一条 有下列情形之一的，司法鉴定机构可以接受办案机关委托进行重新鉴定：

（一）原司法鉴定人不具有从事委托鉴定事项执业资格的；

（二）原司法鉴定机构超出登记的业务范围组织鉴定的；

（三）原司法鉴定人应当回避没有回避的；

（四）办案机关认为需要重新鉴定的；

（五）法律规定的其他情形。

第三十二条 重新鉴定应当委托原司法鉴定机构以外的其他司法鉴定机构进行；因特殊原因，委托人也可以委托原司法鉴定机构进行，但原司法鉴定机构应当指定原司法鉴定人以外的其他符合条件的司法鉴定人进行。

接受重新鉴定委托的司法鉴定机构的资质条件应当不低于原司法鉴定机构，进行重新鉴定的司法鉴定人中应当至少有一名具有相关专业高级专业技术职称。

第三十三条 鉴定过程中，涉及复杂、疑难、特殊技术问题的，可以向本机构以外的相关专业领域的专家进行咨询，但最终的鉴定意见应当由本机构的司法鉴定人出具。

专家提供咨询意见应当签名，并存入鉴定档案。

第三十四条 对于涉及重大案件或者特别复杂、疑难、特殊技术问题或者多个鉴定类别的鉴定事项，办案机关可以委托司法鉴定行业协会组织协调多个司法鉴定机构进行鉴定。

第三十五条 司法鉴定人完成鉴定后，司法鉴定机构应当指定具有相应资质的人员对鉴定程序和鉴定意见进行复核；对于涉及复杂、疑难、特殊技术问题或者重新鉴定的鉴定事项，可以组织三名以上的专家进行复核。

复核人员完成复核后,应当提出复核意见并签名,存入鉴定档案。

第四章 司法鉴定意见书的出具

第三十六条 司法鉴定机构和司法鉴定人应当按照统一规定的文本格式制作司法鉴定意见书。

第三十七条 司法鉴定意见书应当由司法鉴定人签名。多人参加的鉴定,对鉴定意见有不同意见的,应当注明。

第三十八条 司法鉴定意见书应当加盖司法鉴定机构的司法鉴定专用章。

第三十九条 司法鉴定意见书应当一式四份,三份交委托人收执,一份由司法鉴定机构存档。司法鉴定机构应当按照有关规定或者与委托人约定的方式,向委托人发送司法鉴定意见书。

第四十条 委托人对鉴定过程、鉴定意见提出询问的,司法鉴定机构和司法鉴定人应当给予解释或者说明。

第四十一条 司法鉴定意见书出具后,发现有下列情形之一的,司法鉴定机构可以进行补正:

(一)图像、谱图、表格不清晰的;

(二)签名、盖章或者编号不符合制作要求的;

(三)文字表达有瑕疵或者错别字,但不影响司法鉴定意见的。

补正应当在原司法鉴定意见书上进行,由至少一名司法鉴定人在补正处签名。必要时,可以出具补正书。

对司法鉴定意见书进行补正,不得改变司法鉴定意见的原意。

第四十二条 司法鉴定机构应当按照规定将司法鉴定意见书以及有关资料整理立卷、归档保管。

第五章 司法鉴定人出庭作证

第四十三条 经人民法院依法通知,司法鉴定人应当出庭作证,回答与鉴定事项有关的问题。

第四十四条 司法鉴定机构接到出庭通知后,应当及时与人民法院确认司法鉴定人出庭的时间、地点、人数、费用、要求等。

第四十五条 司法鉴定机构应当支持司法鉴定人出庭作证,为司法鉴定人依法出庭提供必要条件。

第四十六条 司法鉴定人出庭作证,应当举止文明,遵守法庭纪律。

第六章 附 则

第四十七条 本通则是司法鉴定机构和司法鉴定人进行司法鉴定活动应当遵守和采用的一般程序规则,不同专业领域对鉴定程序有特殊要求的,可以依据本通则制定鉴定程序细则。

第四十八条 本通则所称办案机关,是指办理诉讼案件的侦查机关、审查起诉机关和审判机关。

第四十九条 在诉讼活动之外,司法鉴定机构和司法鉴定人依法开展相关鉴定业务的,参照本通则规定执行。

第五十条 本通则自2016年5月1日起施行。司法部2007年8月7日发布的《司法鉴定程序通则》(司法部第107号令)同时废止。

司法鉴定执业活动投诉处理办法

(2019年4月4日司法部令第144号公布 自2019年6月1日起施行)

第一章 总 则

第一条 为了规范司法鉴定执业活动投诉处理工作,加强司法鉴定执业活动监督,维护投诉人的合法权益,根据《全国人民代表大会常务委员会关于司法鉴定管理问题的决定》等规定,结合司法鉴定工作实际，制定本办法。

第二条 投诉人对司法行政机关审核登记的司法鉴定机构或者司法鉴定人执业活动进行投诉，以及司法行政机关开展司法鉴定执业活动投诉处理工作，适用本办法。

第三条 本办法所称投诉人，是指认为司法鉴定机构或者司法鉴定人违法违规执业侵犯其合法权益，向司法行政机关投诉的与鉴定事项有利害关系的公民、法人和非法人组织。

本办法所称被投诉人，是指被投诉的司法鉴定机构或者司法鉴定人。

第四条 投诉人应当自知道或者应当知道被投诉人鉴定活动侵犯其合法权益之日起三年内，向司法行政机关投诉。法律另有规定的除外。

第五条 司法行政机关开展司法鉴定执业活动投诉处理工作，应当遵循属地管理、分级负责、依法查处、处罚与教育相结合的原则。

司法行政机关应当依法保障和维护投诉人、被投诉人的合法权益。

第六条 司法行政机关应当向社会公布投诉受理范围、投诉处理机构的通讯方式等事项，并指定专人负责投诉接待和处理工作。

第七条 司法部负责指导、监督全国司法鉴定执业活动投诉处理工作。

省级司法行政机关负责指导、监督本行政区域内司法鉴定执业活动投诉处理工作。

第八条 司法行政机关指导、监督司法鉴定协会实施行业惩戒；司法鉴定协会协助和配合司法行政机关开展投诉处理工作。

第九条 司法行政机关可以引导双方当事人在自愿、平等的基础上，依法通过调解方式解决涉及司法鉴定活动的民事纠纷。

第二章 投诉受理

第十条 公民、法人和非法人组织认为司法鉴定机构或者司法鉴定人在执业活动中有下列违法违规情形的，可以向司法鉴定机构住所地或者司法鉴定人执业机构住所地的县级以上司法行政机关投诉：

（一）司法鉴定机构组织未取得《司法鉴定人执业证》的人员违规从事司法鉴定业务的；

（二）超出登记的业务范围或者执业类别从事司法鉴定活动的；

（三）司法鉴定机构无正当理由拒绝接受司法鉴定委托的；

（四）司法鉴定人私自接受司法鉴定委托的；

（五）违反司法鉴定收费管理规定的；

（六）违反司法鉴定程序规则从事司法鉴定活动的；

（七）支付回扣、介绍费以及进行虚假宣传等不正当行为的；

（八）因不负责任给当事人合法权益造成损失的；

（九）司法鉴定人经人民法院通知，无正当理由拒绝出庭作证的；

（十）司法鉴定人故意做虚假鉴定的；

（十一）其他违反司法鉴定管理规定的行为。

第十一条 省级司法行政机关接到投诉的，可以交由设区的市级或者直辖市的区（县）司法行政机关处理。

设区的市级或者直辖市的区（县）司法行政机关以及县级司法行政机关接到投诉的，应当按照本办法的规定直接处理。

第十二条 投诉人应当向司法行政机关提交书面投诉材料。投诉材料内容包括：被投诉人的姓名或者名称、投诉事项、投诉请求、相关的事实和理由以及投诉人的联系方式，并提供投诉人身份证明、司法鉴定委托书或者司法鉴定意见书等与投诉事项相关的证明材料。投诉材料应当真实、合法、充分，并经投诉人签名或者盖章。

投诉人或者其法定代理人委托他人代理投诉的，代理人应当提供投诉人或者其法定代理人的授权委托书、代理人的联系方式和投诉人、代理人的身份证明。

第十三条 负责处理的司法行政机关收到投诉材料后，应当及时进行登记。登记内容应当包括投诉人及其代理人的姓名或者名称、性别、身份证号码、职业、住址、联系方式，被投诉人的姓名或者名称、投诉事项、投诉请求、投诉理由以及相关证明材料目录，投诉的方式和时间等信息。

第十四条　司法行政机关收到投诉材料后发现投诉人提供的信息不齐全或者无相关证明材料的，应当在收到投诉材料之日起七个工作日内一次性书面告知投诉人补充。书面告知内容应当包括需要补充的信息或者证明材料和合理的补充期限。

投诉人经告知后无正当理由逾期不补充的，视为投诉人放弃投诉。

第十五条　有下列情形之一的，不予受理：

（一）投诉事项已经司法行政机关处理，或者经行政复议、行政诉讼结案，且没有新的事实和证据的；

（二）对人民法院、人民检察院、公安机关以及其他行政执法机关等在执法办案过程中，是否采信鉴定意见有异议的；

（三）仅对鉴定意见有异议的；

（四）对司法鉴定程序规则及司法鉴定标准、技术操作规范的规定有异议的；

（五）投诉事项不属于违反司法鉴定管理规定的。

第十六条　司法行政机关应当及时审查投诉材料，对投诉材料齐全，属于本机关管辖范围并符合受理条件的投诉，应当受理；对不属于本机关管辖范围或者不符合受理条件的投诉，不予受理并说明理由。对于司法行政机关已经按照前款规定作出不予受理决定的投诉事项，投诉人重复投诉且未能提供新的事实和理由的，司法行政机关不予受理。

第十七条　投诉材料齐全的，司法行政机关应当自收到投诉材料之日起七个工作日内，作出是否受理的决定，并书面告知投诉人。情况复杂的，可以适当延长作出受理决定的时间，但延长期限不得超过十五个工作日，并应当将延长的时间和理由书面告知投诉人。

投诉人补充投诉材料所需的时间和投诉案件移送、转办的流转时间，不计算在前款规定期限内。

第三章 调查处理

第十八条 司法行政机关受理投诉后，应当全面、客观、公正地进行调查。调查工作不得妨碍被投诉人正常的司法鉴定执业活动。

上级司法行政机关认为有必要的，可以委托下一级司法行政机关进行调查。

第十九条 司法行政机关进行调查，应当要求被投诉人说明情况、提交有关材料，调阅被投诉人有关业务案卷和档案材料，向有关单位、个人核实情况、收集证据；并根据情况，可以组织专家咨询、论证或者听取有关部门的意见和建议。

调查应当由两名以上工作人员进行。必要时，应当制作调查笔录，并由相关人员签字或者盖章；不能或者拒绝签字、盖章的，应当在笔录中注明有关情况。

调查人员应当对被投诉人及有关单位、个人提供的证据和有关材料进行登记、审核并妥善保管；不能保存原件的，应当经调查人员和被投诉人或者有关单位、个人确认，并签字或者盖章后保留复制件。

第二十条 司法行政机关根据投诉处理工作需要，可以委托司法鉴定协会协助开展调查工作。

接受委托的司法鉴定协会可以组织专家对投诉涉及的相关专业技术问题进行论证，并提供论证意见；组织有关专家接待投诉人并提供咨询等。

第二十一条 被投诉人应当配合调查工作，在司法行政机关要求的期限内如实陈述事实、提供有关材料，不得提供虚假、伪造的材料或者隐匿、毁损、涂改有关证据材料。

被投诉人为司法鉴定人的，其所在的司法鉴定机构应当配合调查。

第二十二条 司法行政机关在调查过程中发现有本办法第十五条规定情形的，或者投诉人书面申请撤回投诉的，可以终止投诉处理工作,并将终止决定和理由书面告知投诉人、被投诉人。

投诉人书面申请撤回投诉的,不得再以同一事实和理由投诉。但是,投诉人能够证明撤回投诉违背其真实意思表示的除外。

第二十三条 司法行政机关在调查过程中,发现被投诉人的违法违规行为仍处在连续或者继续状态的,应当责令被投诉人立即停止违法违规行为。

第二十四条 司法行政机关应当根据对投诉事项的调查结果,分别作出以下处理:

(一)被投诉人有应当给予行政处罚的违法违规行为的,依法给予行政处罚或者移送有处罚权的司法行政机关依法给予行政处罚;

(二)被投诉人违法违规情节轻微,没有造成危害后果,依法可以不予行政处罚的,应当给予批评教育、训诫、通报、责令限期整改等处理;

(三)投诉事项查证不实或者无法查实的,对被投诉人不作处理,并向投诉人说明情况。

涉嫌违反职业道德、执业纪律和行业自律规范的,移交有关司法鉴定协会调查处理;涉嫌犯罪的,移送司法机关依法追究刑事责任。

第二十五条 司法行政机关受理投诉的,应当自作出投诉受理决定之日起六十日内作出处理决定;情况复杂,不能在规定期限内作出处理的,经本机关负责人批准,可以适当延长办理期限,但延长期限不得超过三十日,并应当将延长的时间和理由书面告知投诉人。

第二十六条 司法行政机关应当自作出处理决定之日起七个工作日内,将投诉处理结果以及不服处理结果的救济途径和期限等书面告知投诉人、被投诉人。

第二十七条 对于被投诉人存在违法违规行为并被处罚、处理的,司法行政机关应当及时将投诉处理结果通报委托办案机关和相关司法鉴定协会,并向社会公开。

司法行政机关应当将前款中的投诉处理结果记入被投诉人的司

法鉴定执业诚信档案。

第二十八条　投诉人、被投诉人认为司法行政机关的投诉处理结果侵犯其合法权益的，可以依法申请行政复议或者提起行政诉讼。

第二十九条　司法行政机关应当建立司法鉴定执业活动投诉处理工作档案，并妥善保管和使用。

第三十条　司法行政机关应当对被投诉人履行处罚、处理决定，纠正违法违规行为的情况进行检查、监督，发现问题应当责令其限期整改。

第四章　监　督

第三十一条　上级司法行政机关应当加强对下级司法行政机关投诉处理工作的指导、监督和检查，发现有违法、不当情形的，应当及时责令改正。下级司法行政机关应当及时上报纠正情况。

第三十二条　司法行政机关工作人员在投诉处理工作中有滥用职权、玩忽职守或者其他违法行为，构成犯罪的，依法追究刑事责任；尚不构成犯罪的，依法给予处分。

第三十三条　司法行政机关应当按年度将司法鉴定执业活动投诉处理工作情况书面报告上一级司法行政机关。

对于涉及重大违法违规行为的投诉处理结果，应当及时报告上一级司法行政机关。

第五章　附　则

第三十四条　与司法鉴定活动没有利害关系的公民、法人和非法人组织举报司法鉴定机构或者司法鉴定人违法违规执业的，司法行政机关应当参照本办法第十八条至第二十四条有关规定进行处理。

第三十五条　对司法鉴定机构或者司法鉴定人在诉讼活动之外开展的相关鉴定业务提出投诉的，参照本办法规定执行。

第三十六条　外国人、无国籍人、外国组织提出投诉的，适用本办法。

第三十七条 本办法由司法部解释。

第三十八条 本办法自 2019 年 6 月 1 日起施行。2010 年 4 月 8 日发布的《司法鉴定执业活动投诉处理办法》（司法部令第 123 号）同时废止。

司法鉴定人登记管理办法

（2005 年 9 月 30 日司法部令第 96 号公布　自公布之日起施行）

第一章　总　　则

第一条　为了加强对司法鉴定人的管理，规范司法鉴定活动，建立统一的司法鉴定管理体制，适应司法机关和公民、组织的诉讼需要，保障当事人的诉讼权利，促进司法公正和效率，根据《全国人民代表大会常务委员会关于司法鉴定管理问题的决定》和其他相关法律、法规，制定本办法。

第二条　司法鉴定人从事《全国人民代表大会常务委员会关于司法鉴定管理问题的决定》第二条规定的司法鉴定业务，适用本办法。

第三条　本办法所称的司法鉴定人是指运用科学技术或者专门知识对诉讼涉及的专门性问题进行鉴别和判断并提出鉴定意见的人员。

司法鉴定人应当具备本办法规定的条件，经省级司法行政机关审核登记，取得《司法鉴定人执业证》，按照登记的司法鉴定执业类别，从事司法鉴定业务。

司法鉴定人应当在一个司法鉴定机构中执业。

第四条　司法鉴定管理实行行政管理与行业管理相结合的管理制度。

司法行政机关对司法鉴定人及其执业活动进行指导、管理和监督、检查，司法鉴定行业协会依法进行自律管理。

第五条 全国实行统一的司法鉴定机构及司法鉴定人审核登记、名册编制和名册公告制度。

第六条 司法鉴定人应当科学、客观、独立、公正地从事司法鉴定活动，遵守法律、法规的规定，遵守职业道德和职业纪律，遵守司法鉴定管理规范。

第七条 司法鉴定人执业实行回避、保密、时限和错鉴责任追究制度。

第二章 主管机关

第八条 司法部负责全国司法鉴定人的登记管理工作，依法履行下列职责：

（一）指导和监督省级司法行政机关对司法鉴定人的审核登记、名册编制和名册公告工作；

（二）制定司法鉴定人执业规则和职业道德、职业纪律规范；

（三）制定司法鉴定人诚信等级评估制度并指导实施；

（四）会同国务院有关部门制定司法鉴定人专业技术职称评聘标准和办法；

（五）制定和发布司法鉴定人继续教育规划并指导实施；

（六）法律、法规规定的其他职责。

第九条 省级司法行政机关负责本行政区域内司法鉴定人的登记管理工作，依法履行下列职责：

（一）负责司法鉴定人的审核登记、名册编制和名册公告；

（二）负责司法鉴定人诚信等级评估工作；

（三）负责对司法鉴定人进行监督、检查；

（四）负责对司法鉴定人违法违纪执业行为进行调查处理；

（五）组织开展司法鉴定人专业技术职称评聘工作；

（六）组织司法鉴定人参加司法鉴定岗前培训和继续教育；

（七）法律、法规和规章规定的其他职责。

第十条 省级司法行政机关可以委托下一级司法行政机关协助

办理本办法第九条规定的有关工作。

第三章 执业登记

第十一条 司法鉴定人的登记事项包括：姓名、性别、出生年月、学历、专业技术职称或者行业资格、执业类别、执业机构等。

第十二条 个人申请从事司法鉴定业务，应当具备下列条件：

（一）拥护中华人民共和国宪法，遵守法律、法规和社会公德，品行良好的公民；

（二）具有相关的高级专业技术职称；或者具有相关的行业执业资格或者高等院校相关专业本科以上学历，从事相关工作五年以上；

（三）申请从事经验鉴定型或者技能鉴定型司法鉴定业务的，应当具备相关专业工作十年以上经历和较强的专业技能；

（四）所申请从事的司法鉴定业务，行业有特殊规定的，应当符合行业规定；

（五）拟执业机构已经取得或者正在申请《司法鉴定许可证》；

（六）身体健康，能够适应司法鉴定工作需要。

第十三条 有下列情形之一的，不得申请从事司法鉴定业务：

（一）因故意犯罪或者职务过失犯罪受过刑事处罚的；

（二）受过开除公职处分的；

（三）被司法行政机关撤销司法鉴定人登记的；

（四）所在的司法鉴定机构受到停业处罚，处罚期未满的；

（五）无民事行为能力或者限制行为能力的；

（六）法律、法规和规章规定的其他情形。

第十四条 个人申请从事司法鉴定业务，应当由拟执业的司法鉴定机构向司法行政机关提交下列材料：

（一）申请表；

（二）身份证、专业技术职称、行业执业资格、学历、符合特殊行业要求的相关资格、从事相关专业工作经历、专业技术水平评价及业务成果等证明材料；

（三）应当提交的其他材料。

个人兼职从事司法鉴定业务的，应当符合法律、法规的规定，并提供所在单位同意其兼职从事司法鉴定业务的书面意见。

第十五条 司法鉴定人审核登记程序、期限参照《司法鉴定机构登记管理办法》中司法鉴定机构审核登记的相关规定办理。

第十六条 经审核符合条件的，省级司法行政机关应当作出准予执业的决定，颁发《司法鉴定人执业证》；不符合条件的，作出不予登记的决定，书面通知其所在司法鉴定机构并说明理由。

第十七条 《司法鉴定人执业证》由司法部统一监制。《司法鉴定人执业证》是司法鉴定人的执业凭证。

《司法鉴定人执业证》使用期限为五年，自颁发之日起计算。

《司法鉴定人执业证》应当载明下列内容：

（一）姓名；

（二）性别；

（三）身份证号码；

（四）专业技术职称；

（五）行业执业资格；

（六）执业类别；

（七）执业机构；

（八）使用期限；

（九）颁证机关和颁证时间；

（十）证书号码。

第十八条 司法鉴定人要求变更有关登记事项的，应当及时通过所在司法鉴定机构向原负责登记的司法行政机关提交变更登记申请书和相关材料，经审核符合本办法规定的，司法行政机关应当依法办理变更登记手续。

第十九条 《司法鉴定人执业证》使用期限届满后，需要继续执业的，司法鉴定人应当在使用期限届满三十日前通过所在司法鉴定机构，向原负责登记的司法行政机关提出延续申请，司法行政机关依法审核办理。延续申请的条件和需要提交的材料按照本办法第十二条、第十三条、第十四条、第十五条的规定执行。

不申请延续的司法鉴定人,《司法鉴定人执业证》使用期限届满后,由原负责登记的司法行政机关办理注销登记手续。

第二十条 司法鉴定人有下列情形之一的,原负责登记的司法行政机关应当依法办理注销登记手续:

(一)依法申请终止司法鉴定活动的;

(二)所在司法鉴定机构注销或者被撤销的;

(三)《司法鉴定人执业证》使用期限届满未申请延续的;

(四)法律、法规规定的其他情形。

第四章 权利和义务

第二十一条 司法鉴定人享有下列权利:

(一)了解、查阅与鉴定事项有关的情况和资料,询问与鉴定事项有关的当事人、证人等;

(二)要求鉴定委托人无偿提供鉴定所需要的鉴材、样本;

(三)进行鉴定所必需的检验、检查和模拟实验;

(四)拒绝接受不合法、不具备鉴定条件或者超出登记的执业类别的鉴定委托;

(五)拒绝解决、回答与鉴定无关的问题;

(六)鉴定意见不一致时,保留不同意见;

(七)接受岗前培训和继续教育;

(八)获得合法报酬;

(九)法律、法规规定的其他权利。

第二十二条 司法鉴定人应当履行下列义务:

(一)受所在司法鉴定机构指派按照规定时限独立完成鉴定工作,并出具鉴定意见;

(二)对鉴定意见负责;

(三)依法回避;

(四)妥善保管送鉴的鉴材、样本和资料;

（五）保守在执业活动中知悉的国家秘密、商业秘密和个人隐私；

（六）依法出庭作证，回答与鉴定有关的询问；

（七）自觉接受司法行政机关的管理和监督、检查；

（八）参加司法鉴定岗前培训和继续教育；

（九）法律、法规规定的其他义务。

第五章 监督管理

第二十三条 司法鉴定人应当在所在司法鉴定机构接受司法行政机关统一部署的监督、检查。

第二十四条 司法行政机关应当就下列事项，对司法鉴定人进行监督、检查：

（一）遵守法律、法规和规章的情况；

（二）遵守司法鉴定程序、技术标准和技术操作规范的情况；

（三）遵守执业规则、职业道德和职业纪律的情况；

（四）遵守所在司法鉴定机构内部管理制度的情况；

（五）法律、法规和规章规定的其他事项。

第二十五条 公民、法人和其他组织对司法鉴定人违反本办法规定的行为进行举报、投诉的，司法行政机关应当及时进行调查处理。

第二十六条 司法行政机关对司法鉴定人进行监督、检查或者根据举报、投诉进行调查时，可以依法查阅或者要求司法鉴定人报送有关材料。司法鉴定人应当如实提供有关情况和材料。

第二十七条 司法行政机关依法建立司法鉴定人诚信档案，对司法鉴定人进行诚信等级评估。评估结果向社会公开。

第六章 法律责任

第二十八条 未经登记的人员，从事已纳入本办法调整范围司法鉴定业务的，省级司法行政机关应当责令其停止司法鉴定活动，并处以违法所得一至三倍的罚款,罚款总额最高不得超过三万元。

第二十九条 司法鉴定人有下列情形之一的,由省级司法行政机关依法给予警告,并责令其改正:

(一)同时在两个以上司法鉴定机构执业的;

(二)超出登记的执业类别执业的;

(三)私自接受司法鉴定委托的;

(四)违反保密和回避规定的;

(五)拒绝接受司法行政机关监督、检查或者向其提供虚假材料的;

(六)法律、法规和规章规定的其他情形。

第三十条 司法鉴定人有下列情形之一的,由省级司法行政机关给予停止执业三个月以上一年以下的处罚;情节严重的,撤销登记;构成犯罪的,依法追究刑事责任:

(一)因严重不负责任给当事人合法权益造成重大损失的;

(二)具有本办法第二十九条规定的情形之一并造成严重后果的;

(三)提供虚假证明文件或者采取其他欺诈手段,骗取登记的;

(四)经人民法院依法通知,非法定事由拒绝出庭作证的;

(五)故意做虚假鉴定的;

(六)法律、法规规定的其他情形。

第三十一条 司法鉴定人在执业活动中,因故意或者重大过失行为给当事人造成损失的,其所在的司法鉴定机构依法承担赔偿责任后,可以向有过错行为的司法鉴定人追偿。

第三十二条 司法行政机关工作人员在管理工作中滥用职权、玩忽职守造成严重后果的,依法追究相应的法律责任。

第三十三条 司法鉴定人对司法行政机关的行政许可和行政处罚有异议的,可以依法申请行政复议。

第七章 附 则

第三十四条 本办法所称司法鉴定人不含《全国人民代表大会

常务委员会关于司法鉴定管理问题的决定》第七条规定的鉴定机构中从事鉴定工作的鉴定人。

第三十五条 本办法自公布之日起施行。2000年8月14日公布的《司法鉴定人管理办法》（司法部令第63号）同时废止。

人民法院司法鉴定工作暂行规定

(2001年11月16日 法发〔2001〕23号)

第一章 总 则

第一条 为了规范人民法院司法鉴定工作，根据《中华人民共和国刑事诉讼法》、《中华人民共和国民事诉讼法》、《中华人民共和国行政诉讼法》、《中华人民共和国人民法院组织法》等法律，制定本规定。

第二条 本规定所称司法鉴定，是指在诉讼过程中，为查明案件事实，人民法院依据职权，或者应当事人及其他诉讼参与人的申请，指派或委托具有专门知识人，对专门性问题进行检验、鉴别和评定的活动。

第三条 司法鉴定应当遵循下列原则：
（一）合法、独立、公开；
（二）客观、科学、准确；
（三）文明、公正、高效。

第四条 凡需要进行司法鉴定的案件，应当由人民法院司法鉴定机构鉴定，或者由人民法院司法鉴定机构统一对外委托鉴定。

第五条 最高人民法院指导地方各级人民法院的司法鉴定工作，上级人民法院指导下级人民法院的司法鉴定工作。

第二章 司法鉴定机构及鉴定人

第六条 最高人民法院、各高级人民法院和有条件的中级人民法院设立独立的司法鉴定机构。新建司法鉴定机构须报最高人民法院批准。

最高人民法院的司法鉴定机构为人民法院司法鉴定中心，根据工作需要可设立分支机构。

第七条 鉴定人权利：

（一）了解案情，要求委托人提供鉴定所需的材料；

（二）勘验现场，进行有关的检验，询问与鉴定有关的当事人。必要时，可申请人民法院依据职权采集鉴定材料，决定鉴定方法和处理检材；

（三）自主阐述鉴定观点，与其他鉴定人意见不同时，可不在鉴定文书上署名；

（四）拒绝受理违反法律规定的委托。

第八条 鉴定人义务：

（一）尊重科学，恪守职业道德；

（二）保守案件秘密；

（三）及时出具鉴定结论；

（四）依法出庭宣读鉴定结论并回答与鉴定相关的提问。

第九条 有下列情形之一的，鉴定人应当回避：

（一）鉴定人系案件的当事人，或者当事人的近亲属；

（二）鉴定人的近亲属与案件有利害关系；

（三）鉴定人担任过本案的证人、辩护人、诉讼代理人；

（四）其他可能影响准确鉴定的情形。

第三章 委托与受理

第十条 各级人民法院司法鉴定机构，受理本院及下级人民法院委托的司法鉴定。下级人民法院可逐级委托上级人民法院司法鉴定机构鉴定。

第十一条 司法鉴定应当采用书面委托形式，提出鉴定目的、要求，提供必要的案情说明材料和鉴定材料。

第十二条 司法鉴定机构应当在3日内做出是否受理的决定。对不予受理的，应当向委托人说明原因。

第十三条 司法鉴定机构接受委托后，可根据情况自行鉴定，也可以组织专家、联合科研机构或者委托从相关鉴定人名册中随机选定的鉴定人进行鉴定。

第十四条 有下列情形之一需要重新鉴定的，人民法院应当委托上级法院的司法鉴定机构做重新鉴定：

（一）鉴定人不具备相关鉴定资格的；

（二）鉴定程序不符合法律规定的；

（三）鉴定结论与其他证据有矛盾的；

（四）鉴定材料有虚假，或者原鉴定方法有缺陷的；

（五）鉴定人应当回避没有回避，而对其鉴定结论有持不同意见的；

（六）同一案件具有多个不同鉴定结论的；

（七）有证据证明存在影响鉴定人准确鉴定因素的。

第十五条 司法鉴定机构可受人民法院的委托，对拟作为证据使用的鉴定文书、检验报告、勘验检查记录、医疗病情资料、会计资料等材料作文证审查。

第四章 检验与鉴定

第十六条 鉴定工作一般应按下列步骤进行：

（一）审查鉴定委托书；

（二）查验送检材料、客体，审查相关技术资料；

（三）根据技术规范制定鉴定方案；

（四）对鉴定活动进行详细记录；

（五）出具鉴定文书。

第十七条 对存在损耗检材的鉴定，应当向委托人说明。必要时，应由委托人出具检材处理授权书。

第十八条 检验取样和鉴定取样时，应当通知委托人、当事人或者代理人到场。

第十九条 进行身体检查时，受检人、鉴定人互为异性的，应当增派一名女性工作人员在场。

第二十条 对疑难或者涉及多学科的鉴定，出具鉴定结论前，可听取有关专家的意见。

第五章 鉴定期限、鉴定中止与鉴定终结

第二十一条 鉴定期限是指决定受理委托鉴定之日起，到发出鉴定文书之日止的时间。

一般的司法鉴定应当在30个工作日内完成；疑难的司法鉴定应当在60个工作日内完成。

第二十二条 具有下列情形之一，影响鉴定期限的，应当中止鉴定：

（一）受检人或者其他受检物处于不稳定状态，影响鉴定结论的；

（二）受检人不能在指定的时间、地点接受检验的；

（三）因特殊检验需预约时间或者等待检验结果的；

（四）须补充鉴定材料的。

第二十三条 具有下列情形之一的，可终结鉴定：

（一）无法获取必要的鉴定材料的；

（二）被鉴定人或者受检人不配合检验，经做工作仍不配合的；

（三）鉴定过程中撤诉或者调解结案的；

（四）其他情况使鉴定无法进行的。

在规定期限内，鉴定人因鉴定中止、终结或者其他特殊情况不能完成鉴定的，应当向司法鉴定机构申请办理延长期限或者终结手续。司法鉴定机构对是否中止、终结应当做出决定。做出中止、终结决定的，应当函告委托人。

第六章 其 他

第二十四条 人民法院司法鉴定机构工作人员因徇私舞弊、严重不负责任造成鉴定错误导致错案的，参照《人民法院审判人员违法审判责任追究办法（试行）》和《人民法院审判纪律处分办法（试行）》追究责任。

其他鉴定人因鉴定结论错误导致错案的，依法追究其法律责任。

第二十五条 司法鉴定按国家价格主管部门核定的标准收取费用。

第二十六条 人民法院司法鉴定中心根据本规定制定细则。

第二十七条 本规定自颁布之日起实行。

第二十八条 本规定由最高人民法院负责解释。

人民法院对外委托司法鉴定管理规定

（2002年3月27日 法释〔2002〕8号）

第一条 为规范人民法院对外委托和组织司法鉴定工作，根据《人民法院司法鉴定工作暂行规定》，制定本办法。

第二条 人民法院司法鉴定机构负责统一对外委托和组织司法鉴定。未设司法鉴定机构的人民法院，可在司法行政管理部门配备专职司法鉴定人员，并由司法行政管理部门代行对外委托司法鉴定的职责。

第三条 人民法院司法鉴定机构建立社会鉴定机构和鉴定人（以下简称鉴定人）名册，根据鉴定对象对专业技术的要求，随机选择和委托鉴定人进行司法鉴定。

第四条 自愿接受人民法院委托从事司法鉴定，申请进入人民法院司法鉴定人名册的社会鉴定、检测、评估机构，应当向人民法院司法鉴定机构提交申请书和以下材料：

（一）企业或社团法人营业执照副本；

（二）专业资质证书；

（三）专业技术人员名单、执业资格和主要业绩；

（四）年检文书；

（五）其他必要的文件、资料。

第五条 以个人名义自愿接受人民法院委托从事司法鉴定，申请进入人民法院司法鉴定人名册的专业技术人员，应当向人民法院司法鉴定机构提交申请书和以下材料：

（一）单位介绍信；

（二）专业资格证书；

（三）主要业绩证明；

（四）其他必要的文件、资料等。

第六条 人民法院司法鉴定机构应当对提出申请的鉴定人进行全面审查，择优确定对外委托和组织司法鉴定的鉴定人候选名单。

第七条 申请进入地方人民法院鉴定人名册的单位和个人，其入册资格由有关人民法院司法鉴定机构审核，报上一级人民法院司法鉴定机构批准，并报最高人民法院司法鉴定机构备案。

第八条 经批准列入人民法院司法鉴定人名册的鉴定人，在《人民法院报》予以公告。

第九条 已列入名册的鉴定人应当接受有关人民法院司法鉴定机构的年度审核，并提交以下材料：

（一）年度业务工作报告书；

（二）专业技术人员变更情况；

（三）仪器设备更新情况；

（四）其他变更情况和要求提交的材料。

年度审核有变更事项的，有关司法鉴定机构应当逐级报最高人民法院司法鉴定机构备案。

第十条 人民法院司法鉴定机构依据尊重当事人选择和人民法院指定相结合的原则，组织诉讼双方当事人进行司法鉴定的对外委托。

　　诉讼双方当事人协商不一致的，由人民法院司法鉴定机构在列入名册的、符合鉴定要求的鉴定人中，选择受委托人鉴定。

　　第十一条 司法鉴定所涉及的专业未纳入名册时，人民法院司法鉴定机构可以从社会相关专业中，择优选定受委托单位或专业人员进行鉴定。如果被选定的单位或专业人员需要进入鉴定人名册的，仍应当呈报上一级人民法院司法鉴定机构批准。

　　第十二条 遇有鉴定人应当回避等情形时，有关人民法院司法鉴定机构应当重新选择鉴定人。

　　第十三条 人民法院司法鉴定机构对外委托鉴定的，应当指派专人负责协调，主动了解鉴定的有关情况，及时处理可能影响鉴定的问题。

　　第十四条 接受委托的鉴定人认为需要补充鉴定材料时，如果由申请鉴定的当事人提供确有困难的，可以向有关人民法院司法鉴定机构提出请求，由人民法院决定依据职权采集鉴定材料。

　　第十五条 鉴定人应当依法履行出庭接受质询的义务。人民法院司法鉴定机构应当协调鉴定人做好出庭工作。

　　第十六条 列入名册的鉴定人有不履行义务，违反司法鉴定有关规定的，由有关人民法院视情节取消入册资格，并在《人民法院报》公告。

最高人民法院关于人民法院民事诉讼中委托鉴定审查工作若干问题的规定

（2020年8月14日 法〔2020〕202号）

为进一步规范民事诉讼中委托鉴定工作，促进司法公正，根据《中华人民共和国民事诉讼法》《最高人民法院关于适用〈中华人民共和国民事诉讼法〉的解释》《最高人民法院关于民事诉讼证据的若干规定》等法律、司法解释的规定，结合人民法院工作实际，制定本规定。

一、对鉴定事项的审查

1. 严格审查拟鉴定事项是否属于查明案件事实的专门性问题，有下列情形之一的，人民法院不予委托鉴定：

（1）通过生活常识、经验法则可以推定的事实；
（2）与待证事实无关联的问题；
（3）对证明待证事实无意义的问题；
（4）应当由当事人举证的非专门性问题；
（5）通过法庭调查、勘验等方法可以查明的事实；
（6）对当事人责任划分的认定；
（7）法律适用问题；
（8）测谎；
（9）其他不适宜委托鉴定的情形。

2. 拟鉴定事项所涉鉴定技术和方法争议较大的，应当先对其鉴定技术和方法的科学可靠性进行审查。所涉鉴定技术和方法没有科学可靠性的，不予委托鉴定。

二、对鉴定材料的审查

3. 严格审查鉴定材料是否符合鉴定要求，人民法院应当告知当事人不提供符合要求鉴定材料的法律后果。

4. 未经法庭质证的材料（包括补充材料），不得作为鉴定材料。

当事人无法联系、公告送达或当事人放弃质证的，鉴定材料应当经合议庭确认。

5. 对当事人有争议的材料，应当由人民法院予以认定，不得直接交由鉴定机构、鉴定人选用。

三、对鉴定机构的审查

6. 人民法院选择鉴定机构，应当根据法律、司法解释等规定，审查鉴定机构的资质、执业范围等事项。

7. 当事人协商一致选择鉴定机构的，人民法院应当审查协商选择的鉴定机构是否具备鉴定资质及符合法律、司法解释等规定。发现双方当事人的选择有可能损害国家利益、集体利益或第三方利益的，应当终止协商选择程序，采用随机方式选择。

8. 人民法院应当要求鉴定机构在接受委托后5个工作日内，提交鉴定方案、收费标准、鉴定人情况和鉴定人承诺书。

重大、疑难、复杂鉴定事项可适当延长提交期限。

鉴定人拒绝签署承诺书的，人民法院应当要求更换鉴定人或另行委托鉴定机构。

四、对鉴定人的审查

9. 人民法院委托鉴定机构指定鉴定人的，应当严格依照法律、司法解释等规定，对鉴定人的专业能力、从业经验、业内评价、执业范围、鉴定资格、资质证书有效期以及是否有依法回避的情形等进行审查。

特殊情形人民法院直接指定鉴定人的，依照前款规定进行审查。

五、对鉴定意见书的审查

10. 人民法院应当审查鉴定意见书是否具备《最高人民法院关于民事诉讼证据的若干规定》第三十六条规定的内容。

11. 鉴定意见书有下列情形之一的，视为未完成委托鉴定事项，人民法院应当要求鉴定人补充鉴定或重新鉴定：

（1）鉴定意见和鉴定意见书的其他部分相互矛盾的；

（2）同一认定意见使用不确定性表述的；

（3）鉴定意见书有其他明显瑕疵的。

补充鉴定或重新鉴定仍不能完成委托鉴定事项的，人民法院应当责令鉴定人退回已经收取的鉴定费用。

六、加强对鉴定活动的监督

12. 人民法院应当向当事人释明不按期预交鉴定费用及鉴定人出庭费用的法律后果，并对鉴定机构、鉴定人收费情况进行监督。

公益诉讼可以申请暂缓交纳鉴定费用和鉴定人出庭费用。

符合法律援助条件的当事人可以申请暂缓或减免交纳鉴定费用和鉴定人出庭费用。

13. 人民法院委托鉴定应当根据鉴定事项的难易程度、鉴定材料准备情况，确定合理的鉴定期限，一般案件鉴定时限不超过30个工作日，重大、疑难、复杂案件鉴定时限不超过60个工作日。

鉴定机构、鉴定人因特殊情况需要延长鉴定期限的，应当提出书面申请，人民法院可以根据具体情况决定是否延长鉴定期限。

鉴定人未按期提交鉴定书的，人民法院应当审查鉴定人是否存在正当理由。如无正当理由且人民法院准许当事人申请另行委托鉴定的，应当责令原鉴定机构、鉴定人退回已经收取的鉴定费用。

14. 鉴定机构、鉴定人超范围鉴定、虚假鉴定、无正当理由拖延鉴定、拒不出庭作证、违规收费以及有其他违法违规情形的，人民法院可以根据情节轻重，对鉴定机构、鉴定人予以暂停委托、责令退还鉴定费用、从人民法院委托鉴定专业机构、专业人员备选名单中除名等惩戒，并向行政主管部门或者行业协会发出司法建议。鉴定机构、鉴定人存在违法犯罪情形的，人民法院应当将有关线索材料移送公安、检察机关处理。

人民法院建立鉴定人黑名单制度。鉴定机构、鉴定人有前款情形的，可列入鉴定人黑名单。鉴定机构、鉴定人被列入黑名单期间，不得进入人民法院委托鉴定专业机构、专业人员备选名单和相关信息平台。

15. 人民法院应当充分运用委托鉴定信息平台加强对委托鉴定工作的管理。

16. 行政诉讼中人民法院委托鉴定，参照适用本规定。

17. 本规定自 2020 年 9 月 1 日起施行。

附件：

鉴定人承诺书（试行）

本人接受人民法院委托，作为诉讼参与人参加诉讼活动，依照国家法律法规和人民法院相关规定完成本次司法鉴定活动，承诺如下：

一、遵循科学、公正和诚实原则，客观、独立地进行鉴定，保证鉴定意见不受当事人、代理人或其他第三方的干扰。

二、廉洁自律，不接受当事人、诉讼代理人及其请托人提供的财物、宴请或其他利益。

三、自觉遵守有关回避的规定，及时向人民法院报告可能影响鉴定意见的各种情形。

四、保守在鉴定活动中知悉的国家秘密、商业秘密和个人隐私，不利用鉴定活动中知悉的国家秘密、商业秘密和个人隐私获取利益，不向无关人员泄露案情及鉴定信息。

五、勤勉尽责，遵照相关鉴定管理规定及技术规范，认真分析判断专业问题，独立进行检验、测算、分析、评定并形成鉴定意见，保证不出具虚假或误导性鉴定意见；妥善保管、保存、移交相关鉴定材料，不因自身原因造成鉴定材料污损、遗失。

六、按照规定期限和人民法院要求完成鉴定事项，如遇特殊情形不能如期完成的，应当提前向人民法院申请延期。

七、保证依法履行鉴定人出庭作证义务，做好鉴定意见的解释及质证工作。

本人已知悉违反上述承诺将承担的法律责任及行业主管部门、人民法院给予的相应处理后果。

承诺人：（签名）
鉴定机构：（盖章）
年 月 日

最高人民法院关于诉前调解中委托鉴定工作规程（试行）

（2023年7月26日 法办〔2023〕275号）

为规范诉前调解中的委托鉴定工作，促使更多纠纷实质性解决在诉前，做深做实诉源治理，切实减轻当事人诉累，根据《中华人民共和国民事诉讼法》、《人民法院在线调解规则》等法律和司法解释的规定，结合人民法院工作实际，制定本规程。

第一条 在诉前调解过程中，人民法院可以根据当事人申请依托人民法院委托鉴定系统提供诉前委托鉴定服务。

第二条 诉前鉴定应当遵循当事人自愿原则。当事人可以共同申请诉前鉴定。一方当事人申请诉前鉴定的，应当征得其他当事人同意。

第三条 下列纠纷，人民法院可以根据当事人申请委托开展诉前鉴定：

（一）机动车交通事故责任纠纷；

（二）医疗损害责任纠纷；

（三）财产损害赔偿纠纷；

（四）建设工程合同纠纷；

（五）劳务合同纠纷；

（六）产品责任纠纷；

（七）买卖合同纠纷；

（八）生命权、身体权、健康权纠纷；

（九）其他适宜进行诉前鉴定的纠纷。

第四条 有下列情形之一的，人民法院不予接收当事人诉前鉴定申请：

（一）申请人与所涉纠纷没有直接利害关系；

（二）没有明确的鉴定事项、事实和理由；

（三）没有提交鉴定所需的相关材料；

（四）具有其他不适宜委托诉前鉴定情形的。

第五条 人民法院以及接受人民法院委派的调解组织在诉前调解过程中，认为纠纷适宜通过鉴定促成调解，但当事人没有申请的，可以向当事人进行释明，并指定提出诉前鉴定申请的期间。

第六条 诉前鉴定申请书以及相关鉴定材料可以通过人民法院调解平台在线提交。申请人在线提交确有困难的，人民法院以及接受人民法院委派的调解组织可以代为将鉴定申请以及相关材料录入扫描上传至人民法院调解平台。

诉前鉴定申请书应当写明申请人、被申请人的姓名、住所地等身份信息，申请鉴定事项、事实和理由以及有效联系方式。

第七条 主持调解的人员应当在收到诉前鉴定申请五个工作日内对鉴定材料是否齐全、申请事项是否明确进行审核，并组织当事人对鉴定材料进行协商确认。

审核过程中认为需要补充、补正的，应当一次性告知。申请人在指定期间内未补充、补正，或者补充、补正后仍不符合诉前鉴定条件的，予以退回并告知理由。

第八条 主持调解的人员经审核认为符合诉前鉴定条件的，应当报请人民法院同意。人民法院准许委托诉前鉴定的，由主持调解的人员通过人民法院调解平台将鉴定材料推送至人民法院委托鉴定系统。人民法院不予准许的，主持调解的人员应当向申请人进行释明并做好记录。

第九条 人民法院指派法官或者司法辅助人员指导接受委派的调解组织开展诉前鉴定工作，规范审核诉前鉴定申请、组织协商确认鉴定材料等行为。

第十条 人民法院组织当事人协商确定具备相应资格的鉴定机构。当事人协商不成的，通过人民法院委托鉴定系统随机确定。

第十一条 人民法院负责司法技术工作的部门以"诉前调"字号向鉴定机构出具委托书、移送鉴定材料、办理相关手续。

委托书上应当载明鉴定事项、鉴定范围、鉴定目的和鉴定期限。

第十二条 人民法院应当通知申请人在指定期间内向鉴定机构预交鉴定费用。逾期未交纳的，视为申请人放弃申请，由调解组织继续调解。

第十三条 人民法院负责司法技术工作的部门应当督促鉴定机构在诉前鉴定结束后及时将鉴定书上传至人民法院委托鉴定系统。人民法院以及主持调解的人员在线接收后，及时送交给当事人。

鉴定机构在线上传或者送交鉴定书确有困难的，人民法院可以通过线下方式接收。

第十四条 人民法院以及接受委派的调解组织应当督促鉴定机构及时办理诉前委托鉴定事项，并可以通过人民法院委托鉴定系统进行在线催办、督办。

鉴定机构无正当理由未按期提交鉴定书的，人民法院可以依当事人申请另行委托鉴定机构进行诉前鉴定。

第十五条 诉前鉴定过程中，有下列情形之一的，诉前鉴定终止：

（一）申请人逾期未补充鉴定所需的必要材料；

（二）申请人逾期未补交鉴定费用；

（三）申请人无正当理由拒不配合鉴定；

（四）被申请人明确表示不愿意继续进行鉴定；

（五）其他导致诉前鉴定不能进行的情形。

第十六条 当事人对鉴定书内容有异议，但同意诉前调解的，由调解组织继续调解；不同意继续调解并坚持起诉的，由人民法院依法登记立案。

第十七条 经诉前调解未达成调解协议的，调解组织应当将全部鉴定材料连同调解材料一并在线推送至人民法院，由人民法院依法登记立案。

第十八条 当事人无正当理由就同一事项重复提出诉前鉴定申请的，人民法院不予准许。

第十九条 人民法院对于当事人恶意利用诉前鉴定拖延诉前调解时间、影响正常诉讼秩序的行为，应当依法予以规制，并作为审查当事人在诉讼过程中再次提出委托鉴定申请的重要参考。

第二十条 本规程自2023年8月1日起施行。

最高人民法院关于审理人身损害赔偿案件适用法律若干问题的解释

（2003年12月4日最高人民法院审判委员会第1299次会议通过 根据2020年12月23日《最高人民法院关于修改〈最高人民法院关于在民事审判工作中适用《中华人民共和国工会法》若干问题的解释〉等二十七件民事类司法解释的决定》第一次修正 根据2022年2月15日《最高人民法院关于修改〈最高人民法院关于审理人身损害赔偿案件适用法律若干问题的解释〉的决定》第二次修正 2022年4月24日最高人民法院公告公布 自2022年5月1日起施行 法释〔2022〕14号）

为正确审理人身损害赔偿案件，依法保护当事人的合法权益，根据《中华人民共和国民法典》《中华人民共和国民事诉讼法》等有关法律规定，结合审判实践，制定本解释。

第一条 因生命、身体、健康遭受侵害，赔偿权利人起诉请求赔偿义务人赔偿物质损害和精神损害的，人民法院应予受理。

本条所称"赔偿权利人"，是指因侵权行为或者其他致害原因直接遭受人身损害的受害人以及死亡受害人的近亲属。

本条所称"赔偿义务人"，是指因自己或者他人的侵权行为以及其他致害原因依法应当承担民事责任的自然人、法人或者非法人组织。

第二条 赔偿权利人起诉部分共同侵权人的，人民法院应当追加其他共同侵权人作为共同被告。赔偿权利人在诉讼中放弃对部分共同侵权人的诉讼请求的，其他共同侵权人对被放弃诉讼请求的被告应当承担的赔偿份额不承担连带责任。责任范围难以确定的，推定各共同侵权人承担同等责任。

人民法院应当将放弃诉讼请求的法律后果告知赔偿权利人，并将放弃诉讼请求的情况在法律文书中叙明。

第三条 依法应当参加工伤保险统筹的用人单位的劳动者，因工伤事故遭受人身损害，劳动者或者其近亲属向人民法院起诉请求用人单位承担民事赔偿责任的，告知其按《工伤保险条例》的规定处理。

因用人单位以外的第三人侵权造成劳动者人身损害，赔偿权利人请求第三人承担民事赔偿责任的，人民法院应予支持。

第四条 无偿提供劳务的帮工人，在从事帮工活动中致人损害的，被帮工人应当承担赔偿责任。被帮工人承担赔偿责任后向有故意或者重大过失的帮工人追偿的，人民法院应予支持。被帮工人明确拒绝帮工的，不承担赔偿责任。

第五条 无偿提供劳务的帮工人因帮工活动遭受人身损害的，根据帮工人和被帮工人各自的过错承担相应的责任；被帮工人明确拒绝帮工的，被帮工人不承担赔偿责任，但可以在受益范围内予以适当补偿。

帮工人在帮工活动中因第三人的行为遭受人身损害的，有权请求第三人承担赔偿责任,也有权请求被帮工人予以适当补偿。被帮工人补偿后,可以向第三人追偿。

第六条 医疗费根据医疗机构出具的医药费、住院费等收款凭证,结合病历和诊断证明等相关证据确定。赔偿义务人对治疗的必要性和合理性有异议的,应当承担相应的举证责任。

医疗费的赔偿数额,按照一审法庭辩论终结前实际发生的数额确定。器官功能恢复训练所必要的康复费、适当的整容费以及其他后续治疗费,赔偿权利人可以待实际发生后另行起诉。但根据医疗证明或者鉴定结论确定必然发生的费用,可以与已经发生的医疗费一并予以赔偿。

第七条 误工费根据受害人的误工时间和收入状况确定。

误工时间根据受害人接受治疗的医疗机构出具的证明确定。受害人因伤致残持续误工的,误工时间可以计算至定残日前一天。

受害人有固定收入的,误工费按照实际减少的收入计算。受害人无固定收入的,按照其最近三年的平均收入计算;受害人不能举证证明其最近三年的平均收入状况的,可以参照受诉法院所在地相同或者相近行业上一年度职工的平均工资计算。

第八条 护理费根据护理人员的收入状况和护理人数、护理期限确定。

护理人员有收入的,参照误工费的规定计算;护理人员没有收入或者雇佣护工的,参照当地护工从事同等级别护理的劳务报酬标准计算。护理人员原则上为一人,但医疗机构或者鉴定机构有明确意见的,可以参照确定护理人员人数。

护理期限应计算至受害人恢复生活自理能力时止。受害人因残疾不能恢复生活自理能力的,可以根据其年龄、健康状况等因素确定合理的护理期限,但最长不超过二十年。

受害人定残后的护理,应当根据其护理依赖程度并结合配制残疾辅助器具的情况确定护理级别。

第九条 交通费根据受害人及其必要的陪护人员因就医或者转院治疗实际发生的费用计算。交通费应当以正式票据为凭;有关凭据应当与就医地点、时间、人数、次数相符合。

第十条 住院伙食补助费可以参照当地国家机关一般工作人员的出差伙食补助标准予以确定。

受害人确有必要到外地治疗，因客观原因不能住院，受害人本人及其陪护人员实际发生的住宿费和伙食费，其合理部分应予赔偿。

第十一条 营养费根据受害人伤残情况参照医疗机构的意见确定。

第十二条 残疾赔偿金根据受害人丧失劳动能力程度或者伤残等级，按照受诉法院所在地上一年度城镇居民人均可支配收入标准，自定残之日起按二十年计算。但六十周岁以上的，年龄每增加一岁减少一年；七十五周岁以上的，按五年计算。

受害人因伤致残但实际收入没有减少，或者伤残等级较轻但造成职业妨害严重影响其劳动就业的，可以对残疾赔偿金作相应调整。

第十三条 残疾辅助器具费按照普通适用器具的合理费用标准计算。伤情有特殊需要的，可以参照辅助器具配制机构的意见确定相应的合理费用标准。

辅助器具的更换周期和赔偿期限参照配制机构的意见确定。

第十四条 丧葬费按照受诉法院所在地上一年度职工月平均工资标准，以六个月总额计算。

第十五条 死亡赔偿金按照受诉法院所在地上一年度城镇居民人均可支配收入标准，按二十年计算。但六十周岁以上的，年龄每增加一岁减少一年；七十五周岁以上的，按五年计算。

第十六条 被扶养人生活费计入残疾赔偿金或者死亡赔偿金。

第十七条 被扶养人生活费根据扶养人丧失劳动能力程度，按照受诉法院所在地上一年度城镇居民人均消费支出标准计算。被扶养人为未成年人的，计算至十八周岁；被扶养人无劳动能力又无其他生活来源的，计算二十年。但六十周岁以上的，年龄每增加一岁减少一年；七十五周岁以上的，按五年计算。

被扶养人是指受害人依法应当承担扶养义务的未成年人或者丧失劳动能力又无其他生活来源的成年近亲属。被扶养人还有其他扶养人的,赔偿义务人只赔偿受害人依法应当负担的部分。被扶养人有数人的,年赔偿总额累计不超过上一年度城镇居民人均消费支出额。

第十八条 赔偿权利人举证证明其住所地或者经常居住地城镇居民人均可支配收入高于受诉法院所在地标准的,残疾赔偿金或者死亡赔偿金可以按照其住所地或者经常居住地的相关标准计算。

被扶养人生活费的相关计算标准,依照前款原则确定。

第十九条 超过确定的护理期限、辅助器具费给付年限或者残疾赔偿金给付年限,赔偿权利人向人民法院起诉请求继续给付护理费、辅助器具费或者残疾赔偿金的,人民法院应予受理。赔偿权利人确需继续护理、配制辅助器具,或者没有劳动能力和生活来源的,人民法院应当判令赔偿义务人继续给付相关费用五至十年。

第二十条 赔偿义务人请求以定期金方式给付残疾赔偿金、辅助器具费的,应当提供相应的担保。人民法院可以根据赔偿义务人的给付能力和提供担保的情况,确定以定期金方式给付相关费用。但是,一审法庭辩论终结前已经发生的费用、死亡赔偿金以及精神损害抚慰金,应当一次性给付。

第二十一条 人民法院应当在法律文书中明确定期金的给付时间、方式以及每期给付标准。执行期间有关统计数据发生变化的,给付金额应当适时进行相应调整。

定期金按照赔偿权利人的实际生存年限给付,不受本解释有关赔偿期限的限制。

第二十二条 本解释所称"城镇居民人均可支配收入""城镇居民人均消费支出""职工平均工资",按照政府统计部门公布的各省、自治区、直辖市以及经济特区和计划单列市上一年度相关统计数据确定。

"上一年度",是指一审法庭辩论终结时的上一统计年度。

第二十三条 精神损害抚慰金适用《最高人民法院关于确定民

事侵权精神损害赔偿责任若干问题的解释》予以确定。

第二十四条 本解释自 2022 年 5 月 1 日起施行。施行后发生的侵权行为引起的人身损害赔偿案件适用本解释。

本院以前发布的司法解释与本解释不一致的，以本解释为准。

鉴定标准

人体损伤程度鉴定标准

(2013年8月30日)

1 范围

本标准规定了人体损伤程度鉴定的原则、方法、内容和等级划分。

本标准适用于《中华人民共和国刑法》及其他法律、法规所涉及的人体损伤程度鉴定。

2 规范性引用文件

下列文件对于本文件的应用是必不可少的。本标准引用文件的最新版本适用于本标准。

GB 18667 道路交通事故受伤人员伤残评定

GB/T 16180 劳动能力鉴定 职工工伤与职业病致残等级

GB/T 26341-2010 残疾人残疾分类和分级

3 术语和定义

3.1 重伤

使人肢体残废、毁人容貌、丧失听觉、丧失视觉、丧失其他器官功能或者其他对于人身健康有重大伤害的损伤，包括重伤一级和重伤二级。

3.2 轻伤

使人肢体或者容貌损害，听觉、视觉或者其他器官功能部分障碍或者其他对于人身健康有中度伤害的损伤，包括轻伤一级和轻伤二级。

3.3 轻微伤

各种致伤因素所致的原发性损伤，造成组织器官结构轻微损害或者轻微功能障碍。

4 总则

4.1 鉴定原则

4.1.1 遵循实事求是的原则，坚持以致伤因素对人体直接造成的原发性损伤及由损伤引起的并发症或者后遗症为依据，全面分析，综合鉴定。

4.1.2 对于以原发性损伤及其并发症作为鉴定依据的，鉴定时应以损伤当时伤情为主，损伤的后果为辅，综合鉴定。

4.1.3 对于以容貌损害或者组织器官功能障碍作为鉴定依据的，鉴定时应以损伤的后果为主，损伤当时伤情为辅，综合鉴定。

4.2 鉴定时机

4.2.1 以原发性损伤为主要鉴定依据的，伤后即可进行鉴定；以损伤所致的并发症为主要鉴定依据的，在伤情稳定后进行鉴定。

4.2.2 以容貌损害或者组织器官功能障碍为主要鉴定依据的，在损伤90日后进行鉴定；在特殊情况下可以根据原发性损伤及其并发症出具鉴定意见，但须对有可能出现的后遗症加以说明，必要时应进行复检并予以补充鉴定。

4.2.3 疑难、复杂的损伤，在临床治疗终结或者伤情稳定后进行鉴定。

4.3 伤病关系处理原则

4.3.1 损伤为主要作用的，既往伤/病为次要或者轻微作用的，应依据本标准相应条款进行鉴定。

4.3.2 损伤与既往伤/病共同作用的，即二者作用相当的，应依据本标准相应条款适度降低损伤程度等级，即等级为重伤一级和重伤二级的，可视具体情况鉴定为轻伤一级或者轻伤二级，等级为轻伤一级和轻伤二级的，均鉴定为轻微伤。

4.3.3 既往伤/病为主要作用的，即损伤为次要或者轻微作用的，不宜进行损伤程度鉴定，只说明因果关系。

5 损伤程度分级

5.1 颅脑、脊髓损伤

5.1.1 重伤一级

a) 植物生存状态。

b) 四肢瘫（三肢以上肌力3级以下）。

c) 偏瘫、截瘫（肌力2级以下），伴大便、小便失禁。

d) 非肢体瘫的运动障碍（重度）。

e) 重度智能减退或者器质性精神障碍，生活完全不能自理。

5.1.2 重伤二级

a) 头皮缺损面积累计 $75.0cm^2$ 以上。

b) 开放性颅骨骨折伴硬脑膜破裂。

c) 颅骨凹陷性或者粉碎性骨折，出现脑受压症状和体征，须手术治疗。

d) 颅底骨折，伴脑脊液漏持续4周以上。

e) 颅底骨折，伴面神经或者听神经损伤引起相应神经功能障碍。

f) 外伤性蛛网膜下腔出血，伴神经系统症状和体征。

g) 脑挫（裂）伤，伴神经系统症状和体征。

h) 颅内出血，伴脑受压症状和体征。

i) 外伤性脑梗死，伴神经系统症状和体征。

j) 外伤性脑脓肿。

k) 外伤性脑动脉瘤，须手术治疗。

l) 外伤性迟发性癫痫。

m) 外伤性脑积水，须手术治疗。

n) 外伤性颈动脉海绵窦瘘。

o) 外伤性下丘脑综合征。

p) 外伤性尿崩症。

q) 单肢瘫（肌力3级以下）。

r) 脊髓损伤致重度肛门失禁或者重度排尿障碍。

5.1.3 轻伤一级

a) 头皮创口或者瘢痕长度累计 20.0cm 以上。

b）头皮撕脱伤面积累计 50.0cm² 以上；头皮缺损面积累计 24.0cm² 以上。

c）颅骨凹陷性或者粉碎性骨折。

d）颅底骨折伴脑脊液漏。

e）脑挫（裂）伤；颅内出血；慢性颅内血肿；外伤性硬脑膜下积液。

f）外伤性脑积水；外伤性颅内动脉瘤；外伤性脑梗死；外伤性颅内低压综合征。

g）脊髓损伤致排便或者排尿功能障碍（轻度）。

h）脊髓挫裂伤。

5.1.4 轻伤二级

a）头皮创口或者瘢痕长度累计 8.0cm 以上。

b）头皮撕脱伤面积累计 20.0cm² 以上；头皮缺损面积累计 10.0cm² 以上。

c）帽状腱膜下血肿范围 50.0cm² 以上。

d）颅骨骨折。

e）外伤性蛛网膜下腔出血。

f）脑神经损伤引起相应神经功能障碍。

5.1.5 轻微伤

a）头部外伤后伴有神经症状。

b）头皮擦伤面积 5.0cm² 以上；头皮挫伤；头皮下血肿。

c）头皮创口或者瘢痕。

5.2 面部、耳廓损伤

5.2.1 重伤一级

a）容貌毁损（重度）。

5.2.2 重伤二级

a）面部条状瘢痕（50%以上位于中心区），单条长度 10.0cm 以上，或者两条以上长度累计 15.0cm 以上。

b）面部块状瘢痕（50%以上位于中心区），单块面积 6.0cm² 以上，或者两块以上面积累计 10.0cm² 以上。

c）面部片状细小瘢痕或者显著色素异常，面积累计达面部 30%。

d) 一侧眼球萎缩或者缺失。

e) 眼睑缺失相当于一侧上眼睑 1/2 以上。

f) 一侧眼睑重度外翻或者双侧眼睑中度外翻。

g) 一侧上睑下垂完全覆盖瞳孔。

h) 一侧眼眶骨折致眼球内陷 0.5cm 以上。

i) 一侧鼻泪管和内眦韧带断裂。

j) 鼻部离断或者缺损 30% 以上。

k) 耳廓离断、缺损或者挛缩畸形累计相当于一侧耳廓面积 50% 以上。

l) 口唇离断或者缺损致牙齿外露 3 枚以上。

m) 舌体离断或者缺损达舌系带。

n) 牙齿脱落或者牙折共 7 枚以上。

o) 损伤致张口困难Ⅲ度。

p) 面神经损伤致一侧面肌大部分瘫痪，遗留眼睑闭合不全和口角歪斜。

q) 容貌毁损（轻度）。

5.2.3 轻伤一级

a) 面部单个创口或者瘢痕长度 6.0cm 以上；多个创口或者瘢痕长度累计 10.0cm 以上。

b) 面部块状瘢痕，单块面积 4.0cm² 以上；多块面积累计 7.0cm² 以上。

c) 面部片状细小瘢痕或者明显色素异常，面积累计 30.0cm² 以上。

d) 眼睑缺失相当于一侧上眼睑 1/4 以上。

e) 一侧眼睑中度外翻；双侧眼睑轻度外翻。

f) 一侧上眼睑下垂覆盖瞳孔超过 1/2。

g) 两处以上不同眶壁骨折；一侧眶壁骨折致眼球内陷 0.2cm 以上。

h) 双侧泪器损伤伴溢泪。

i) 一侧鼻泪管断裂；一侧内眦韧带断裂。

j) 耳廓离断、缺损或者挛缩畸形累计相当于一侧耳廓面积 30% 以上。

k）鼻部离断或者缺损15%以上。

l）口唇离断或者缺损致牙齿外露1枚以上。

m）牙齿脱落或者牙折共4枚以上。

n）损伤致张口困难Ⅱ度。

o）腮腺总导管完全断裂。

p）面神经损伤致一侧面肌部分瘫痪，遗留眼睑闭合不全或者口角歪斜。

5.2.4 轻伤二级

a）面部单个创口或者瘢痕长度4.5cm以上；多个创口或者瘢痕长度累计6.0cm以上。

b）面颊穿透创，皮肤创口或者瘢痕长度1.0cm以上。

c）口唇全层裂创，皮肤创口或者瘢痕长度1.0cm以上。

d）面部块状瘢痕，单块面积3.0cm^{2}以上或多块面积累计5.0cm^{2}以上。

e）面部片状细小瘢痕或者色素异常，面积累计8.0cm^{2}以上。

f）眶壁骨折（单纯眶内壁骨折除外）。

g）眼睑缺损。

h）一侧眼睑轻度外翻。

i）一侧上眼睑下垂覆盖瞳孔。

j）一侧眼睑闭合不全。

k）一侧泪器损伤伴溢泪。

l）耳廓创口或者瘢痕长度累计6.0cm以上。

m）耳廓离断、缺损或者挛缩畸形累计相当于一侧耳廓面积15%以上。

n）鼻尖或者一侧鼻翼缺损。

o）鼻骨粉碎性骨折；双侧鼻骨骨折；鼻骨骨折合并上颌骨额突骨折；鼻骨骨折合并鼻中隔骨折；双侧上颌骨额突骨折。

p）舌缺损。

q）牙齿脱落或者牙折2枚以上。

r）腮腺、颌下腺或者舌下腺实质性损伤。

s）损伤致张口困难Ⅰ度。

t）颌骨骨折（牙槽突骨折及一侧上颌骨额突骨折除外）。

u）颧骨骨折。

5.2.5 轻微伤

a）面部软组织创。

b）面部损伤留有瘢痕或者色素改变。

c）面部皮肤擦伤，面积 2.0cm² 以上；面部软组织挫伤；面部划伤 4.0cm 以上。

d）眶内壁骨折。

e）眼部挫伤；眼部外伤后影响外观。

f）耳廓创。

g）鼻骨骨折；鼻出血。

h）上颌骨额突骨折。

i）口腔粘膜破损；舌损伤。

j）牙齿脱落或者缺损；牙槽突骨折；牙齿松动 2 枚以上或者Ⅲ度松动 1 枚以上。

5.3 听器听力损伤

5.3.1 重伤一级

a）双耳听力障碍（≥91dB HL）。

5.3.2 重伤二级

a）一耳听力障碍（≥91dB HL）。

b）一耳听力障碍（≥81dB HL），另一耳听力障碍（≥41dB HL）。

c）一耳听力障碍（≥81dB HL），伴同侧前庭平衡功能障碍。

d）双耳听力障碍（≥61dB HL）。

e）双侧前庭平衡功能丧失，睁眼行走困难，不能并足站立。

5.3.3 轻伤一级

a）双耳听力障碍（≥41dB HL）。

b）双耳外耳道闭锁。

5.3.4 轻伤二级

a）外伤性鼓膜穿孔 6 周不能自行愈合。

b) 听骨骨折或者脱位；听骨链固定。

c) 一耳听力障碍（≥41dB HL）。

d) 一侧前庭平衡功能障碍，伴同侧听力减退。

e) 一耳外耳道横截面1/2以上狭窄。

5.3.5 轻微伤

a) 外伤性鼓膜穿孔。

b) 鼓室积血。

c) 外伤后听力减退。

5.4 视器视力损伤

5.4.1 重伤一级

a) 一眼眼球萎缩或者缺失，另一眼盲目3级。

b) 一眼视野完全缺损，另一眼视野半径20°以下（视野有效值32%以下）。

c) 双眼盲目4级。

5.4.2 重伤二级

a) 一眼盲目3级。

b) 一眼重度视力损害，另一眼中度视力损害。

c) 一眼视野半径10°以下（视野有效值16%以下）。

d) 双眼偏盲；双眼残留视野半径30°以下（视野有效值48%以下）。

5.4.3 轻伤一级

a) 外伤性青光眼，经治疗难以控制眼压。

b) 一眼虹膜完全缺损。

c) 一眼重度视力损害；双眼中度视力损害。

d) 一眼视野半径30°以下（视野有效值48%以下）；双眼视野半径50°以下（视野有效值80%以下）。

5.4.4 轻伤二级

a) 眼球穿通伤或者眼球破裂伤；前房出血须手术治疗；房角后退；虹膜根部离断或者虹膜缺损超过1个象限；睫状体脱离；晶状体脱位；玻璃体积血；外伤性视网膜脱离；外伤性视网膜出血；外伤性黄斑裂孔；外伤性脉络膜脱离。

b）角膜斑翳或者血管翳；外伤性白内障；外伤性低眼压；外伤性青光眼。

c）瞳孔括约肌损伤致瞳孔显著变形或者瞳孔散大（直径 0.6cm 以上）。

d）斜视；复视。

e）睑球粘连。

f）一眼矫正视力减退至 0.5 以下（或者较伤前视力下降 0.3 以上）；双眼矫正视力减退至 0.7 以下（或者较伤前视力下降 0.2 以上）；原单眼中度以上视力损害者，伤后视力降低一个级别。

g）一眼视野半径 50°以下（视野有效值 80%以下）。

5.4.5 轻微伤

a）眼球损伤影响视力。

5.5 颈部损伤

5.5.1 重伤一级

a）颈部大血管破裂。

b）咽喉部广泛毁损，呼吸完全依赖气管套管或者造口。

c）咽或者食管广泛毁损，进食完全依赖胃管或者造口。

5.5.2 重伤二级

a）甲状旁腺功能低下（重度）。

b）甲状腺功能低下，药物依赖。

c）咽部、咽后区、喉或者气管穿孔。

d）咽喉或者颈部气管损伤，遗留呼吸困难（3级）。

e）咽或者食管损伤，遗留吞咽功能障碍（只能进流食）。

f）喉损伤遗留发声障碍（重度）。

g）颈内动脉血栓形成，血管腔狭窄（50%以上）。

h）颈总动脉血栓形成，血管腔狭窄（25%以上）。

i）颈前三角区增生瘢痕，面积累计 30.0cm² 以上。

5.5.3 轻伤一级

a）颈前部单个创口或者瘢痕长度 10.0cm 以上；多个创口或者瘢痕长度累计 16.0cm 以上。

b）颈前三角区瘢痕，单块面积 10.0cm^2 以上；多块面积累计 12.0cm^2 以上。

c）咽喉部损伤遗留发声或者构音障碍。

d）咽或者食管损伤，遗留吞咽功能障碍（只能进半流食）。

e）颈总动脉血栓形成；颈内动脉血栓形成；颈外动脉血栓形成；椎动脉血栓形成。

5.5.4 轻伤二级

a）颈前部单个创口或者瘢痕长度 5.0cm 以上；多个创口或者瘢痕长度累计 8.0cm 以上。

b）颈前部瘢痕，单块面积 4.0cm^2 以上，或者两块以上面积累计 6.0cm^2 以上。

c）甲状腺挫裂伤。

d）咽喉软骨骨折。

e）喉或者气管损伤。

f）舌骨骨折。

g）膈神经损伤。

h）颈部损伤出现窒息征象。

5.5.5 轻微伤

a）颈部创口或者瘢痕长度 1.0cm 以上。

b）颈部擦伤面积 4.0cm^2 以上。

c）颈部挫伤面积 2.0cm^2 以上。

d）颈部划伤长度 5.0cm 以上。

5.6 胸部损伤

5.6.1 重伤一级

a）心脏损伤，遗留心功能不全（心功能Ⅳ级）。

b）肺损伤致一侧全肺切除或者双肺三肺叶切除。

5.6.2 重伤二级

a）心脏损伤，遗留心功能不全（心功能Ⅲ级）。

b）心脏破裂；心包破裂。

c）女性双侧乳房损伤，完全丧失哺乳功能；女性一侧乳房大部分缺失。

  d）纵隔血肿或者气肿，须手术治疗。
  e）气管或者支气管破裂，须手术治疗。
  f）肺破裂，须手术治疗。
  g）血胸、气胸或者血气胸，伴一侧肺萎陷70%以上，或者双侧肺萎陷均在50%以上。
  h）食管穿孔或者全层破裂，须手术治疗。
  i）脓胸或者肺脓肿；乳糜胸；支气管胸膜瘘；食管胸膜瘘；食管支气管瘘。
  j）胸腔大血管破裂。
  k）膈肌破裂。

5.6.3 轻伤一级

  a）心脏挫伤致心包积血。
  b）女性一侧乳房损伤，丧失哺乳功能。
  c）肋骨骨折6处以上。
  d）纵隔血肿；纵隔气肿。
  e）血胸、气胸或者血气胸，伴一侧肺萎陷30%以上，或者双侧肺萎陷均在20%以上。
  f）食管挫裂伤。

5.6.4 轻伤二级

  a）女性一侧乳房部分缺失或者乳腺导管损伤。
  b）肋骨骨折2处以上。
  c）胸骨骨折；锁骨骨折；肩胛骨骨折。
  d）胸锁关节脱位；肩锁关节脱位。
  e）胸部损伤，致皮下气肿1周不能自行吸收。
  f）胸腔积血；胸腔积气。
  g）胸壁穿透创。
  h）胸部挤压出现窒息征象。

5.6.5 轻微伤

  a）肋骨骨折；肋软骨骨折。

b) 女性乳房擦挫伤。

5.7 腹部损伤

5.7.1 重伤一级

a) 肝功能损害（重度）。
b) 胃肠道损伤致消化吸收功能严重障碍，依赖肠外营养。
c) 肾功能不全（尿毒症期）。

5.7.2 重伤二级

a) 腹腔大血管破裂。
b) 胃、肠、胆囊或者胆道全层破裂，须手术治疗。
c) 肝、脾、胰或者肾破裂，须手术治疗。
d) 输尿管损伤致尿外渗，须手术治疗。
e) 腹部损伤致肠瘘或者尿瘘。
f) 腹部损伤引起弥漫性腹膜炎或者感染性休克。
g) 肾周血肿或者肾包膜下血肿，须手术治疗。
h) 肾功能不全（失代偿期）。
i) 肾损伤致肾性高血压。
j) 外伤性肾积水；外伤性肾动脉瘤；外伤性肾动静脉瘘。
k) 腹腔积血或者腹膜后血肿，须手术治疗。

5.7.3 轻伤一级

a) 胃、肠、胆囊或者胆道非全层破裂。
b) 肝包膜破裂；肝脏实质内血肿直径 2.0cm 以上。
c) 脾包膜破裂；脾实质内血肿直径 2.0cm 以上。
d) 胰腺包膜破裂。
e) 肾功能不全（代偿期）。

5.7.4 轻伤二级

a) 胃、肠、胆囊或者胆道挫伤。
b) 肝包膜下或者实质内出血。
c) 脾包膜下或者实质内出血。
d) 胰腺挫伤。
e) 肾包膜下或者实质内出血。

f) 肝功能损害（轻度）。
g) 急性肾功能障碍（可恢复）。
h) 腹腔积血或者腹膜后血肿。
i) 腹壁穿透创。

5.7.5 轻微伤

a) 外伤性血尿。

5.8 盆部及会阴损伤

5.8.1 重伤一级

a) 阴茎及睾丸全部缺失。
b) 子宫及卵巢全部缺失。

5.8.2 重伤二级

a) 骨盆骨折畸形愈合，致双下肢相对长度相差5.0cm以上。
b) 骨盆不稳定性骨折，须手术治疗。
c) 直肠破裂，须手术治疗。
d) 肛管损伤致大便失禁或者肛管重度狭窄，须手术治疗。
e) 膀胱破裂，须手术治疗。
f) 后尿道破裂，须手术治疗。
g) 尿道损伤致重度狭窄。
h) 损伤致早产或者死胎；损伤致胎盘早期剥离或者流产，合并轻度休克。
i) 子宫破裂，须手术治疗。
j) 卵巢或者输卵管破裂，须手术治疗。
k) 阴道重度狭窄。
l) 幼女阴道Ⅱ度撕裂伤。
m) 女性会阴或者阴道Ⅲ度撕裂伤。
n) 龟头缺失达冠状沟。
o) 阴囊皮肤撕脱伤面积占阴囊皮肤面积50%以上。
p) 双侧睾丸损伤，丧失生育能力。
q) 双侧附睾或者输精管损伤，丧失生育能力。
r) 直肠阴道瘘；膀胱阴道瘘；直肠膀胱瘘。

s）重度排尿障碍。

5.8.3 轻伤一级

a）骨盆 2 处以上骨折；骨盆骨折畸形愈合；髋臼骨折。

b）前尿道破裂，须手术治疗。

c）输尿管狭窄。

d）一侧卵巢缺失或者萎缩。

e）阴道轻度狭窄。

f）龟头缺失 1/2 以上。

g）阴囊皮肤撕脱伤面积占阴囊皮肤面积 30% 以上。

h）一侧睾丸或者附睾缺失；一侧睾丸或者附睾萎缩。

5.8.4 轻伤二级

a）骨盆骨折。

b）直肠或者肛管挫裂伤。

c）一侧输尿管挫裂伤；膀胱挫裂伤；尿道挫裂伤。

d）子宫挫裂伤；一侧卵巢或者输卵管挫裂伤。

e）阴道撕裂伤。

f）女性外阴皮肤创口或者瘢痕长度累计 4.0cm 以上。

g）龟头部分缺损。

h）阴茎撕脱伤；阴茎皮肤创口或者瘢痕长度 2.0cm 以上；阴茎海绵体出血并形成硬结。

i）阴囊壁贯通创；阴囊皮肤创口或者瘢痕长度累计 4.0cm 以上；阴囊内积血，2 周内未完全吸收。

j）一侧睾丸破裂、血肿、脱位或者扭转。

k）一侧输精管破裂。

l）轻度肛门失禁或者轻度肛门狭窄。

m）轻度排尿障碍。

n）外伤性难免流产；外伤性胎盘早剥。

5.8.5 轻微伤

a）会阴部软组织挫伤。

b）会阴创；阴囊创；阴茎创。

c) 阴囊皮肤挫伤。
d) 睾丸或者阴茎挫伤。
e) 外伤性先兆流产。

5.9 脊柱四肢损伤

5.9.1 重伤一级

a) 二肢以上离断或者缺失（上肢腕关节以上、下肢踝关节以上）。
b) 二肢六大关节功能完全丧失。

5.9.2 重伤二级

a) 四肢任一大关节强直畸形或者功能丧失 50% 以上。
b) 臂丛神经干性或者束性损伤，遗留肌瘫（肌力 3 级以下）。
c) 正中神经肘部以上损伤，遗留肌瘫（肌力 3 级以下）。
d) 桡神经肘部以上损伤，遗留肌瘫（肌力 3 级以下）。
e) 尺神经肘部以上损伤，遗留肌瘫（肌力 3 级以下）。
f) 骶丛神经或者坐骨神经损伤，遗留肌瘫（肌力 3 级以下）。
g) 股骨干骨折缩短 5.0cm 以上、成角畸形 30° 以上或者严重旋转畸形。
h) 胫腓骨骨折缩短 5.0cm 以上、成角畸形 30° 以上或者严重旋转畸形。
i) 膝关节挛缩畸形屈曲 30° 以上。
j) 一侧膝关节交叉韧带完全断裂遗留旋转不稳。
k) 股骨颈骨折或者髋关节脱位，致股骨头坏死。
l) 四肢长骨骨折不愈合或者假关节形成；四肢长骨骨折并发慢性骨髓炎。
m) 一足离断或者缺失 50% 以上；足跟离断或者缺失 50% 以上。
n) 一足的第一趾和其余任何二趾离断或者缺失；一足除第一趾外，离断或者缺失 4 趾。
o) 两足 5 个以上足趾离断或者缺失。
p) 一足第一趾及其相连的跖骨离断或者缺失。
q) 一足除第一趾外，任何三趾及其相连的跖骨离断或者缺失。

5.9.3 轻伤一级

a）四肢任一大关节功能丧失25%以上。

b）一节椎体压缩骨折超过1/3以上；二节以上椎体骨折；三处以上横突、棘突或者椎弓骨折。

c）膝关节韧带断裂伴半月板破裂。

d）四肢长骨骨折畸形愈合。

e）四肢长骨粉碎性骨折或者两处以上骨折。

f）四肢长骨骨折累及关节面。

g）股骨颈骨折未见股骨头坏死，已行假体置换。

h）髌板断裂。

i）一足离断或者缺失10%以上；足跟离断或者缺失20%以上。

j）一足的第一趾离断或者缺失；一足除第一趾外的任何二趾离断或者缺失。

k）三个以上足趾离断或者缺失。

l）除第一趾外任何一趾及其相连的跖骨离断或者缺失。

m）肢体皮肤创口或者瘢痕长度累计45.0cm以上。

5.9.4 轻伤二级

a）四肢任一大关节功能丧失10%以上。

b）四肢重要神经损伤。

c）四肢重要血管破裂。

d）椎骨骨折或者脊椎脱位（尾椎脱位不影响功能的除外）；外伤性椎间盘突出。

e）肢体大关节韧带断裂；半月板破裂。

f）四肢长骨骨折；髌骨骨折。

g）骨骺分离。

h）损伤致肢体大关节脱位。

i）第一趾缺失超过趾间关节；除第一趾外，任何二趾缺失超过趾间关节；一趾缺失。

j）两节趾骨骨折；一节趾骨骨折合并一跖骨骨折。

k）两跖骨骨折或者一跖骨完全骨折；距骨、跟骨、骰骨、楔骨或者足舟骨骨折；跖跗关节脱位。

l) 肢体皮肤一处创口或者瘢痕长度 10.0cm 以上；两处以上创口或者瘢痕长度累计 15.0cm 以上。

5.9.5 轻微伤

a) 肢体一处创口或者瘢痕长度 1.0cm 以上；两处以上创口或者瘢痕长度累计 1.5cm 以上；刺创深达肌层。

b) 肢体关节、肌腱或者韧带损伤。

c) 骨挫伤。

d) 足骨骨折。

e) 外伤致趾甲脱落，甲床暴露；甲床出血。

f) 尾椎脱位。

5.10 手损伤

5.10.1 重伤一级

a) 双手离断、缺失或者功能完全丧失。

5.10.2 重伤二级

a) 手功能丧失累计达一手功能 36%。

b) 一手拇指挛缩畸形不能对指和握物。

c) 一手除拇指外，其余任何三指挛缩畸形，不能对指和握物。

d) 一手拇指离断或者缺失超过指间关节。

e) 一手示指和中指全部离断或者缺失。

f) 一手除拇指外的任何三指离断或者缺失均超过近侧指间关节。

5.10.3 轻伤一级

a) 手功能丧失累计达一手功能 16%。

b) 一手拇指离断或者缺失未超过指间关节。

c) 一手除拇指外的示指和中指离断或者缺失均超过远侧指间关节。

d) 一手除拇指外的环指和小指离断或者缺失均超过近侧指间关节。

5.10.4 轻伤二级

a) 手功能丧失累计达一手功能 4%。

b) 除拇指外的一个指节离断或者缺失。

c）两节指骨线性骨折或者一节指骨粉碎性骨折（不含第 2 至 5 指末节）。

d）舟骨骨折、月骨脱位或者掌骨完全性骨折。

5.10.5 轻微伤

a）手擦伤面积 10.0cm² 以上或者挫伤面积 6.0cm² 以上。

b）手一处创口或者瘢痕长度 1.0cm 以上；两处以上创口或者瘢痕长度累计 1.5cm 以上；刺伤深达肌层。

c）手关节或者肌腱损伤。

d）腕骨、掌骨或者指骨骨折。

e）外伤致指甲脱落，甲床暴露；甲床出血。

5.11 体表损伤

5.11.1 重伤二级

a）挫伤面积累计达体表面积 30%。

b）创口或者瘢痕长度累计 200.0cm 以上。

5.11.2 轻伤一级

a）挫伤面积累计达体表面积 10%。

b）创口或者瘢痕长度累计 40.0cm 以上。

c）撕脱伤面积 100.0cm² 以上。

d）皮肤缺损 30.0cm² 以上。

5.11.3 轻伤二级

a）挫伤面积达体表面积 6%。

b）单个创口或者瘢痕长度 10.0cm 以上；多个创口或者瘢痕长度累计 15.0cm 以上。

c）撕脱伤面积 50.0cm² 以上。

d）皮肤缺损 6.0cm² 以上。

5.11.4 轻微伤

a）擦伤面积 20.0cm² 以上或者挫伤面积 15.0cm² 以上。

b）一处创口或者瘢痕长度 1.0cm 以上；两处以上创口或者瘢痕长度累计 1.5cm 以上；刺创深达肌层。

c）咬伤致皮肤破损。

5.12 其他损伤

5.12.1 重伤一级

a) 深 II°以上烧烫伤面积达体表面积 70%或者 III°面积达 30%。

5.12.2 重伤二级

a) II°以上烧烫伤面积达体表面积 30%或者 III°面积达 10%；面积低于上述程度但合并吸入有毒气体中毒或者严重呼吸道烧烫伤。

b) 枪弹创，创道长度累计 180.0cm。

c) 各种损伤引起脑水肿（脑肿胀），脑疝形成。

d) 各种损伤引起休克（中度）。

e) 挤压综合征（II级）。

f) 损伤引起脂肪栓塞综合征（完全型）。

g) 各种损伤致急性呼吸窘迫综合征（重度）。

h) 电击伤（II°）。

i) 溺水（中度）。

j) 脑内异物存留；心脏异物存留。

k) 器质性阴茎勃起障碍（重度）。

5.12.3 轻伤一级

a) II°以上烧烫伤面积达体表面积 20%或者 III°面积达 5%。

b) 损伤引起脂肪栓塞综合征（不完全型）。

c) 器质性阴茎勃起障碍（中度）。

5.12.4 轻伤二级

a) II°以上烧烫伤面积达体表面积 5%或者 III°面积达 0.5%。

b) 呼吸道烧伤。

c) 挤压综合征（I级）。

d) 电击伤（I°）。

e) 溺水（轻度）。

f) 各种损伤引起休克（轻度）。

g) 呼吸功能障碍，出现窒息征象。

h) 面部异物存留；眶内异物存留；鼻窦异物存留。

i) 胸腔内异物存留；腹腔内异物存留；盆腔内异物存留。

j）深部组织内异物存留。

k）骨折内固定物损坏需要手术更换或者修复。

l）各种置入式假体装置损坏需要手术更换或者修复。

m）器质性阴茎勃起障碍（轻度）。

5.12.5 轻微伤

a）身体各部位骨皮质的砍（刺）痕；轻微撕脱性骨折，无功能障碍。

b）面部Ⅰ°烧烫伤面积10.0cm²以上；浅Ⅱ°烧烫伤。

c）颈部Ⅰ°烧烫伤面积15.0cm²以上；浅Ⅱ°烧烫伤面积2.0cm²以上。

d）体表Ⅰ°烧烫伤面积20.0cm²以上；浅Ⅱ°烧烫伤面积4.0cm²以上；深Ⅱ°烧烫伤。

6 附则

6.1 伤后因其他原因死亡的个体，其生前损伤比照本标准相关条款综合鉴定。

6.2 未列入本标准中的物理性、化学性和生物性等致伤因素造成的人体损伤，比照本标准中的相应条款综合鉴定。

6.3 本标准所称的损伤是指各种致伤因素所引起的人体组织器官结构破坏或者功能障碍。反应性精神病、癔症等，均为内源性疾病，不宜鉴定损伤程度。

6.4 本标准未作具体规定的损伤，可以遵循损伤程度等级划分原则，比照本标准相近条款进行损伤程度鉴定。

6.5 盲管创、贯通创，其创道长度可视为皮肤创口长度，并参照皮肤创口长度相应条款鉴定损伤程度。

6.6 牙折包括冠折、根折和根冠折，冠折须暴露髓腔。

6.7 骨皮质的砍（刺）痕或者轻微撕脱性骨折（无功能障碍）的，不构成本标准所指的轻伤。

6.8 本标准所称大血管是指胸主动脉、主动脉弓分支、肺动脉、肺静脉、上腔静脉和下腔静脉，腹主动脉、髂总动脉、髂外动脉、髂外静脉。

6.9 本标准四肢大关节是指肩、肘、腕、髋、膝、踝等六大关节。

6.10 本标准四肢重要神经是指臂丛及其分支神经（包括正中神经、尺神经、桡神经和肌皮神经等）和腰骶丛及其分支神经（包括坐骨神经、腓总神经、腓浅神经和胫神经等）。

6.11 本标准四肢重要血管是指与四肢重要神经伴行的同名动、静脉。

6.12 本标准幼女或者儿童是指年龄不满14周岁的个体。

6.13 本标准所称的假体是指植入体内替代组织器官功能的装置，如：颅骨修补材料、人工晶体、义眼座、固定义齿（种植牙）、阴茎假体、人工关节、起搏器、支架等，但可摘式义眼、义齿等除外。

6.14 移植器官损伤参照相应条款综合鉴定。

6.15 本标准所称组织器官包括再植或者再造成活的。

6.16 组织器官缺失是指损伤当时完全离体或者仅有少量皮肤和皮下组织相连，或者因损伤经手术切除的。器官离断（包括牙齿脱落），经再植、再造手术成功的，按损伤当时情形鉴定损伤程度。

6.17 对于两个部位以上同类损伤可以累加，比照相关部位数值规定高的条款进行评定。

6.18 本标准所涉及的体表损伤数值，0~6岁按50%计算，7~10岁按60%计算，11~14岁按80%计算。

6.19 本标准中出现的数字均含本数。

附录 A

（规范性附录）

损伤程度等级划分原则

A.1 重伤一级

各种致伤因素所致的原发性损伤或者由原发性损伤引起的并发症，严重危及生命；遗留肢体严重残废或者重度容貌毁损；严重丧失听觉、视觉或者其他重要器官功能。

A.2 重伤二级

各种致伤因素所致的原发性损伤或者由原发性损伤引起的并发症，危及生命；遗留肢体残废或者轻度容貌毁损；丧失听觉、视觉或者其他重要器官功能。

A.3 轻伤一级

各种致伤因素所致的原发性损伤或者由原发性损伤引起的并发症，未危及生命；遗留组织器官结构、功能中度损害或者明显影响容貌。

A.4 轻伤二级

各种致伤因素所致的原发性损伤或者由原发性损伤引起的并发症，未危及生命；遗留组织器官结构、功能轻度损害或者影响容貌。

A.5 轻微伤

各种致伤因素所致的原发性损伤，造成组织器官结构轻微损害或者轻微功能障碍。

A.6 等级限度

重伤二级是重伤的下限，与重伤一级相衔接，重伤一级的上限是致人死亡；轻伤二级是轻伤的下限，与轻伤一级相衔接，轻伤一级的上限与重伤二级相衔接；轻微伤的上限与轻伤二级相衔接，未达轻微伤标准的，不鉴定为轻微伤。

附录 B

（规范性附录）

功能损害判定基准和使用说明

B.1 颅脑损伤

B.1.1 智能（IQ）减退

极重度智能减退：IQ 低于 25；语言功能丧失；生活完全不能自理。

重度智能减退：IQ 25~39 之间；语言功能严重受损，不能进行有效的语言交流；生活大部分不能自理。

中度智能减退：IQ40~54之间；能掌握日常生活用语，但词汇贫乏，对周围环境辨别能力差，只能以简单的方式与人交往；生活部分不能自理，能做简单劳动。

轻度智能减退：IQ55~69之间；无明显语言障碍，对周围环境有较好的辨别能力，能比较恰当的与人交往；生活能自理，能做一般非技术性工作。

边缘智能状态：IQ70~84之间；抽象思维能力或者思维广度、深度机敏性显示不良；不能完成高级复杂的脑力劳动。

B.1.2 器质性精神障碍

有明确的颅脑损伤伴不同程度的意识障碍病史，并且精神障碍发生和病程与颅脑损伤相关。症状表现为：意识障碍；遗忘综合征；痴呆；器质性人格改变；精神病性症状；神经症样症状；现实检验能力或者社会功能减退。

B.1.3 生活自理能力

生活自理能力主要包括以下五项：

（1）进食。

（2）翻身。

（3）大、小便。

（4）穿衣、洗漱。

（5）自主行动。

生活完全不能自理：是指上述五项均需依赖护理者。

生活大部分不能自理：是指上述五项中三项以上需依赖护理者。

生活部分不能自理：是指上述五项中一项以上需依赖护理者。

B.1.4 肌瘫（肌力）

0级：肌肉完全瘫痪，毫无收缩。

1级：可看到或者触及肌肉轻微收缩，但不能产生动作。

2级：肌肉在不受重力影响下，可进行运动，即肢体能在床面上移动，但不能抬高。

3级：在和地心引力相反的方向中尚能完成其动作，但不能对抗外加的阻力。

4级：能对抗一定的阻力，但较正常人为低。
5级：正常肌力。
B.1.5 非肢体瘫的运动障碍
非肢体瘫的运动障碍包括肌张力增高，共济失调，不自主运动或者震颤等。根据其对生活自理影响的程度划分为轻、中、重三度。
重度：不能自行进食，大小便，洗漱，翻身和穿衣，需要他人护理。
中度：上述动作困难，但在他人帮助下可以完成。
轻度：完成上述动作虽有一些困难，但基本可以自理。
B.1.6 外伤性迟发性癫痫应具备的条件
（1）确证的头部外伤史。
（2）头部外伤90日后仍被证实有癫痫的临床表现。
（3）脑电图检查（包括常规清醒脑电图检查、睡眠脑电图检查或者较长时间连续同步录像脑电图检查等）显示异常脑电图。
（4）影像学检查确证颅脑器质性损伤。
B.1.7 肛门失禁
重度：大便不能控制；肛门括约肌收缩力很弱或者丧失；肛门括约肌收缩反射很弱或者消失；直肠内压测定，肛门注水法<20cmH$_2$O。
轻度：稀便不能控制；肛门括约肌收缩力较弱；肛门括约肌收缩反射较弱；直肠内压测定，肛门注水法20~30cmH$_2$O。
B.1.8 排尿障碍
重度：出现真性重度尿失禁或者尿潴留残余尿≥50mL。
轻度：出现真性轻度尿失禁或者尿潴留残余尿<50mL。

B.2 头面部损伤
B.2.1 眼睑外翻
重度外翻：睑结膜严重外翻，穹隆部消失。
中度外翻：睑结膜和睑板结膜外翻。
轻度外翻：睑结膜与眼球分离，泪点脱离泪阜。
B.2.2 容貌毁损
重度：面部瘢痕畸形，并有以下六项中四项者。（1）眉毛缺失；（2）双睑外翻或者缺失；（3）外耳缺失；（4）鼻缺失；（5）上、下唇外翻或者小口畸形；（6）颈颏粘连。

中度：具有以下六项中三项者。（1）眉毛部分缺失；（2）眼睑外翻或者部分缺失；（3）耳廓部分缺失；（4）鼻翼部分缺失；（5）唇外翻或者小口畸形；（6）颈部瘢痕畸形。

轻度：含中度畸形六项中二项者。

B.2.3 面部及中心区

面部的范围是指前额发际下，两耳屏前与下颌下缘之间的区域，包括额部、眶部、鼻部、口唇部、颏部、颞部、颊部、腮腺咬肌部。

面部中心区：以眉弓水平线为上横线，以下唇唇红缘中点处作水平线为下横线，以双侧外眦处作两条垂直线，上述四条线围绕的中央部分为中心区。

B.2.4 面瘫（面神经麻痹）

本标准涉及的面瘫主要是指外周性（核下性）面神经损伤所致。

完全性面瘫：是指面神经5个分支（颞支、颧支、颊支、下颌缘支和颈支）支配的全部颜面肌肉瘫痪，表现为：额纹消失，不能皱眉；眼睑不能充分闭合；鼻唇沟变浅；口角下垂，不能示齿，鼓腮，吹口哨，饮食时汤水流逸。

不完全性面瘫：是指面神经颧支、下颌支或者颞支和颊支损伤出现部分上述症状和体征。

B.2.5 张口困难分级

张口困难Ⅰ度：大张口时，只能垂直置入示指和中指。

张口困难Ⅱ度：大张口时，只能垂直置入示指。

张口困难Ⅲ度：大张口时，上、下切牙间距小于示指之横径。

B.3 听器听力损伤

听力损失计算应按照世界卫生组织推荐的听力减退分级的频率范围，取0.5、1、2、4kHz四个频率气导听阈级的平均值。如所得均值不是整数，则小数点后之尾数采用4舍5入法进为整数。

纯音听阈级测试时，如某一频率纯音气导最大声输出仍无反应时，以最大声输出值作为该频率听阈级。

听觉诱发电位测试时，若最大输出声强仍引不出反应波形的，以最大输出声强为反应阈值。在听阈评估时，听力学单位一律使用听力级（dB HL）。一般情况下，受试者听觉诱发电位反应阈要比其行为听阈高 10~20 dB（该差值又称"校正值"），即受试者的行为听阈等于其听觉诱发电位反应阈减去"校正值"。听觉诱发电位检测实验室应建立自己的"校正值"，如果没有自己的"校正值"，则取平均值（15 dB）作为"较正值"。

纯音气导听阈级应考虑年龄因素，按照《纯音气导阈的年龄修正值》（GB7582-87）听阈级偏差的中值（50%）进行修正，其中4000Hz的修正值参考2000Hz的数值。

表 B.1　纯音气导阈值的年龄修正值（GB7582-87）

年龄	男			女		
	500Hz	1000Hz	2000Hz	500Hz	1000Hz	2000Hz
30	1	1	1	1	1	1
40	2	2	3	2	2	3
50	4	4	7	4	4	6
60	6	7	12	6	7	11
70	10	11	19	10	11	16

B.4 视觉器官损伤

B.4.1 盲及视力损害分级

表 B.2　盲及视力损害分级标准（2003年，WHO）

分类	远视力低于	远视力等于或优于
轻度或无视力损害		0.3
中度视力损害（视力损害1级）	0.3	0.1
重度视力损害（视力损害2级）	0.1	0.05
盲（盲目3级）	0.05	0.02
盲（盲目4级）	0.02	光感
盲（盲目5级）		无光感

B.4.2 视野缺损

视野有效值计算公式：

$$实测视野有效值（\%）= \frac{8条子午线实测视野值}{500}$$

表 B.3 视野有效值与视野半径的换算

视野有效值（%）	视野度数（半径）
8	5°
16	10°
24	15°
32	20°
40	25°
48	30°
56	35°
64	40°
72	45°
80	50°
88	55°
96	60°

B.5 颈部损伤

B.5.1 甲状腺功能低下

重度：临床症状严重；T3、T4 或者 FT3、FT4 低于正常值，TSH >50μU/L。

中度：临床症状较重；T3、T4 或者 FT3、FT4 正常，TSH > 50μU/L。

轻度：临床症状较轻；T3、T4 或者 FT3、FT4 正常，TSH，轻度增高但<50μU/L。

B.5.2 甲状旁腺功能低下（以下分级需结合临床症状分析）

重度：空腹血钙<6mg/dL。

中度：空腹血钙 6~7mg/dL。

轻度：空腹血钙 7.1~8mg/dL。

B.5.3 发声功能障碍

重度：声哑、不能出声。

轻度：发音过弱、声嘶、低调、粗糙、带鼻音。

B.5.4 构音障碍

严重构音障碍：表现为发音不分明，语不成句，难以听懂，甚至完全不能说话。

轻度构音障碍：表现为发音不准，吐字不清，语调速度、节律等异常，鼻音过重。

B.6 **胸部损伤**

B.6.1 心功能分级

Ⅰ级：体力活动不受限，日常活动不引起过度的乏力、呼吸困难或者心悸。即心功能代偿期。

Ⅱ级：体力活动轻度受限，休息时无症状，日常活动即可引起乏力、心悸、呼吸困难或者心绞痛。亦称Ⅰ度或者轻度心衰。

Ⅲ级：体力活动明显受限，休息时无症状，轻于日常的活动即可引起上述症状。亦称Ⅱ度或者中度心衰。

Ⅳ级：不能从事任何体力活动，休息时亦有充血性心衰或心绞痛症状，任何体力活动后加重。亦称Ⅲ度或者重度心衰。

B.6.2 呼吸困难

1级：与同年龄健康者在平地一同步行无气短，但登山或者上楼时呈气短。

2级：平路步行1000m无气短，但不能与同龄健康者保持同样速度，平路快步行走呈现气短，登山或者上楼时气短明显。

3级：平路步行100m即有气短。

4级：稍活动（如穿衣、谈话）即气短。

B.6.3 窒息征象

临床表现为面、颈、上胸部皮肤出现针尖大小的出血点，以面部与眼眶部为明显；球睑结膜下出现出血斑点。

B.7 **腹部损伤**

B.7.1 肝功能损害

表 B.4 肝功能损害分度

程度	血清清蛋白	血清总胆红素	腹水	脑症	凝血酶原时间
重度	<2.5g/dL	>3.0mg/dL	顽固性	明显	明显延长（较对照组>9秒）
中度	2.5~3.0g/dL	2.0~3.0mg/dL	无或者少量，治疗后消失	无或者轻度	延长（较对照组>6秒）
轻度	3.1~3.5g/dL	1.5~2.0mg/dL	无	无	稍延长（较对照组>3秒）

B.7.2 肾功能不全

表 B.5 肾功能不全分期

分期	内生肌酐清除率	血尿素氮浓度	血肌酐浓度	临床症状
代偿期	降至正常的50% 50~70mL/min	正常	正常	通常无明显临床症状
失代偿期	25~49 mL/min		>177μmol/L（2mg/dL）但<450μmol/L（5mg/dL）	无明显临床症状，可有轻度贫血；夜尿、多尿
尿毒症期	<25 mL/min	>21.4mmol/L（60mg/dL）	450~707μmol/L（5~8mg/dL）	常伴有酸中毒和严重尿毒症临床症状

B.7.3 会阴及阴道撕裂

Ⅰ度：会阴部粘膜、阴唇系带、前庭粘膜、阴道粘膜等处有撕裂，但未累及肌层及筋膜。

Ⅱ度：撕裂伤累及盆底肌肉筋膜，但未累及肛门括约肌。

Ⅲ度：肛门括约肌全部或者部分撕裂，甚至直肠前壁亦被撕裂。

B.8 其他损伤

B.8.1 烧烫伤分度

表 B.6 烧伤深度分度

程 度		损伤组织	烧伤部位特点	愈后情况
Ⅰ度		表皮	皮肤红肿,有热、痛感,无水疱,干燥,局部温度稍有增高	不留瘢痕
Ⅱ度	浅Ⅱ度	真皮浅层	剧痛,表皮有大而薄的水疱,疱底有组织充血和明显水肿;组织坏死仅限于皮肤的真皮层,局部温度明显增高	不留瘢痕
	深Ⅱ度	真皮深层	痛,损伤已达真皮深层,水疱较小,表皮和真皮层大部分凝固和坏死。将已分离的表皮揭去,可见基底微湿,色泽苍白上有红出血点,局部温度较低	可留下瘢痕
Ⅲ度		全层皮肤或者皮下组织、肌肉、骨骼	不痛,皮肤全层坏死,干燥如皮革样,不起水疱,蜡白或者焦黄,炭化,知觉丧失,脂肪层的大静脉全部坏死,局部温度低,发凉	需自体皮肤移植,有瘢痕或者畸形

B.8.2 电击伤

Ⅰ度:全身症状轻微,只有轻度心悸。触电肢体麻木,全身无力,如极短时间内脱离电源,稍休息可恢复正常。

Ⅱ度:触电肢体麻木,面色苍白,心跳、呼吸增快,甚至昏厥、意识丧失,但瞳孔不散大。对光反射存在。

Ⅲ度:呼吸浅而弱、不规则,甚至呼吸骤停。心律不齐,有室颤或者心搏骤停。

B.8.3 溺水

重度：落水后 3~4 分钟，神志昏迷，呼吸不规则，上腹部膨胀，心音减弱或者心跳、呼吸停止。淹溺到死亡的时间一般为 5~6 分钟。

中度：落水后 1~2 分钟，神志模糊，呼吸不规则或者表浅，血压下降，心跳减慢，反射减弱。

轻度：刚落水片刻，神志清，血压升高，心率、呼吸增快。

B.8.4 挤压综合征

系人体肌肉丰富的四肢与躯干部位因长时间受压（例如暴力挤压）或者其他原因造成局部循环障碍，结果引起肌肉缺血性坏死，出现肢体明显肿胀、肌红蛋白尿及高血钾等为特征的急性肾功能衰竭。

Ⅰ级：肌红蛋白尿试验阳性，肌酸磷酸激酶（CPK）增高，而无肾衰等周身反应者。

Ⅱ级：肌红蛋白尿试验阳性，肌酸磷酸激酶（CPK）明显升高，血肌酐和尿素氮增高，少尿，有明显血浆渗入组织间隙，致有效血容量丢失，出现低血压者。

Ⅲ级：肌红蛋白尿试验阳性，肌酸磷酸激酶（CPK）显著升高，少尿或者尿闭，休克，代谢性酸中毒以及高血钾者。

B.8.5 急性呼吸窘迫综合征

急性呼吸窘迫综合征（ARDS）须具备以下条件：

（1）有发病的高危因素。

（2）急性起病，呼吸频率数和/或呼吸窘迫。

（3）低氧血症，$PaO_2/FiO_2 \leqslant 200mmHg$。

（4）胸部 X 线检查两肺浸润影。

（5）肺毛细血管楔压（PCWP）≤18mmHg，或者临床上除外心源性肺水肿。

凡符合以上 5 项可诊断为 ARDS。

表 B.7 急性呼吸窘迫综合征分度

程度	临床分级			血气分析分级	
	呼吸频率	临床表现	X线示	吸空气	吸纯氧15分钟后
轻度	>35次/分	无发绀	无异常或者纹理增多，边缘模糊	氧分压<8.0kPa 二氧化碳分压<4.7kPa	氧分压<46.7kPa Qs/Qt>10%
中度	>40次/分	发绀，肺部有异常体征	斑片状阴影或者呈磨玻璃样改变，可见支气管气相	氧分压<6.7kPa 二氧化碳分压<5.3kPa	氧分压<20.0kPa Qs/Qt>20%
重度	呼吸极度窘迫	发绀进行性加重，肺广泛湿罗音或者实变	双肺大部分密度普遍增高，支气管气相明显	氧分压<5.3kPa(40mmHg) 二氧化碳分压>6.0kPa	氧分压<13.3kPa Qs/Qt>30%

B.8.6 脂肪栓塞综合征

不完全型（或者称部分症候群型）：伤者骨折后出现胸部疼痛，咳呛震痛，胸闷气急，痰中带血，神疲身软，面色无华，皮肤出现瘀血点，上肢无力伸举，脉多细涩。实验室检查有明显低氧血症，预后一般良好。

完全型（或者称典型症候群型）：伤者创伤骨折后出现神志恍惚，严重呼吸困难，口唇紫绀，胸闷欲绝，脉细涩。本型初起表现为呼吸和心动过速、高热等非特异症状。此后出现呼吸窘迫、神志不清以至昏迷等神经系统症状，在眼结膜及肩、胸皮下可见散在瘀血点，实验室检查可见血色素降低，血小板减少，血沉增快以及出现低氧血症。肺部X线检查可见多变的进行性的肺部斑片状阴影改变和右心扩大。

B.8.7 休克分度

表 B.8 休克分度

程度	血压（收缩压）kPa	脉搏（次/分）	全身状况
轻度	12~13.3（90~100mmHg）	90~100	尚好
中度	10~12（75~90mmHg）	110~130	抑制、苍白、皮肤冷
重度	<10（<75mmHg）	120~160	明显抑制
垂危	0		呼吸障碍、意识模糊

B.8.8 器质性阴茎勃起障碍

重度：阴茎无勃起反应，阴茎硬度及周径均无改变。

中度：阴茎勃起时最大硬度>0，<40%，每次勃起持续时间<10分钟。

轻度：阴茎勃起时最大硬度≥40%，<60%，每次勃起持续时间<10分钟。

附录 C

（资料性附录）

人体损伤程度鉴定常用技术

C.1 视力障碍检查

视力记录可采用小数记录或者 5 分记录两种方式。视力（指远距视力）经用镜片（包括接触镜，针孔镜等），纠正达到正常视力范围（0.8 以上）或者接近正常视力范围（0.4-0.8）的都不属视力障碍范围。

中心视力好而视野缩小，以注视点为中心，视野半径小于 10 度而大于 5 度者为盲目 3 级，如半径小于 5 度者为盲目 4 级。

周边视野检查：视野缩小系指因损伤致眼球注视前方而不转动所能看到的空间范围缩窄，以致难以从事正常工作、学习或者其他活动。

对视野检查要求，视标颜色：白色，视标大小：5mm，检查距离330mm，视野背景亮度：31.5asb。

周边视野缩小，鉴定以实测得八条子午线视野值的总和计算平均值，即有效视野值。

视力障碍检查具体方法参考《视觉功能障碍法医鉴定指南》（SF/Z JD0103004）。

C.2 听力障碍检查

听力障碍检查应符合《听力障碍的法医学评定》（GA/T 914）。

C.3 前庭平衡功能检查

本标准所指的前庭平衡功能丧失及前庭平衡功能减退，是指外力作用颅脑或者耳部，造成前庭系统的损伤。伤后出现前庭平衡功能障碍的临床表现，自发性前庭体征检查法和诱发性前庭功能检查法等有阳性发现（如眼震电图/眼震视图、静、动态平衡仪、前庭诱发电位等检查），结合听力检查和神经系统检查，以及影像学检查综合判定，确定前庭平衡功能是丧失，或者减退。

C.4 阴茎勃起功能检测

阴茎勃起功能检测应满足阴茎勃起障碍法医学鉴定的基本要求，具体方法参考《男子性功能障碍法医学鉴定规范》（SF/Z JD0103002）。

C.5 体表面积计算

九分估算法：成人体表面积视为100%，将总体表面积划分为11个9%等面积区域，即头（面）颈部占一个9%，双上肢占二个9%，躯干前后及会阴部占三个9%，臀部及双下肢占五个9%+1%（见表C1）。

表 C.1　体表面积的九分估算法

部位	面积,%	按九分法面积,%
头	6	(1×9) = 9
颈	3	

续表

部位	面积,%	按九分法面积,%
前躯		13
后躯	(3×9) = 27	13
会阴		1
双上臂		7
双前臂	(2×9) = 18	6
双手		5
臀	5	
双大腿	21	
双小腿	13	(5×9+1) = 46
双足	7	
全身合计	100	(11×9+1) = 100

注：12岁以下儿童体表面积：头颈部=9+（12-年龄），双下肢=46-（12-年龄）

手掌法：受检者五指并拢，一掌面相当其自身体表面积的1%。

公式计算法：S（平方米）= 0.0061×身长（cm）+0.0128×体重（kg）-0.1529

C.6 肢体关节功能丧失程度评价

肢体关节功能评价使用说明（适用于四肢大关节功能评定）：

1. 各关节功能丧失程度等于相应关节所有轴位（如腕关节有两个轴位）和所有方位（如腕关节有四个方位）功能丧失值的之和再除以相应关节活动的方位数之和。例如：腕关节掌屈40度，背屈30度，桡屈15度，尺屈20度。查表得相应功能丧失值分别为30%、40%、60%和60%，求得腕关节功能丧失程度为47.5%。如果掌屈伴肌力下降（肌力3级），查表得相应功能丧失值分别为65%、40%、60%和60%。求得腕关节功能丧失程度为56.25%。

2. 当关节活动受限于某一方位时，其同一轴位的另一方位功能丧失值以100%计。如腕关节掌屈和背屈轴位上的活动限制在掌屈10度与40度之间，则背屈功能丧失值以100%计，而掌屈以40度计，查表得功能丧失值为30%，背屈功能以100%计，则腕关节功能丧失程度为65%。

3. 对疑有关节病变（如退行性变）并影响关节功能时，伤侧关节功能丧失值应与对侧进行比较，即同时用查表法分别求出伤侧和对侧关节功能丧失值，并用伤侧关节功能丧失值减去对侧关节功能丧失值即为伤侧关节功能实际丧失值。

4. 由于本标准对于关节功能的评定已经考虑到肌力减退对于关节功能的影响，故在测量关节运动活动度时，应以关节被动活动度为准。

C.6.1 肩关节功能丧失程度评定

表 C.2 肩关节功能丧失程度（%）

	关节运动活动度	肌力				
		≤M1	M2	M3	M4	M5
前屈	≥171	100	75	50	25	0
	151～170	100	77	55	32	10
	131～150	100	80	60	40	20
	111～130	100	82	65	47	30
	91～110	100	85	70	55	40
	71～90	100	87	75	62	50
	51～70	100	90	80	70	60
	31～50	100	92	85	77	70
	≤30	100	95	90	85	80
后伸	≥41	100	75	50	25	0
	31～40	100	80	60	40	20
	21～30	100	85	70	55	40
	11～20	100	90	80	70	60
	≤10	100	95	90	85	80

续 表

| | 关节运动活动度 | 肌 力 |||||
		≤M1	M2	M3	M4	M5
外展	≥171	100	75	50	25	0
	151~170	100	77	55	32	10
	131~150	100	80	60	40	20
	111~130	100	82	65	47	30
	91~110	100	85	70	55	40
	71~90	100	87	75	62	50
	51~70	100	90	80	70	60
	31~50	100	92	85	77	70
	≤30	100	95	90	85	80
内收	≥41	100	75	50	25	0
	31~40	100	80	60	40	20
	21~30	100	85	70	55	40
	11~20	100	90	80	70	60
	≤10	100	95	90	85	80
内旋	≥81	100	75	50	25	0
	71~80	100	77	55	32	10
	61~70	100	80	60	40	20
	51~60	100	82	65	47	30
	41~50	100	85	70	55	40
	31~40	100	87	75	62	50
	21~30	100	90	80	70	60
	11~20	100	92	85	77	70
	≤10	100	95	90	85	80
外旋	≥81	100	75	50	25	0
	71~80	100	77	55	32	10
	61~70	100	80	60	40	20
	51~60	100	82	65	47	30
	41~50	100	85	70	55	40
	31~40	100	87	75	62	50
	21~30	100	90	80	70	60
	11~20	100	92	85	77	70
	≤10	100	95	90	85	80

C.6.2 肘关节功能丧失程度评定

表 C.3 肘关节功能丧失程度（%）

关节运动活动度		肌 力				
		≤M1	M2	M3	M4	M5
屈曲	≥41	100	75	50	25	0
	36~40	100	77	55	32	10
	31~35	100	80	60	40	20
	26~30	100	82	65	47	30
	21~25	100	85	70	55	40
	16~20	100	87	75	62	50
	11~15	100	90	80	70	60
	6~10	100	92	85	77	70
	≤5	100	95	90	85	80
伸展	81~90	100	75	50	25	0
	71~80	100	77	55	32	10
	61~70	100	80	60	40	20
	51~60	100	82	65	47	30
	41~50	100	85	70	55	40
	31~40	100	87	75	62	50
	21~30	100	90	80	70	60
	11~20	100	92	85	77	70
	≤10	100	95	90	85	80

注：为方便肘关节功能计算，此处规定肘关节以屈曲90度为中立位0度。

C.6.3 腕关节功能丧失程度评定

表 C.4 腕关节功能丧失程度（%）

关节运动活动度		肌 力				
		≤M1	M2	M3	M4	M5
掌屈	≥61	100	75	50	25	0
	51~60	100	77	55	32	10
	41~50	100	80	60	40	20
	31~40	100	82	65	47	30
	26~30	100	85	70	55	40
	21~25	100	87	75	62	50
	16~20	100	90	80	70	60
	11~15	100	92	85	77	70
	≤10	100	95	90	85	80
背屈	≥61	100	75	50	25	0
	51~60	100	77	55	32	10
	41~50	100	80	60	40	20
	31~40	100	82	65	47	30
	26~30	100	85	70	55	40
	21~25	100	87	75	62	50
	16~20	100	90	80	70	60
	11~15	100	92	85	77	70
	≤10	100	95	90	85	80
桡屈	≥21	100	75	50	25	0
	16~20	100	80	60	40	20
	11~15	100	85	70	55	40
	6~10	100	90	80	70	60
	≤5	100	95	90	85	80
尺屈	≥41	100	75	50	25	0
	31~40	100	80	60	40	20
	21~30	100	85	70	55	40
	11~20	100	90	80	70	60
	≤10	100	95	90	85	80

C.6.4 髋关节功能丧失程度评定

表 C.5 髋关节功能丧失程度（%）

关节运动活动度		≤M1	M2	M3	M4	M5
			肌	力		
前屈	≥121	100	75	50	25	0
	106~120	100	77	55	32	10
	91~105	100	80	60	40	20
	76~90	100	82	65	47	30
	61~75	100	85	70	55	40
	46~60	100	87	75	62	50
	31~45	100	90	80	70	60
	16~30	100	92	85	77	70
	≤15	100	95	90	85	80
后伸	≥11	100	75	50	25	0
	6~10	100	85	70	55	20
	1~5	100	90	80	70	50
	0	100	95	90	85	80
外展	≥41	100	75	50	25	0
	31~40	100	80	60	40	20
	21~30	100	85	70	55	40
	11~20	100	90	80	70	60
	≤10	100	95	90	85	80
内收	≥16	100	75	50	25	0
	11~15	100	80	60	40	20
	6~10	100	85	70	55	40
	1~5	100	90	80	70	60
	0	100	95	90	85	80
外旋	≥41	100	75	50	25	0
	31~40	100	80	60	40	20
	21~30	100	85	70	55	40
	11~20	100	90	80	70	60
	≤10	100	95	90	85	80
内旋	≥41	100	75	50	25	0
	31~40	100	80	60	40	20
	21~30	100	85	70	55	40
	11~20	100	90	80	70	60
	≤10	100	95	90	85	80

注：表中前屈指屈膝位前屈。

C.6.5 膝关节功能丧失程度评定

表C.6 膝关节功能丧失程度（%）

关节运动活动度		肌 力				
		≤M1	M2	M3	M4	M5
屈曲	≥130	100	75	50	25	0
	116~129	100	77	55	32	10
	101~115	100	80	60	40	20
	86~100	100	82	65	47	30
	71~85	100	85	70	55	40
	61~70	100	87	75	62	50
	46~60	100	90	80	70	60
	31~45	100	92	85	77	70
	≤30	100	95	90	85	80
伸展	≤-5	100	75	50	25	0
	-6~-10	100	77	55	32	10
	-11~-20	100	80	60	40	20
	-21~-25	100	82	65	47	30
	-26~-30	100	85	70	55	40
	-31~-35	100	87	75	62	50
	-36~-40	100	90	80	70	60
	-41~-45	100	92	85	77	70
	≥46	100	95	90	85	80

注：表中负值表示膝关节伸展时到达功能位（直立位）所差的度数。

使用说明：考虑到膝关节同一轴位屈伸活动相互重叠，膝关节功能丧失程度的计算方法与其他关节略有不同，即根据关节屈曲与伸展运动活动度查表得出相应功能丧失程度，再求和即为膝关节功能丧失程度。当二者之和大于100%时，以100%计算。

C.6.6 踝关节功能丧失程度评定

表 C.7 踝关节功能丧失程度（%）

	关节运动活动度	肌 力				
		≤M1	M2	M3	M4	M5
背屈	≥16	100	75	50	25	0
	11~15	100	80	60	40	20
	6~10	100	85	70	55	40
	1~5	100	90	80	70	60
	0	100	95	90	85	80
跖屈	≥41	100	75	50	25	0
	31~40	100	80	60	40	20
	21~30	100	85	70	55	40
	11~20	100	90	80	70	60
	≤10	100	95	90	85	80

C.7 手功能计算

C.7.1 手缺失和丧失功能的计算

一手拇指占一手功能的36%，其中末节和近节指节各占18%；食指、中指各占一手功能的18%，其中末节指节占8%，中节指节占7%，近节指节占3%；无名指和小指各占一手功能的9%，其中末节指节占4%，中节指节占3%，近节指节占2%。一手掌占一手功能的10%，其中第一掌骨占4%，第二、第三掌骨各占2%，第四、第五掌骨各占1%。本标准中，双手缺失或丧失功能的程度是按前面方法累加计算的结果。

C.7.2 手感觉丧失功能的计算

手感觉丧失功能是指因事故损伤所致手的掌侧感觉功能的丧失。手感觉丧失功能的计算按相应手功能丧失程度的50%计算。

最高人民法院关于执行《人体损伤程度鉴定标准》有关问题的通知

（2014年1月2日 法〔2014〕3号）

各省、自治区、直辖市高级人民法院，解放军军事法院，新疆维吾尔自治区高级人民法院生产建设兵团分院：

《最高人民法院、最高人民检察院、公安部、国家安全部、司法部关于发布〈人体损伤程度鉴定标准〉的公告》已于2013年8月30日发布，《人体损伤程度鉴定标准》（以下简称《损伤标准》）自2014年1月1日起施行。《人体重伤鉴定标准》（司发〔1990〕070号）、《人体轻伤鉴定标准（试行）》（法（司）发〔1990〕6号）和《人体轻微伤的鉴定》（GA/T 146-1996）同时废止。为正确适用《损伤标准》，做好涉人体损伤案件审判工作，现就执行《损伤标准》有关问题通知如下：

一、致人损伤的行为发生在2014年1月1日之前，尚未审判或者正在审判的案件，需要进行损伤程度鉴定的，适用原鉴定标准。但按照《损伤标准》不构成损伤或者损伤程度较轻的，适用《损伤标准》。

二、致人损伤的行为发生在2014年1月1日之后，需要进行损伤程度鉴定的，适用《损伤标准》。

三、2014年1月1日前已发生法律效力的判决、裁定，按照当时的法律和司法解释，认定事实和适用法律没有错误的，不再变动。当事人及其法定代理人、近亲属以《损伤程度》的相关规定发生变更为由申请再审的，人民法院不予受理。

四、对于正在审理案件需要进行损伤程度鉴定的，司法技术部门应做好前期技术审核工作，在对外委托时应明确向鉴定机构提出适用标准。

五、各级人民法院应认真组织开展《损伤标准》学习培训，在执行过程中发现问题，应及时报告请示最高人民法院。

特此通知。

人体损伤致残程度分级

（2016年4月18日）

1 范围

本标准规定了人体损伤致残程度分级的原则、方法、内容和等级划分。

本标准适用于人身损害致残程度等级鉴定。

2 规范性引用文件

下列文件对本标准的应用是必不可少的。凡是注日期的引用文件，仅注日期的版本适用于本标准；凡是不注日期的引用文件，其最新版本（包括所有的修改单）适用于本标准。

最高人民法院、最高人民检察院、公安部、国家安全部、司法部发布 人体损伤程度鉴定标准

GB/T 16180-2014 劳动能力鉴定 职工工伤与职业病致残等级

GB/T 31147 人身损害护理依赖程度评定

3 术语和定义

3.1 损伤

各种因素造成的人体组织器官结构破坏和/或功能障碍。

3.2 残疾

人体组织器官结构破坏或者功能障碍，以及个体在现代临床医疗条件下难以恢复的生活、工作、社会活动能力不同程度的降低或者丧失。

4 总则

4.1 鉴定原则

应以损伤治疗后果或者结局为依据,客观评价组织器官缺失和/或功能障碍程度,科学分析损伤与残疾之间的因果关系,实事求是地进行鉴定。

受伤人员符合两处以上致残程度等级者,鉴定意见中应该分别写明各处的致残程度等级。

4.2 鉴定时机

应在原发性损伤及其与之确有关联的并发症治疗终结或者临床治疗效果稳定后进行鉴定。

4.3 伤病关系处理

当损伤与原有伤、病共存时,应分析损伤与残疾后果之间的因果关系。根据损伤在残疾后果中的作用力大小确定因果关系的不同形式,可依次分别表述为:完全作用、主要作用、同等作用、次要作用、轻微作用、没有作用。

除损伤"没有作用"以外,均应按照实际残情鉴定致残程度等级,同时说明损伤与残疾后果之间的因果关系;判定损伤"没有作用"的,不应进行致残程度鉴定。

4.4 致残等级划分

本标准将人体损伤致残程度划分为 10 个等级,从一级(人体致残率100%)到十级(人体致残率10%),每级致残率相差10%。致残程度等级划分依据见附录 A。

4.5 判断依据

依据人体组织器官结构破坏、功能障碍及其对医疗、护理的依赖程度,适当考虑由于残疾引起的社会交往和心理因素影响,综合判定致残程度等级。

5 致残程度分级

5.1 一级

5.1.1 颅脑、脊髓及周围神经损伤

1)持续性植物生存状态;

2）精神障碍或者极重度智能减退，日常生活完全不能自理；

3）四肢瘫（肌力 3 级以下）或者三肢瘫（肌力 2 级以下）；

4）截瘫（肌力 2 级以下）伴重度排便功能障碍与重度排尿功能障碍。

5.1.2　颈部及胸部损伤

1）心功能不全，心功能Ⅳ级；

2）严重器质性心律失常，心功能Ⅲ级；

3）心脏移植术后，心功能Ⅲ级；

4）心肺联合移植术后；

5）肺移植术后呼吸困难（极重度）。

5.1.3　腹部损伤

1）原位肝移植术后肝衰竭晚期；

2）双肾切除术后或者孤肾切除术后，需透析治疗维持生命；肾移植术后肾衰竭。

5.1.4　脊柱、骨盆及四肢损伤

1）三肢缺失（上肢肘关节以上，下肢膝关节以上）；

2）二肢缺失（上肢肘关节以上，下肢膝关节以上），第三肢各大关节功能丧失均达 75%；

3）二肢缺失（上肢肘关节以上，下肢膝关节以上），第三肢任二大关节均强直固定或者功能丧失均达 90%。

5.2　二级

5.2.1　颅脑、脊髓及周围神经损伤

1）精神障碍或者重度智能减退，日常生活随时需有人帮助；

2）三肢瘫（肌力 3 级以下）；

3）偏瘫（肌力 2 级以下）；

4）截瘫（肌力 2 级以下）；

5）非肢体瘫运动障碍（重度）。

5.2.2　头面部损伤

1）容貌毁损（重度）；

2）上颌骨或者下颌骨完全缺损；

3）双眼球缺失或者萎缩；

4）双眼盲目 5 级；

5）双侧眼睑严重畸形（或者眼睑重度下垂，遮盖全部瞳孔），伴双眼盲目 3 级以上。

5.2.3　颈部及胸部损伤

1）呼吸困难（极重度）；

2）心脏移植术后；

3）肺移植术后。

5.2.4　腹部损伤

1）肝衰竭晚期；

2）肾衰竭；

3）小肠大部分切除术后，消化吸收功能丧失，完全依赖肠外营养。

5.2.5　脊柱、骨盆及四肢损伤

1）双上肢肘关节以上缺失，或者一上肢肘关节以上缺失伴一下肢膝关节以上缺失；

2）一肢缺失（上肢肘关节以上，下肢膝关节以上），其余任二肢体各有二大关节功能丧失均达 75%；

3）双上肢各大关节均强直固定或者功能丧失均达 90%。

5.2.6　体表及其他损伤

1）皮肤瘢痕形成达体表面积 90%；

2）重型再生障碍性贫血。

5.3　三级

5.3.1　颅脑、脊髓及周围神经损伤

1）精神障碍或者重度智能减退，不能完全独立生活，需经常有人监护；

2）完全感觉性失语或者混合性失语；

3）截瘫（肌力 3 级以下）伴排便或者排尿功能障碍；

4）双手全肌瘫（肌力 2 级以下），伴双腕关节功能丧失均达 75%；

5）重度排便功能障碍伴重度排尿功能障碍。

5.3.2 头面部损伤

1）一眼球缺失、萎缩或者盲目5级，另一眼盲目3级；

2）双眼盲目4级；

3）双眼视野接近完全缺损，视野有效值≤4%（直径≤5°）；

4）吞咽功能障碍，完全依赖胃管进食。

5.3.3 颈部及胸部损伤

1）食管闭锁或者切除术后，摄食依赖胃造口或者空肠造口；

2）心功能不全，心功能Ⅲ级。

5.3.4 腹部损伤

1）全胰缺失；

2）一侧肾切除术后，另一侧肾功能重度下降；

3）小肠大部分切除术后，消化吸收功能严重障碍，大部分依赖肠外营养。

5.3.5 盆部及会阴部损伤

1）未成年人双侧卵巢缺失或者萎缩，完全丧失功能；

2）未成年人双侧睾丸缺失或者萎缩，完全丧失功能；

3）阴茎接近完全缺失（残留长度≤1.0cm）。

5.3.6 脊柱、骨盆及四肢损伤

1）二肢缺失（上肢腕关节以上，下肢膝关节以上）；

2）一肢缺失（上肢腕关节以上，下肢膝关节以上），另一肢各大关节均强直固定或者功能丧失均达90%；

3）双上肢各大关节功能丧失均达75%；双下肢各大关节均强直固定或者功能丧失均达90%；一上肢与一下肢各大关节均强直固定或者功能丧失均达90%。

5.4 四级

5.4.1 颅脑、脊髓及周围神经损伤

1）精神障碍或者中度智能减退，日常生活能力严重受限，间或需要帮助；

2）外伤性癫痫（重度）；

3) 偏瘫（肌力 3 级以下）；
4) 截瘫（肌力 3 级以下）；
5) 阴茎器质性勃起障碍（重度）。

5.4.2 头面部损伤
1) 符合容貌毁损（重度）标准之三项者；
2) 上颌骨或者下颌骨缺损达 1/2；
3) 一眼球缺失、萎缩或者盲目 5 级，另一眼重度视力损害；
4) 双眼盲目 3 级；
5) 双眼视野极度缺损，视野有效值≤8%（直径≤10°）；
6) 双耳听力障碍≥91dB HL。

5.4.3 颈部及胸部损伤
1) 严重器质性心律失常，心功能Ⅱ级；
2) 一侧全肺切除术后；
3) 呼吸困难（重度）。

5.4.4 腹部损伤
1) 肝切除 2/3 以上；
2) 肝衰竭中期；
3) 胰腺大部分切除，胰岛素依赖；
4) 肾功能重度下降；
5) 双侧肾上腺缺失；
6) 永久性回肠造口。

5.4.5 盆部及会阴部损伤
1) 膀胱完全缺失或者切除术后，行永久性输尿管腹壁造瘘或者肠代膀胱并永久性造口。

5.4.6 脊柱、骨盆及四肢损伤
1) 一上肢腕关节以上缺失伴一下肢踝关节以上缺失，或者双下肢踝关节以上缺失；
2) 双下肢各大关节功能丧失均达 75%；一上肢与一下肢各大关节功能丧失均达 75%；
3) 手功能丧失分值达 150 分。

5.4.7 体表及其他损伤

1）皮肤瘢痕形成达体表面积70%；

2）放射性皮肤癌。

5.5 五级

5.5.1 颅脑、脊髓及周围神经损伤

1）精神障碍或者中度智能减退，日常生活能力明显受限，需要指导；

2）完全运动性失语；

3）完全性失用、失写、失读或者失认等；

4）双侧完全性面瘫；

5）四肢瘫（肌力4级以下）；

6）单肢瘫（肌力2级以下）；

7）非肢体瘫运动障碍（中度）；

8）双手大部分肌瘫（肌力2级以下）；

9）双足全肌瘫（肌力2级以下）；

10）排便伴排尿功能障碍，其中一项达重度。

5.5.2 头面部损伤

1）符合容貌毁损（重度）标准之二项者；

2）一眼球缺失、萎缩或者盲目5级，另一眼中度视力损害；

3）双眼重度视力损害；

4）双眼视野重度缺损，视野有效值≤16%（直径≤20°）；

5）一侧眼睑严重畸形（或者眼睑重度下垂，遮盖全部瞳孔），伴另一眼盲目3级以上；

6）双耳听力障碍≥81dB HL；

7）一耳听力障碍≥91dB HL，另一耳听力障碍≥61dB HL；

8）舌根大部分缺损；

9）咽或者咽后区损伤遗留吞咽功能障碍，只能吞咽流质食物。

5.5.3 颈部及胸部损伤

1）未成年人甲状腺损伤致功能减退，药物依赖；

2）甲状旁腺功能损害（重度）；

3）食管狭窄，仅能进流质食物；

4）食管损伤，肠代食管术后。

5.5.4　腹部损伤

1）胰头合并十二指肠切除术后；

2）一侧肾切除术后，另一侧肾功能中度下降；

3）肾移植术后，肾功能基本正常；

4）肾上腺皮质功能明显减退；

5）全胃切除术后；

6）小肠部分切除术后，消化吸收功能障碍，部分依赖肠外营养；

7）全结肠缺失。

5.5.5　盆部及会阴部损伤

1）永久性输尿管腹壁造口；

2）尿瘘难以修复；

3）直肠阴道瘘难以修复；

4）阴道严重狭窄（仅可容纳一中指）；

5）双侧睾丸缺失或者完全萎缩，丧失生殖功能；

6）阴茎大部分缺失（残留长度≤3.0cm）。

5.5.6　脊柱、骨盆及四肢损伤

1）一上肢肘关节以上缺失；

2）一肢缺失（上肢腕关节以上，下肢膝关节以上），另一肢各大关节功能丧失均达50%或者其余肢体任二大关节功能丧失均达75%；

3）手功能丧失分值≥120分。

5.6　六级

5.6.1　颅脑、脊髓及周围神经损伤

1）精神障碍或者中度智能减退，日常生活能力部分受限，但能部分代偿，部分日常生活需要帮助；

2）外伤性癫痫（中度）；

3）尿崩症（重度）；

4）一侧完全性面瘫；

5）三肢瘫（肌力 4 级以下）；

6）截瘫（肌力 4 级以下）伴排便或者排尿功能障碍；

7）双手部分肌瘫（肌力 3 级以下）；

8）一手全肌瘫（肌力 2 级以下），伴相应腕关节功能丧失 75%以上；

9）双足全肌瘫（肌力 3 级以下）；

10）阴茎器质性勃起障碍（中度）。

5.6.2 头面部损伤

1）符合容貌毁损（中度）标准之四项者；

2）面部中心区条状瘢痕形成（宽度达 0.3cm），累计长度达 20.0cm；

3）面部片状细小瘢痕形成或者色素显著异常，累计达面部面积的 80%；

4）双侧眼睑严重畸形；

5）一眼球缺失、萎缩或者盲目 5 级，另一眼视力≤0.5；

6）一眼重度视力损害，另一眼中度视力损害；

7）双眼视野中度缺损，视野有效值≤48%（直径≤60°）；

8）双侧前庭平衡功能丧失，睁眼行走困难，不能并足站立；

9）唇缺损或者畸形，累计相当于上唇 2/3 以上。

5.6.3 颈部及胸部损伤

1）双侧喉返神经损伤，影响功能；

2）一侧胸廓成形术后，切除 6 根以上肋骨；

3）女性双侧乳房完全缺失；

4）心脏瓣膜置换术后，心功能不全；

5）心功能不全，心功能Ⅱ级；

6）器质性心律失常安装永久性起搏器后；

7）严重器质性心律失常；

8）两肺叶切除术后。

5.6.4　腹部损伤

1）肝切除1/2以上；

2）肝衰竭早期；

3）胰腺部分切除术后伴功能障碍，需药物治疗；

4）肾功能中度下降；

5）小肠部分切除术后，影响消化吸收功能，完全依赖肠内营养。

5.6.5　盆部及会阴部损伤

1）双侧卵巢缺失或者萎缩，完全丧失功能；

2）未成年人双侧卵巢萎缩，部分丧失功能；

3）未成年人双侧睾丸萎缩，部分丧失功能；

4）会阴部瘢痕挛缩伴阴道狭窄；

5）睾丸或者附睾损伤，生殖功能重度损害；

6）双侧输精管损伤难以修复；

7）阴茎严重畸形，不能实施性交行为。

5.6.6　脊柱、骨盆及四肢损伤

1）脊柱骨折后遗留30°以上侧弯或者后凸畸形；

2）一肢缺失（上肢腕关节以上，下肢膝关节以上）；

3）双足跗跖关节以上缺失；

4）手或者足功能丧失分值≥90分。

5.6.7　体表及其他损伤

1）皮肤瘢痕形成达体表面积50%；

2）非重型再生障碍性贫血。

5.7　七级

5.7.1　颅脑、脊髓及周围神经损伤

1）精神障碍或者轻度智能减退，日常生活有关的活动能力极重度受限；

2）不完全感觉性失语；

3）双侧大部分面瘫；

4）偏瘫（肌力4级以下）；

5）截瘫（肌力 4 级以下）；

6）单肢瘫（肌力 3 级以下）；

7）一手大部分肌瘫（肌力 2 级以下）；

8）一足全肌瘫（肌力 2 级以下）；

9）重度排便功能障碍或者重度排尿功能障碍。

5.7.2 头面部损伤

1）面部中心区条状瘢痕形成（宽度达 0.3cm），累计长度达 15.0cm；

2）面部片状细小瘢痕形成或者色素显著异常，累计达面部面积的 50%；

3）双侧眼睑重度下垂，遮盖全部瞳孔；

4）一眼球缺失或者萎缩；

5）双眼中度视力损害；

6）一眼盲目 3 级，另一眼视力≤0.5；

7）双眼偏盲；

8）一侧眼睑严重畸形（或者眼睑重度下垂，遮盖全部瞳孔）合并该眼盲目 3 级以上；

9）一耳听力障碍≥81dB HL，另一耳听力障碍≥61dB HL；

10）咽或者咽后区损伤遗留吞咽功能障碍，只能吞咽半流质食物；

11）上颌骨或者下颌骨缺损达 1/4；

12）上颌骨或者下颌骨部分缺损伴牙齿缺失 14 枚以上；

13）颌面部软组织缺损，伴发涎漏。

5.7.3 颈部及胸部损伤

1）甲状腺功能损害（重度）；

2）甲状旁腺功能损害（中度）；

3）食管狭窄，仅能进半流质食物；食管重建术后并发反流性食管炎；

4）颏颈粘连（中度）；

5）女性双侧乳房大部分缺失或者严重畸形；

6) 未成年或者育龄女性双侧乳头完全缺失；

7) 胸廓畸形，胸式呼吸受限；

8) 一肺叶切除，并肺段或者肺组织楔形切除术后。

5.7.4 腹部损伤

1) 肝切除 1/3 以上；

2) 一侧肾切除术后；

3) 胆道损伤胆肠吻合术后，反复发作逆行性胆道感染；

4) 未成年人脾切除术后；

5) 小肠部分（包括回盲部）切除术后；

6) 永久性结肠造口；

7) 肠瘘长期不愈（1年以上）。

5.7.5 盆部及会阴部损伤

1) 永久性膀胱造口；

2) 膀胱部分切除术后合并轻度排尿功能障碍；

3) 原位肠代膀胱术后；

4) 子宫大部分切除术后；

5) 睾丸损伤，血睾酮降低，需药物替代治疗；

6) 未成年人一侧睾丸缺失或者严重萎缩；

7) 阴茎畸形，难以实施性交行为；

8) 尿道狭窄（重度）或者成形术后；

9) 肛管或者直肠损伤，排便功能重度障碍或者肛门失禁（重度）；

10) 会阴部瘢痕挛缩致肛门闭锁，结肠造口术后。

5.7.6 脊柱、骨盆及四肢损伤

1) 双下肢长度相差 8.0cm 以上；

2) 一下肢踝关节以上缺失；

3) 四肢任一大关节（踝关节除外）强直固定于非功能位；

4) 四肢任二大关节（踝关节除外）功能丧失均达 75%；

5) 一手除拇指外，余四指完全缺失；

6) 双足足弓结构完全破坏；

7) 手或者足功能丧失分值≥60分。

5.8 八级

5.8.1 颅脑、脊髓及周围神经损伤

1）精神障碍或者轻度智能减退，日常生活有关的活动能力重度受限；
2）不完全运动性失语；不完全性失用、失写、失读或者失认；
3）尿崩症（中度）；
4）一侧大部分面瘫，遗留眼睑闭合不全和口角歪斜；
5）单肢瘫（肌力4级以下）；
6）非肢体瘫运动障碍（轻度）；
7）一手大部分肌瘫（肌力3级以下）；
8）一足全肌瘫（肌力3级以下）；
9）阴茎器质性勃起障碍（轻度）。

5.8.2 头面部损伤

1）容貌毁损（中度）；
2）符合容貌毁损（重度）标准之一项者；
3）头皮完全缺损，难以修复；
4）面部条状瘢痕形成，累计长度达30.0cm；面部中心区条状瘢痕形成（宽度达0.2cm），累计长度达15.0cm；
5）面部块状增生性瘢痕形成，累计面积达$15.0cm^2$；面部中心区块状增生性瘢痕形成，单块面积达$7.0cm^2$或者多块累计面积达$9.0cm^2$；
6）面部片状细小瘢痕形成或者色素异常，累计面积达$100.0cm^2$；
7）一眼盲目4级；
8）一眼视野接近完全缺损，视野有效值≤4%（直径≤5°）；
9）双眼外伤性青光眼，经手术治疗；
10）一侧眼睑严重畸形（或者眼睑重度下垂，遮盖全部瞳孔）合并该眼重度视力损害；
11）一耳听力障碍≥91dB HL；
12）双耳听力障碍≥61dB HL；
13）双侧鼻翼大部分缺损，或者鼻尖大部分缺损合并一侧鼻翼大部分缺损；

14) 舌体缺损达舌系带；

15) 唇缺损或者畸形，累计相当于上唇 1/2 以上；

16) 脑脊液漏经手术治疗后持续不愈；

17) 张口受限Ⅲ度；

18) 发声功能或者构音功能障碍（重度）；

19) 咽成形术后咽下运动异常。

5.8.3 颈部及胸部损伤

1) 甲状腺功能损害（中度）；

2) 颈总动脉或者颈内动脉严重狭窄支架置入或者血管移植术后；

3) 食管部分切除术后，并后遗胸腔胃；

4) 女性一侧乳房完全缺失；女性双侧乳房缺失或者毁损，累计范围相当于一侧乳房 3/4 以上；

5) 女性双侧乳头完全缺失；

6) 肋骨骨折 12 根以上并后遗 6 处畸形愈合；

7) 心脏或者大血管修补术后；

8) 一肺叶切除术后；

9) 胸廓成形术后，影响呼吸功能；

10) 呼吸困难（中度）。

5.8.4 腹部损伤

1) 腹壁缺损≥腹壁的 1/4；

2) 成年人脾切除术后；

3) 胰腺部分切除术后；

4) 胃大部分切除术后；

5) 肠部分切除术后，影响消化吸收功能；

6) 胆道损伤，胆肠吻合术后；

7) 损伤致肾性高血压；

8) 肾功能轻度下降；

9) 一侧肾上腺缺失；

10）肾上腺皮质功能轻度减退。

5.8.5 盆部及会阴部损伤

1）输尿管损伤行代替术或者改道术后；

2）膀胱大部分切除术后；

3）一侧输卵管和卵巢缺失；

4）阴道狭窄；

5）一侧睾丸缺失；

6）睾丸或者附睾损伤，生殖功能轻度损害；

7）阴茎冠状沟以上缺失；

8）阴茎皮肤瘢痕形成，严重影响性交行为。

5.8.6 脊柱、骨盆及四肢损伤

1）二椎体压缩性骨折（压缩程度均达1/3）；

2）三个以上椎体骨折，经手术治疗后；

3）女性骨盆骨折致骨产道变形，不能自然分娩；

4）股骨头缺血性坏死，难以行关节假体置换术；

5）四肢长骨开放性骨折并发慢性骨髓炎、大块死骨形成，长期不愈（1年以上）；

6）双上肢长度相差8.0cm以上；

7）双下肢长度相差6.0cm以上；

8）四肢任一大关节（踝关节除外）功能丧失75%以上；

9）一踝关节强直固定于非功能位；

10）一肢体各大关节功能丧失均达50%；

11）一手拇指缺失达近节指骨1/2以上并相应掌指关节强直固定；

12）一足足弓结构完全破坏，另一足足弓结构部分破坏；

13）手或者足功能丧失分值≥40分。

5.8.7 体表及其他损伤

1）皮肤瘢痕形成达体表面积30%。

5.9 九级

5.9.1 颅脑、脊髓及周围神经损伤

1）精神障碍或者轻度智能减退，日常生活有关的活动能力中度受限；

2）外伤性癫痫（轻度）；

3）脑叶部分切除术后；

4）一侧部分面瘫，遗留眼睑闭合不全或者口角歪斜；

5）一手部分肌瘫（肌力3级以下）；

6）一足大部分肌瘫（肌力3级以下）；

7）四肢重要神经损伤（上肢肘关节以上，下肢膝关节以上），遗留相应肌群肌力3级以下；

8）严重影响阴茎勃起功能；

9）轻度排便或者排尿功能障碍。

5.9.2 头面部损伤

1）头皮瘢痕形成或者无毛发，达头皮面积50%；

2）颅骨缺损$25.0cm^2$以上，不宜或者无法手术修补；

3）容貌毁损（轻度）；

4）面部条状瘢痕形成，累计长度达20.0cm；面部条状瘢痕形成（宽度达0.2cm），累计长度达10.0cm，其中至少5.0cm以上位于面部中心区；

5）面部块状瘢痕形成，单块面积达$7.0cm^2$，或者多块累计面积达$9.0cm^2$；

6）面部片状细小瘢痕形成或者色素异常，累计面积达$30.0cm^2$；

7）一侧眼睑严重畸形；一侧眼睑重度下垂，遮盖全部瞳孔；双侧眼睑轻度畸形；双侧眼睑下垂，遮盖部分瞳孔；

8）双眼泪器损伤后遗溢泪；

9）双眼角膜斑翳或者血管翳，累及瞳孔区；双眼角膜移植术后；

10）双眼外伤性白内障；儿童人工晶体植入术后；

11）一眼盲目3级；

12）一眼重度视力损害，另一眼视力≤0.5；

13）一眼视野极度缺损，视野有效值≤8%（直径≤10°）；

14）双眼象限性视野缺损；

15）一侧眼睑轻度畸形（或者眼睑下垂，遮盖部分瞳孔）合并该眼中度视力损害；

16）一眼眶骨折后遗眼球内陷5mm以上；

17）耳廓缺损或者畸形，累计相当于一侧耳廓；

18）一耳听力障碍≥81dB HL；

19）一耳听力障碍≥61dB HL，另一耳听力障碍≥41dB HL；

20）一侧鼻翼或者鼻尖大部分缺损或者严重畸形；

21）唇缺损或者畸形，露齿3枚以上（其中1枚露齿达1/2）；

22）颌骨骨折，经牵引或者固定治疗后遗留功能障碍；

23）上颌骨或者下颌骨部分缺损伴牙齿缺失或者折断7枚以上；

24）张口受限Ⅱ度；

25）发声功能或者构音功能障碍（轻度）。

5.9.3 颈部及胸部损伤

1）颈前三角区瘢痕形成，累计面积达50.0cm²；

2）甲状腺功能损害（轻度）；

3）甲状旁腺功能损害（轻度）；

4）气管或者支气管成形术后；

5）食管吻合术后；

6）食管腔内支架置入术后；

7）食管损伤，影响吞咽功能；

8）女性双侧乳房缺失或者毁损，累计范围相当于一侧乳房1/2以上；

9）女性一侧乳房大部分缺失或者严重畸形；

10）女性一侧乳头完全缺失或者双侧乳头部分缺失（或者畸形）；

11）肋骨骨折12根以上，或者肋骨部分缺失4根以上；肋骨骨折8根以上并后遗4处畸形愈合；

12）心功能不全，心功能Ⅰ级；
13）冠状动脉移植术后；
14）心脏室壁瘤；
15）心脏异物存留或者取出术后；
16）缩窄性心包炎；
17）胸导管损伤；
18）肺段或者肺组织楔形切除术后；
19）肺脏异物存留或者取出术后。

5.9.4　腹部损伤

1）肝部分切除术后；
2）脾部分切除术后；
3）外伤性胰腺假性囊肿术后；
4）一侧肾部分切除术后；
5）胃部分切除术后；
6）肠部分切除术后；
7）胆道损伤胆管外引流术后；
8）胆囊切除术后；
9）肠梗阻反复发作；
10）膈肌修补术后遗留功能障碍（如膈肌麻痹或者膈疝）。

5.9.5　盆部及会阴部损伤

1）膀胱部分切除术后；
2）输尿管狭窄成形术后；
3）输尿管狭窄行腔内扩张术或者腔内支架置入术后；
4）一侧卵巢缺失或者丧失功能；
5）一侧输卵管缺失或者丧失功能；
6）子宫部分切除术后；
7）一侧附睾缺失；
8）一侧输精管损伤难以修复；
9）尿道狭窄（轻度）；
10）肛管或者直肠损伤，排便功能轻度障碍或者肛门失禁（轻度）。

5.9.6 脊柱、骨盆及四肢损伤

1）一椎体粉碎性骨折，椎管内骨性占位；

2）一椎体并相应附件骨折，经手术治疗后；二椎体压缩性骨折；

3）骨盆两处以上骨折或者粉碎性骨折，严重畸形愈合；

4）青少年四肢长骨骨骺粉碎性或者压缩性骨折；

5）四肢任一大关节行关节假体置换术后；

6）双上肢前臂旋转功能丧失均达75%；

7）双上肢长度相差6.0cm以上；

8）双下肢长度相差4.0cm以上；

9）四肢任一大关节（踝关节除外）功能丧失50%以上；

10）一踝关节功能丧失75%以上；

11）一肢体各大关节功能丧失均达25%；

12）双足拇趾功能丧失均达75%；一足5趾功能均完全丧失；

13）双足跟骨粉碎性骨折畸形愈合；

14）双足足弓结构部分破坏；一足足弓结构完全破坏；

15）手或者足功能丧失分值≥25分。

5.9.7 体表及其他损伤

1）皮肤瘢痕形成达体表面积10%。

5.10 十级

5.10.1 颅脑、脊髓及周围神经损伤

1）精神障碍或者轻度智能减退，日常生活有关的活动能力轻度受限；

2）颅脑损伤后遗脑软化灶形成，伴有神经系统症状或者体征；

3）一侧部分面瘫；

4）嗅觉功能完全丧失；

5）尿崩症（轻度）；

6）四肢重要神经损伤，遗留相应肌群肌力4级以下；

7）影响阴茎勃起功能；

8）开颅术后。

169

5.10.2 头面部损伤

1) 面颅骨部分缺损或者畸形,影响面容;
2) 头皮瘢痕形成或者无毛发,面积达 40.0cm²;
3) 面部条状瘢痕形成(宽度达 0.2cm),累计长度达 6.0cm,其中至少 3.0cm 位于面部中心区;
4) 面部条状瘢痕形成,累计长度达 10.0cm;
5) 面部块状瘢痕形成,单块面积达 3.0cm²,或者多块累计面积达 5.0cm²;
6) 面部片状细小瘢痕形成或者色素异常,累计面积达 10.0cm²;
7) 一侧眼睑下垂,遮盖部分瞳孔;一侧眼睑轻度畸形;一侧睑球粘连影响眼球运动;
8) 一眼泪器损伤后遗溢泪;
9) 一眼眶骨折后遗眼球内陷 2mm 以上;
10) 复视或者斜视;
11) 一眼角膜斑翳或者血管翳,累及瞳孔区;一眼角膜移植术后;
12) 一眼外伤性青光眼,经手术治疗;一眼外伤性低眼压;
13) 一眼外伤后无虹膜;
14) 一眼外伤性白内障;一眼无晶体或者人工晶体植入术后;
15) 一眼中度视力损害;
16) 双眼视力≤0.5;
17) 一眼视野中度缺损,视野有效值≤48%(直径≤60°);
18) 一耳听力障碍≥61dB HL;
19) 双耳听力障碍≥41dB HL;
20) 一侧前庭平衡功能丧失,伴听力减退;
21) 耳廓缺损或者畸形,累计相当于一侧耳廓的 30%;
22) 鼻尖或者鼻翼部分缺损深达软骨;
23) 唇外翻或者小口畸形;
24) 唇缺损或者畸形,致露齿;
25) 舌部分缺损;

26）牙齿缺失或者折断7枚以上；牙槽骨部分缺损，合并牙齿缺失或者折断4枚以上；

27）张口受限Ⅰ度；

28）咽或者咽后区损伤影响吞咽功能。

5.10.3 颈部及胸部损伤

1）颏颈粘连畸形松解术后；

2）颈前三角区瘢痕形成，累计面积达$25.0cm^2$；

3）一侧喉返神经损伤，影响功能；

4）器质性声音嘶哑；

5）食管修补术后；

6）女性一侧乳房部分缺失或者畸形；

7）肋骨骨折6根以上，或者肋骨部分缺失2根以上；肋骨骨折4根以上并后遗2处畸形愈合；

8）肺修补术后；

9）呼吸困难（轻度）。

5.10.4 腹部损伤

1）腹壁疝，难以手术修补；

2）肝、脾或者胰腺修补术后；

3）胃、肠或者胆道修补术后；

4）膈肌修补术后。

5.10.5 盆部及会阴部损伤

1）肾、输尿管或者膀胱修补术后；

2）子宫或者卵巢修补术后；

3）外阴或者阴道修补术后；

4）睾丸破裂修补术后；

5）一侧输精管破裂修复术后；

6）尿道修补术后；

7）会阴部瘢痕挛缩，肛管狭窄；

8）阴茎头部分缺失。

5.10.6 脊柱、骨盆及四肢损伤

1）枢椎齿状突骨折，影响功能；

2）一椎体压缩性骨折（压缩程度达1/3）或者粉碎性骨折；一椎体骨折经手术治疗后；

3）四处以上横突、棘突或者椎弓根骨折，影响功能；

4）骨盆两处以上骨折或者粉碎性骨折，畸形愈合；

5）一侧髌骨切除；

6）一侧膝关节交叉韧带、半月板伴侧副韧带撕裂伤经手术治疗后，影响功能；

7）青少年四肢长骨骨折累及骨骺；

8）一上肢前臂旋转功能丧失75%以上；

9）双上肢长度相差4.0cm以上；

10）双下肢长度相差2.0cm以上；

11）四肢任一大关节（踝关节除外）功能丧失25%以上；

12）一踝关节功能丧失50%以上；

13）下肢任一大关节骨折后遗创伤性关节炎；

14）肢体重要血管循环障碍，影响功能；

15）一手小指完全缺失并第5掌骨部分缺损；

16）一足拇趾功能丧失75%以上；一足5趾功能丧失均达50%；双足拇趾功能丧失均达50%；双足除拇趾外任何4趾功能均完全丧失；

17）一足跟骨粉碎性骨折畸形愈合；

18）一足足弓结构部分破坏；

19）手或者足功能丧失分值≥10分。

5.10.7 体表及其他损伤

1）手部皮肤瘢痕形成或者植皮术后，范围达一手掌面积50%；

2）皮肤瘢痕形成达体表面积4%；

3）皮肤创面长期不愈超过1年，范围达体表面积1%。

6 附则

6.1 遇有本标准致残程度分级系列中未列入的致残情形，可根据残疾的实际情况，依据本标准附录 A 的规定，并比照最相似等级的条款，确定其致残程度等级。

6.2 同一部位和性质的残疾，不应采用本标准条款两条以上或者同一条款两次以上进行鉴定。

6.3 本标准中四肢大关节是指肩、肘、腕、髋、膝、踝等六大关节。

6.4 本标准中牙齿折断是指冠折 1/2 以上，或者牙齿部分缺失致牙髓腔暴露。

6.5 移植、再植或者再造成活组织器官的损伤应根据实际后遗功能障碍程度参照相应分级条款进行致残程度等级鉴定。

6.6 永久性植入式假体（如颅骨修补材料、种植牙、人工支架等）损坏引起的功能障碍可参照相应分级条款进行致残程度等级鉴定。

6.7 本标准中四肢重要神经是指臂丛及其分支神经（包括正中神经、尺神经、桡神经和肌皮神经等）和腰骶丛及其分支神经（包括坐骨神经、腓总神经和胫神经等）。

6.8 本标准中四肢重要血管是指与四肢重要神经伴行的同名动、静脉。

6.9 精神分裂症或者心境障碍等内源性疾病不是外界致伤因素直接作用所致，不宜作为致残程度等级鉴定的依据，但应对外界致伤因素与疾病之间的因果关系进行说明。

6.10 本标准所指未成年人是指年龄未满 18 周岁者。

6.11 本标准中涉及面部瘢痕致残程度需测量长度或者面积的数值时，0～6 周岁者按标准规定值 50% 计，7～14 周岁者按 80% 计。

6.12 本标准中凡涉及数量、部位规定时，注明"以上"、"以下"者，均包含本数（有特别说明的除外）。

附 录 A

（规范性附录）

致残程度等级划分依据

A.1 一级残疾的划分依据
a) 组织器官缺失或者功能完全丧失，其他器官不能代偿；
b) 存在特殊医疗依赖；
c) 意识丧失；
d) 日常生活完全不能自理；
e) 社会交往完全丧失。

A.2 二级残疾的划分依据
a) 组织器官严重缺损或者畸形，有严重功能障碍，其他器官难以代偿；
b) 存在特殊医疗依赖；
c) 日常生活大部分不能自理；
d) 各种活动严重受限，仅限于床上或者椅子上的活动；
e) 社会交往基本丧失。

A.3 三级残疾的划分依据
a) 组织器官严重缺损或者畸形，有严重功能障碍；
b) 存在特殊医疗依赖；
c) 日常生活大部分或者部分不能自理；
d) 各种活动严重受限，仅限于室内的活动；
e) 社会交往极度困难。

A.4 四级残疾的划分依据
a) 组织器官严重缺损或者畸形，有重度功能障碍；
b) 存在特殊医疗依赖或者一般医疗依赖；
c) 日常生活能力严重受限，间或需要帮助；

d）各种活动严重受限，仅限于居住范围内的活动；

e）社会交往困难。

A.5 五级残疾的划分依据

a）组织器官大部分缺损或者明显畸形，有中度（偏重）功能障碍；

b）存在一般医疗依赖；

c）日常生活能力部分受限，偶尔需要帮助；

d）各种活动中度受限，仅限于就近的活动；

e）社会交往严重受限。

A.6 六级残疾的划分依据

a）组织器官大部分缺损或者明显畸形，有中度功能障碍；

b）存在一般医疗依赖；

c）日常生活能力部分受限，但能部分代偿，条件性需要帮助；

d）各种活动中度受限，活动能力降低；

e）社会交往贫乏或者狭窄。

A.7 七级残疾的划分依据

a）组织器官大部分缺损或者明显畸形，有中度（偏轻）功能障碍；

b）存在一般医疗依赖，无护理依赖；

c）日常生活有关的活动能力极重度受限；

d）各种活动中度受限，短暂活动不受限，长时间活动受限；

e）社会交往能力降低。

A.8 八级残疾的划分依据

a）组织器官部分缺损或者畸形，有轻度功能障碍，并造成明显影响；

b）存在一般医疗依赖，无护理依赖；

c）日常生活有关的活动能力重度受限；

d）各种活动轻度受限，远距离活动受限；

e）社会交往受约束。

A.9 九级残疾的划分依据

a) 组织器官部分缺损或者畸形，有轻度功能障碍，并造成较明显影响；
b) 无医疗依赖或者存在一般医疗依赖，无护理依赖；
c) 日常生活有关的活动能力中度受限；
d) 工作与学习能力下降；
e) 社会交往能力部分受限。

A.10 十级残疾的划分依据

a) 组织器官部分缺损或者畸形，有轻度功能障碍，并造成一定影响；
b) 无医疗依赖或者存在一般医疗依赖，无护理依赖；
c) 日常生活有关的活动能力轻度受限；
d) 工作与学习能力受到一定影响；
e) 社会交往能力轻度受限。

附 录 B

（资料性附录）

器官功能分级判定基准及使用说明

B.1 持续性植物生存状态

植物生存状态可以是暂时的，也可以呈持续性。持续性植物生存状态是指严重颅脑损伤经治疗及必要的康复后仍缺乏意识活动，丧失语言，而仅保留无意识的姿态调整和运动功能的状态。机体虽能维持基本生命体征，但无意识和思维，缺乏对自身和周围环境的感知能力的生存状态。伤者有睡眠-觉醒周期，部分或全部保存下丘脑和脑干功能，但是缺乏任何适应性反应，缺乏任何接受和反映信息的功能性思维。

植物生存状态诊断标准：①认知功能丧失，无意识活动，不能执行指令；②保持自主呼吸和血压；③有睡眠-觉醒周期；④不能理解或表达语言；⑤自动睁眼或刺激下睁眼；⑥可有无目的性眼球跟踪运动；⑦丘脑下部及脑干功能基本保存。

持续性植物生存状态指脑损伤后上述表现至少持续 6 个月以上，且难以恢复。

注：反复发作性意识障碍，作为癫痫的一组症状或癫痫发作的一种形式时，不单独鉴定其致残程度。

B.2 精神障碍

B.2.1 症状标准

有下列表现之一者：

a) 智能损害综合征；

b) 遗忘综合征；

c) 人格改变；

d) 意识障碍；

e) 精神病性症状（如幻觉、妄想、紧张综合征等）；

f) 情感障碍综合征（如躁狂综合征、抑郁综合征等）；

g) 解离（转换）综合征；

h) 神经症样综合征（如焦虑综合征、情感脆弱综合征等）。

B.2.2 精神障碍的认定

a) 精神障碍的发病基础需有颅脑损伤的存在；

b) 精神障碍的起病时间需与颅脑损伤的发生相吻合；

c) 精神障碍应随着颅脑损伤的改善而缓解；

d) 无证据提示精神障碍的发病存在其他原因（如强阳性家族史）。

精神分裂症和躁郁症均为内源性疾病，发病主要决定于病人自身的生物学素质，不属于人身损害所致的精神障碍。

B.3 智能损害

B.3.1 智能损害的症状

a) 记忆减退，最明显的是学习新事物的能力受损；

b) 以思维和信息处理过程减退为特征的智能损害，如抽象概括能力减退，难以解释成语、谚语，掌握词汇量减少，不能理解抽象意义的语汇，难以概括同类事物的共同特征，或判断力减退；

　　c）情感障碍，如抑郁、淡漠，或敌意增加等；

　　d）意志减退，如懒散、主动性降低；

　　e）其他高级皮层功能受损，如失语、失认、失用或者人格改变等；

　　f）无意识障碍。

　　注：符合上述症状标准至少满6个月方可诊断。

B.3.2　智能损害分级

　　a）极重度智能减退　智商（IQ）<20；语言功能丧失；生活完全不能自理。

　　b）重度智能减退　IQ 20~34；语言功能严重受损，不能进行有效的交流；生活大部分不能自理。

　　c）中度智能减退　IQ 35~49；能掌握日常生活用语，但词汇贫乏，对周围环境辨别能力差，只能以简单的方式与人交往；生活部分不能自理，能做简单劳动。

　　d）轻度智能减退　IQ 50~69；无明显语言障碍，对周围环境有较好的辨别能力，能比较恰当的与人交往；生活能自理，能做一般非技术性工作。

　　e）边缘智能状态　IQ 70~84；抽象思维能力或者思维广度、深度及机敏性显示不良；不能完成高级或者复杂的脑力劳动。

B.4　生活自理能力

具体评价方法参考《人身损害护理依赖程度评定》（GB/T 31147）。

B.5　失语症

失语症是指由于中枢神经损伤导致抽象信号思维障碍而丧失口语、文字的表达和理解能力的临床症候群，失语症不包括由于意识障碍和普通的智力减退造成的语言症状，也不包括听觉、视觉、书写、发音等感觉和运动器官损害引起的语言、阅读和书写障碍。

失语症又可分为：完全运动性失语，不完全运动性失语；完全感觉性失语，不完全感觉性失语；混合性失语；完全性失用，不完全性失用；完全性失写，不完全性失写；完全性失读，不完全性失读；完全性失认，不完全性失认等。

注：脑外伤后失语的认定应该符合以下几个方面的要求：（1）脑损伤的部位应该与语言功能有关；（2）病史材料应该有就诊记录并且有关于失语的描述；（3）有明确的临床诊断或者专家咨询意见。

B.6 外伤性癫痫分度

外伤性癫痫通常是指颅脑损伤3个月后发生的癫痫，可分为以下三度：

a）轻度 各种类型的癫痫发作，经系统服药治疗1年后能控制的；

b）中度 各种类型的癫痫发作，经系统服药治疗1年后，全身性强直-阵挛发作、单纯或复杂部分发作，伴自动症或精神症状（相当于大发作、精神运动性发作）平均每月1次或1次以下，失神发作和其他类型发作平均每周1次以下；

c）重度 各种类型的癫痫发作，经系统服药治疗1年后，全身性强直-阵挛发作、单纯或复杂部分发作，伴自动症或精神症状（相当于大发作、精神运动性发作）平均每月2次以上，失神发作和其他类型发作平均每周2次以上。

注：外伤性癫痫致残程度鉴定时应根据以下信息综合判断：（1）应有脑器质性损伤或中毒性脑病的病史；（2）应有一年来系统治疗的临床病史资料；（3）可能时，应提供其他有效资料，如脑电图检查、血药浓度测定结果等。其中，前两项是癫痫致残程度鉴定的必要条件。

B.7 肌力分级

肌力是指肌肉收缩时的力量，在临床上分为以下六级：

a）0级 肌肉完全瘫痪，毫无收缩；

b）1级 可看到或者触及肌肉轻微收缩，但不能产生动作；

c）2级 肌肉在不受重力影响下，可进行运动，即肢体能在床面上移动，但不能抬高；

d）3级 在和地心引力相反的方向中尚能完成其动作，但不能对抗外加阻力；

　　e）4级　能对抗一定的阻力，但较正常人降低；

　　f）5级　正常肌力。

　　注：肌力检查时应注意以下几点综合判断：（1）肌力减退多见于神经源性和肌源性，如神经系统损伤所致肌力减退，则应有相应的损伤基础；（2）肌力检查结果是否可靠依赖于检查者正确的检查方法和受检者的理解与配合，肌力检查结果的可靠性要结合伤者的配合程度而定；（3）必要时，应进行神经电生理等客观检查。

　　B.8　非肢体瘫运动障碍分度

　　非肢体瘫的运动障碍，包括肌张力增高、深感觉障碍和（或）小脑性共济失调、不自主运动或者震颤等。根据其对生活自理的影响程度划分为轻、中、重三度：

　　a）重度　不能自行进食、大小便、洗漱、翻身和穿衣，需要他人护理；

　　b）中度　完成上述动作困难，但在他人帮助下可以完成；

　　c）轻度　完成上述动作虽有一定困难，但基本可以自理。

　　注：非肢体运动障碍程度的评定应注意以下几点综合判断：（1）有引起非肢体瘫运动障碍的损伤基础；（2）病史材料中有非肢体瘫运动障碍的诊疗记录和症状描述；（3）有相关生活自理能力受限的检查记录；（4）家属或者近亲属的代诉仅作为参考。

　　B.9　尿崩症分度

　　a）重度　每日尿量在10000mL以上；

　　b）中度　每日尿量在5001~9999mL；

　　c）轻度　每日尿量在2500~5000mL。

　　B.10　排便功能障碍（大便失禁）分度

　　a）重度　大便不能控制，肛门括约肌收缩力很弱或者丧失，肛门括约肌收缩反射很弱或者消失，肛门注水法测定直肠内压<20cmH$_2$O；

　　b）轻度　稀便不能控制，肛门括约肌收缩力较弱，肛门括约肌收缩反射较弱，肛门注水法测定直肠内压 20~30cmH$_2$O。

注：此处排便功能障碍是指脑、脊髓或者自主神经损伤致肛门括约肌功能障碍所引起的大便失禁。而肛门或者直肠损伤既可以遗留大便失禁，也可以遗留排便困难，应依据相应条款评定致残程度等级。

B.11 排尿功能障碍分度

a）重度　出现真性重度尿失禁或者排尿困难且尿潴留残余尿≥50mL 者；

b）轻度　出现真性轻度尿失禁或者排尿困难且尿潴留残余尿≥10mL 但<50mL 者。

注：此处排尿功能障碍是指脑、脊髓或者自主神经损伤致膀胱括约肌功能障碍所引起的小便失禁或者尿潴留。当膀胱括约肌损伤遗留尿失禁或者尿潴留时，也可依据排尿功能障碍程度评定致残程度等级。

B.12 器质性阴茎勃起障碍分度

a）重度　阴茎无勃起反应，阴茎硬度及周径均无改变；

b）中度　阴茎勃起时最大硬度>0%，<40%；

c）轻度　阴茎勃起时最大硬度≥40%，<60%，或者阴茎勃起时最大硬度虽达 60%，但持续时间<10 分钟。

注1：阴茎勃起正常值范围　最大硬度≥60%，持续时间≥10分钟。

注2：器质性阴茎勃起障碍是指脑、脊髓或者周围神经（躯体神经或者自主神经）损伤所引起的。其他致伤因素所致的血管性、内分泌性或者药物性阴茎勃起障碍也可依此分度评定致残程度等级。

B.13 阴茎勃起功能影响程度分级

a）严重影响阴茎勃起功能　连续监测三晚，阴茎夜间勃起平均每晚≤1 次；

b）影响阴茎勃起功能　连续监测三晚，阴茎夜间勃起平均每晚≤3 次。

B.14 面部瘢痕分类

本标准规定的面部包括前额发际下,两耳根前与下颌下缘之间的区域,包括额部、眶部、鼻部、口唇部、颏部、颧部、颊部和腮腺咬肌部,不包括耳廓。以眉弓水平线为上横线,以下唇唇红缘中点处作水平线为下横线,以双侧外眦处作两条垂直线,上述四条线围绕的中央部分为面部中心区。

本标准将面部瘢痕分为以下几类:

a) 面部块状瘢痕　是指增生性瘢痕、瘢痕疙瘩、蹼状瘢痕等,不包括浅表瘢痕(外观多平坦,与四周皮肤表面平齐或者稍低,平滑光亮,色素减退,一般不引起功能障碍);

b) 面部细小瘢痕(或者色素明显改变)　是指面部较密集散在瘢痕或者色素沉着(或者脱失),瘢痕呈网状或者斑片状,其间可见正常皮肤。

B.15 容貌毁损分度

B.15.1 重度

面部瘢痕畸形,并有以下六项中四项者:

a) 双侧眉毛完全缺失;
b) 双睑外翻或者完全缺失;
c) 双侧耳廓完全缺失;
d) 外鼻完全缺失;
e) 上、下唇外翻或者小口畸形;
f) 颏颈粘连(中度以上)。

B.15.2 中度

面部瘢痕畸形,并有以下六项中三项者:

a) 眉毛部分缺失(累计达一侧眉毛1/2);
b) 眼睑外翻或者部分缺失;
c) 耳廓部分缺损(累计达一侧耳廓15%);
d) 鼻部分缺损(鼻尖或者鼻翼缺损深达软骨);
e) 唇外翻或者小口畸形;
f) 颏颈粘连(轻度)。

B.15.3 轻度

含中度畸形六项中二项者。

B.16 眼睑畸形分度

B.16.1 眼睑轻度畸形

a）轻度眼睑外翻　睑结膜与眼球分离，泪点脱离泪阜；

b）眼睑闭合不全　自然闭合及用力闭合时均不能使睑裂完全消失；

c）轻度眼睑缺损　上睑和/或下睑软组织缺损，范围<一侧上睑的1/2。

B.16.2 眼睑严重畸形

a）重度眼睑外翻　睑结膜严重外翻，穹隆部消失；

b）重度眼睑缺损　上睑和/或下睑软组织缺损，范围≥一侧上睑的1/2。

B.17 张口受限分度

a）张口受限Ⅰ度　尽力张口时，上、下切牙间仅可勉强置入垂直并列之示指和中指；

b）张口受限Ⅱ度　尽力张口时，上、下切牙间仅可置入垂直之示指；

c）张口受限Ⅲ度　尽力张口时，上、下切牙间距小于示指之横径。

B.18 面瘫（面神经麻痹）分级

a）完全性面瘫　是指面神经5个分支（颞支、颧支、颊支、下颌缘支和颈支）支配的全部肌肉（包括颈部的颈阔肌）瘫痪；

b）大部分面瘫　是指面神经5个分支中有3个分支支配的肌肉瘫痪；

c）部分面瘫　是指面神经5个分支中有1个分支支配的肌肉瘫痪。

B.19 视力损害分级

盲及视力损害分级标准见表B-1。

表 B-1 盲及视力损害分级标准

分类	远视力低于	远视力等于或优于
轻度或无视力损害		0.3
中度视力损害（视力损害1级）	0.3	0.1
重度视力损害（视力损害2级）	0.1	0.05
盲（盲目3级）	0.05	0.02
盲（盲目4级）	0.02	光感
盲（盲目5级）	无光感	

B.20 颏颈粘连分度

a) 轻度 单纯的颈部瘢痕或者颈胸瘢痕。瘢痕位于颌颈角平面以下的颈胸部，颈部活动基本不受限制，饮食、吞咽等均无影响；

b) 中度 颏颈瘢痕粘连或者颏颈胸瘢痕粘连。颈部后仰及旋转受到限制，饮食、吞咽有所影响，不流涎，下唇前庭沟并不消失，能闭口；

c) 重度 唇颏颈瘢痕粘连。自下唇至颈前均为挛缩瘢痕，下唇、颏部和颈前区均粘连在一起，颈部处于强迫低头姿势。

B.21 甲状腺功能低下分度

a) 重度 临床症状严重，T3、T4或者FT3、FT4低于正常值，TSH>50μU/L；

b) 中度 临床症状较重，T3、T4或者FT3、FT4正常，TSH>50μU/L；

c) 轻度 临床症状较轻，T3、T4或者FT3、FT4正常，TSH轻度增高但<50μU/L。

B.22 甲状旁腺功能低下分度

a) 重度 空腹血钙质量浓度<6mg/dL；

b) 中度 空腹血钙质量浓度6~7mg/dL；

c) 轻度 空腹血钙质量浓度7.1~8mg/dL。

注：以上分级均需结合临床症状，必要时参考甲状旁腺激素水平综合判定。

B.23 **发声功能障碍分度**

a) 重度 声哑、不能出声；

b) 轻度 发音过弱、声嘶、低调、粗糙、带鼻音。

B.24 **构音功能障碍分度**

a) 重度 音不分明，语不成句，难以听懂，甚至完全不能说话；

b) 轻度 发音不准，吐字不清，语调速度、节律等异常，以及鼻音过重等。

B.25 **呼吸困难分度**（见表 B-2）

表 B-2 呼吸困难分度

程度	临床表现	阻塞性通气功能减退：一秒钟用力呼气量占预计值百分比	限制性通气功能减退：肺活量	血氧分压（mmHg）
极重度	稍活动（如穿衣、谈话）即气短。	<30%	<50%	<60
重度	平地步行 100 米即有气短。	30%~49%	50%~59%	60~87
中度	平地步行 1000 米无气短，但不能与同龄健康者保持相同速度，快步行走出现气短，登山或上楼时气短明显。	50%~79%	60%~69%	—
轻度	与同龄健康者在平地一同步行无气短，但登山或上楼时呈现气短。	≥80%	70%	—

注：动脉血氧分压在 60~87mmHg 时，需参考其他肺功能检验结果。

B.26 心功能分级

a) Ⅰ级 体力活动无明显受限，日常活动不易引起过度乏力、呼吸困难或者心悸等不适。亦称心功能代偿期；

b) Ⅱ级 体力活动轻度受限，休息时无明显不适症状，但日常活动即可引起乏力、心悸、呼吸困难或者心绞痛。亦称Ⅰ度或者轻度心衰；

c) Ⅲ级 体力活动明显受限，休息时无症状，轻于日常的活动即可引起上述症状。亦称Ⅱ度或者中度心衰；

d) Ⅳ级 不能从事任何体力活动，休息时亦有充血性心衰或心绞痛症状，任何体力活动后加重。亦称Ⅲ度或者重度心衰。

注：心功能评残时机应以损伤后心功能稳定6个月以上为宜，结合心功能客观检查结果，如EF值等。

B.27 肝衰竭分期

a) 早期 ①极度疲乏，并有厌食、呕吐和腹胀等严重消化道症状；②黄疸进行性加重（血清总胆红素≥171μmol/L或每日上升17.1μmol/L；③有出血倾向，30%＜凝血酶原活动度（PTA）≤40%；未出现肝性脑病或明显腹水。

b) 中期 在肝衰竭早期表现的基础上，病情进一步进展，并出现以下情况之一者：①出现Ⅱ度以上肝性脑病和（或）明显腹水；②出血倾向明显（出血点或瘀斑），且20%＜凝血酶原活动度（PTA）≤30%。

c) 晚期 在肝衰竭中期表现的基础上，病情进一步进展，并出现以下情况之一者：①有难治性并发症，例如肝肾综合征、上消化道出血、严重感染和难以纠正的电解质紊乱；②出现Ⅲ度以上肝性脑病；③有严重出血倾向（注射部位瘀斑等），凝血酶原活动度（PTA）≤20%。

B.28 肾功能损害分期

肾功能损害是指：①肾脏损伤（肾脏结构或功能异常）≥3个月，可以有或无肾小球滤过率（GFR）下降，临床上表现为病理学检查异常或者肾损伤（包括血、尿成分异常或影像学检查异常）；②

GFR<60mL/（min·1.73m^2）达 3 个月，有或无肾脏损伤证据。

慢性肾脏病（CKD）肾功能损害分期见表 B-3。

表 B-3　肾功能损害分期

CKD 分期	名称	诊断标准
1 期	肾功能正常	GFR≥90mL/（min·1.73m^2）
2 期	肾功能轻度下降	GFR60~89mL/（min·1.73m^2）≥3 个月，有或无肾脏损伤证据
3 期	肾功能中度下降	GFR30~59mL/（min·1.73m^2）
4 期	肾功能重度下降	GFR15~29mL/（min·1.73m^2）
5 期	肾衰竭	GFR<15mL/（min·1.73m^2）

B.29　肾上腺皮质功能减退分度

B.29.1　功能明显减退

a）乏力，消瘦，皮肤、黏膜色素沉着，白癜，血压降低，食欲不振；

b）24h 尿中 17-羟类固醇<4mg，17-酮类固醇<10mg；

c）血浆皮质醇含量：早上 8 时，<9mg/100mL；下午 4 时，<3mg/100mL；

d）尿中皮质醇<5mg/24h。

B.29.2　功能轻度减退

a）具有功能明显减退之 b）、c）两项者；

b）无典型临床症状。

B.30　生殖功能损害分度

a）重度　精液中精子缺如；

b）轻度　精液中精子数<500 万/mL，或者异常精子>30%，或者死精子与运动能力很弱的精子>30%。

B.31　尿道狭窄分度

B.31.1　尿道重度狭窄

a）临床表现为尿不成线、滴沥，伴有尿急、尿不尽或者遗尿等症状；

b) 尿道造影检查显示尿道明显狭窄，狭窄部位尿道内径小于正常管径的1/3；

c) 超声检查示膀胱残余尿阳性；

d) 尿流动力学检查示严重排尿功能障碍；

e) 经常行尿道扩张效果不佳，有尿道成形术适应证。

B.31.2　尿道轻度狭窄

a) 临床表现为尿流变细、尿不尽等；

b) 尿道造影检查示尿道狭窄，狭窄部位尿道内径小于正常管径的2/3；

c) 超声检查示膀胱残余尿阳性；

d) 尿流动力学检查示排尿功能障碍；

e) 有尿道扩张治疗适应证。

注：尿道狭窄应以尿道造影等客观检查为主，结合临床表现综合评判。

B.32　股骨头坏死分期

a) 股骨头坏死1期（超微结构变异期）　X线片显示股骨头承载系统中的骨小梁结构排列紊乱、断裂，出现股骨头边缘毛糙。临床上伴有或不伴有局限性轻微疼痛；

b) 股骨头坏死2期（有感期）　X线片显示股骨头内部出现小的囊变影，囊变区周围的环区密度不均，骨小梁结构紊乱、稀疏或模糊，也可出现细小的塌陷，塌陷面积可达10%~30%。临床伴有疼痛明显、活动轻微受限等；

c) 股骨头坏死3期（坏死期）　X线片显示股骨头形态改变，可出现边缘不完整、虫蚀状或扁平等形状，部分骨小梁结构消失，骨密度很不均匀，髋臼与股骨头间隙增宽或变窄，也可有骨赘形成。临床表现为疼痛、间歇性跛行、关节活动受限以及患肢出现不同程度的缩短等；

d) 股骨头坏死4期（致残期）　股骨头的形态、结构明显改变，出现大面积不规则塌陷或变平，骨小梁结构变异，髋臼与股骨头间隙消失等。临床表现为疼痛、功能障碍、僵直不能行走，出现髋关节脱位或半脱位，可致相应膝关节活动部分受限。

注：本标准股骨头坏死是指股骨头坏死 3 期或者 4 期。若股骨头坏死影像学表现尚未达股骨头坏死 3 期，但临床已行股骨头置换手术，则按四肢大关节人工关节置换术后鉴定致残程度等级。

B.33　再生障碍性贫血

B.33.1　再生障碍性贫血诊断标准

a) 血常规检查　全血细胞减少，校正后的网织红细胞比例<1%，淋巴细胞比例增高。至少符合以下三项中的两项：Hb<100g/L；BPC<50×10^9/L；中性粒细胞绝对值（ANC）<1.5×10^9/L。

b) 骨髓穿刺　多部位（不同平面）骨髓增生减低或重度减低；小粒空虚，非造血细胞（淋巴细胞、网状细胞、浆细胞、肥大细胞等）比例增高；巨核细胞明显减少或缺如；红系、粒系细胞均明显减少。

c) 骨髓活检（髂骨）　全切片增生减低，造血组织减少，脂肪组织和（或）非造血细胞增多，网硬蛋白不增加，无异常细胞。

d) 除外检查　必须除外先天性和其他获得性、继发性骨髓衰竭性疾病。

B.33.2　重型再生障碍性贫血

a) 骨髓细胞增生程度<25%正常值；若≥25%但<50%，则残存造血细胞应<30%。

b) 血常规需具备下列三项中的两项：ANC<0.5×10^9/L；校正的网织红细胞<1%或绝对值<20×10^9/L；BPC<20×10^9/L。

注：若 ANC<0.2×10^9/L 为极重型再生障碍性贫血。

B.33.3　非重型再生障碍性贫血

未达到重型标准的再生障碍性贫血。

附 录 C

(资料性附录)

常用鉴定技术和方法

C.1 视力障碍检查

本标准所指的视力均指"矫正视力"。视力记录可采用小数记录或者5分记录两种方式。正常视力是指远距视力经矫正(包括接触镜、针孔镜等)达到0.8以上。

中心视力好而视野缩小,以注视点为中心,如视野半径小于10度而大于5度者相当于盲目3级,半径小于5度者相当于盲目4级。

周边视野检查要求:直径5mm的白色视标,检查距离330mm,视野背景亮度为31.5asb。

视力障碍检查具体方法参考《视觉功能障碍法医鉴定指南》(SF/Z JD 0103004)。

C.2 视野有效值计算

视野有效值计算公式:

$$实测视野有效值(\%) = \frac{8条子午线实测视野值的总和}{500}$$

视野有效值换算见表C-1。

表C-1 视野有效值与视野半径的换算

视野有效值(%)	视野度数(半径)
8	5°
16	10°
24	15°
32	20°

续 表

视野有效值（%）	视野度数（半径）
40	25°
48	30°
56	35°
64	40°
72	45°

C.3 听力评估方法

听力障碍检查应符合《听力障碍的法医学评定》（GA/T 914）。听力损失计算应按照世界卫生组织推荐的听力减退分级的频率范围，取 0.5、1、2、4kHz 四个频率气导听阈级的平均值。如所得均值不是整数，则小数点后之尾数采用 4 舍 5 入法修为整数。

纯音听阈级测试时，如某一频率纯音气导最大声输出仍无反应时，以最大声输出值作为该频率听阈级。

听觉诱发电位测试时，若最大输出声强仍引不出反应波形的，以最大输出声强为反应阈值。在听阈评估时，听力学单位一律使用听力级（dB HL）。一般情况下，受试者听觉诱发电位反应阈要比其行为听阈高 10~20 dB（该差值又称"校正值"），即受试者的行为听阈等于其听觉诱发电位反应阈减去"校正值"。实施听觉诱发电位检测的机构应建立本实验室的"校正值"，若尚未建立，建议取参考平均值（15 dB）作为"校正值"。

纯音气导听阈级应考虑年龄因素，按照《声学 听阈与年龄关系的统计分布》（GB/T 7582）听阈级偏差的中值（50%）进行修正（见表 C-2）。

表 C-2 耳科正常人随年龄增长超过的听阈偏差中值（GB/T 7582）

年龄	男				女			
	500	1000	2000	4000	500	1000	2000	4000
30~39	1	1	1	2	1	1	1	1
40~49	2	2	3	8	2	2	3	4
50~59	4	4	7	16	4	4	6	9
60~69	6	7	12	28	6	7	11	16
70~	9	11	19	43	9	11	16	24

C.4 前庭功能检查

本标准所指的前庭功能丧失及减退，是指外力作用于颅脑或者耳部，造成前庭系统的损伤，伤后出现前庭平衡功能障碍的临床表现，自发性前庭体征检查法和诱发性前庭功能检查法等有阳性发现（如眼震电图/眼震视图，静、动态平衡仪，前庭诱发电位等检查）。应结合听力检查与神经系统检查，以及影像学检查综合判定前庭功能障碍程度。

C.5 阴茎勃起功能评定

阴茎勃起功能应符合 GA/T 1188《男性性功能障碍法医学鉴定》的要求。

C.6 体表面积计算

九分估算法：成人体表面积视为100%，将总体表面积划分为11个9%等面积区域。即：头（面）部与颈部共占1个9%，双上肢共占2个9%，躯干前后及会阴部共占3个9%，臀部及双下肢共占5个9%+1%（见表C-3）。

表 C-3 体表面积的九分估算法

部位	面积（%）	按九分法面积（%）
头	6	(1×9) = 9
颈	3	
前躯	13	(3×9) = 27
后躯	13	
会阴	1	
双上臂	7	(2×9) = 18
双前臂	6	
双手	5	
臀	5	(5×9+1) = 46
双大腿	21	
双小腿	13	
双足	7	
全身合计	100	(11×9+1) = 100

手掌法：受检者五指并拢，一掌面约相当其自身体表面积的1%。

公式计算法：体表总面积 S（m²）= 0.0061×身长（cm）+ 0.0128×体重（kg）-0.1529。

注：12岁以下儿童体表面积：头颈部% = [9+（12-年龄）]%，双下肢% = [46-（12-年龄）]%。

C.7 肢体关节功能评定

先根据受损关节活动度大小及关节肌群肌力等级直接查表（见表C-4~表C-9）得出受损关节各方位功能丧失值，再将受损关节各方位功能丧失值累计求和后除以该关节活动方位数（如肩关节活动方位为6）即可得出受损关节功能丧失值。

注：（1）表C-4~表C-9仅适用于四肢大关节骨关节损伤后遗

关节运动活动度受限合并周围神经损伤后遗相关肌群肌力下降所致关节功能障碍的情形。单纯中枢神经或者周围神经损伤所致关节功能障碍的情形应适用专门性条款。(2) 当关节活动受限于某一方位时，其同一轴位的另一方位功能丧失值以100%计。如腕关节掌屈和背屈，轴位相同，但方位不同。当腕关节活动限制在掌屈10度与50度之间，则掌屈以40度计（查表求得功能丧失值为30%），而背屈功能丧失值以100%计。(3) 伤侧关节功能丧失值应与对（健）侧进行比较，即同时用查表法分别求出伤侧和对侧关节功能丧失值，并用伤侧关节功能丧失值减去对侧关节功能丧失值，其差值即为伤侧关节功能实际丧失值。(4) 由于本方法对于关节功能的评定已经考虑到肌力减退对于关节功能的影响，故在测量关节运动活动度时，应以关节被动活动度为准。

C.7.1 肩关节功能丧失程度评定（见表C-4）

表C-4 肩关节功能丧失程度（%）

	关节运动活动度	肌 力				
		≤M1	M2	M3	M4	M5
前屈	≥171	100	75	50	25	0
	151~170	100	77	55	32	10
	131~150	100	80	60	40	20
	111~130	100	82	65	47	30
	91~110	100	85	70	55	40
	71~90	100	87	75	62	50
	51~70	100	90	80	70	60
	31~50	100	92	85	77	70
	≤30	100	95	90	85	80
后伸	≥41	100	75	50	25	0
	31~40	100	80	60	40	20
	21~30	100	85	70	55	40
	11~20	100	90	80	70	60
	≤10	100	95	90	85	80

续 表

	关节运动活动度	肌力 ≤M1	M2	M3	M4	M5
外展	≥171	100	75	50	25	0
	151~170	100	77	55	32	10
	131~150	100	80	60	40	20
	111~130	100	82	65	47	30
	91~110	100	85	70	55	40
	71~90	100	87	75	62	50
	51~70	100	90	80	70	60
	31~50	100	92	85	77	70
	≤30	100	95	90	85	80
内收	≥41	100	75	50	25	0
	31~40	100	80	60	40	20
	21~30	100	85	70	55	40
	11~20	100	90	80	70	60
	≤10	100	95	90	85	80
内旋	≥81	100	75	50	25	0
	71~80	100	77	55	32	10
	61~70	100	80	60	40	20
	51~60	100	82	65	47	30
	41~50	100	85	70	55	40
	31~40	100	87	75	62	50
	21~30	100	90	80	70	60
	11~20	100	92	85	77	70
	≤10	100	95	90	85	80

续 表

关节运动活动度		肌 力				
		≤M1	M2	M3	M4	M5
外旋	≥81	100	75	50	25	0
	71~80	100	77	55	32	10
	61~70	100	80	60	40	20
	51~60	100	82	65	47	30
	41~50	100	85	70	55	40
	31~40	100	87	75	62	50
	21~30	100	90	80	70	60
	11~20	100	92	85	77	70
	≤10	100	95	90	85	80

C.7.2 肘关节功能丧失程度评定（见表 C-5）

表 C-5 肘关节功能丧失程度（%）

关节运动活动度		肌 力				
		≤M1	M2	M3	M4	M5
屈曲	≥41	100	75	50	25	0
	36~40	100	77	55	32	10
	31~35	100	80	60	40	20
	26~30	100	82	65	47	30
	21~25	100	85	70	55	40
	16~20	100	87	75	62	50
	11~15	100	90	80	70	60
	6~10	100	92	85	77	70
	≤5	100	95	90	85	80

续 表

	关节运动活动度	肌力				
		≤M1	M2	M3	M4	M5
伸展	81~90	100	75	50	25	0
	71~80	100	77	55	32	10
	61~70	100	80	60	40	20
	51~60	100	82	65	47	30
	41~50	100	85	70	55	40
	31~40	100	87	75	62	50
	21~30	100	90	80	70	60
	11~20	100	92	85	77	70
	≤10	100	95	90	85	80

注：为方便肘关节功能计算，此处规定肘关节以屈曲90度为中立位0度。

C.7.3 腕关节功能丧失程度评定（见表C-6）

表C-6 腕关节功能丧失程度（%）

	关节运动活动度	肌力				
		≤M1	M2	M3	M4	M5
掌屈	≥61	100	75	50	25	0
	51~60	100	77	55	32	10
	41~50	100	80	60	40	20
	31~40	100	82	65	47	30
	26~30	100	85	70	55	40
	21~25	100	87	75	62	50
	16~20	100	90	80	70	60
	11~15	100	92	85	77	70
	≤10	100	95	90	85	80

续 表

	关节运动活动度	肌 力				
		≤M1	M2	M3	M4	M5
背屈	≥61	100	75	50	25	0
	51~60	100	77	55	32	10
	41~50	100	80	60	40	20
	31~40	100	82	65	47	30
	26~30	100	85	70	55	40
	21~25	100	87	75	62	50
	16~20	100	90	80	70	60
	11~15	100	92	85	77	70
	≤10	100	95	90	85	80
桡屈	≥21	100	75	50	25	0
	16~20	100	80	60	40	20
	11~15	100	85	70	55	40
	6~10	100	90	80	70	60
	≤5	100	95	90	85	80
尺屈	≥41	100	75	50	25	0
	31~40	100	80	60	40	20
	21~30	100	85	70	55	40
	11~20	100	90	80	70	60
	≤10	100	95	90	85	80

C.7.4 髋关节功能丧失程度评定（见表C-7）

表C-7 髋关节功能丧失程度（%）

	关节运动活动度	肌力 ≤M1	M2	M3	M4	M5
前屈	≥121	100	75	50	25	0
	106~120	100	77	55	32	10
	91~105	100	80	60	40	20
	76~90	100	82	65	47	30
	61~75	100	85	70	55	40
	46~60	100	87	75	62	50
	31~45	100	90	80	70	60
	16~30	100	92	85	77	70
	≤15	100	95	90	85	80
后伸	≥11	100	75	50	25	0
	6~10	100	85	70	55	20
	1~5	100	90	80	70	50
	0	100	95	90	85	80
外展	≥41	100	75	50	25	0
	31~40	100	80	60	40	20
	21~30	100	85	70	55	40
	11~20	100	90	80	70	60
	≤10	100	95	90	85	80
内收	≥16	100	75	50	25	0
	11~15	100	80	60	40	20
	6~10	100	85	70	55	40
	1~5	100	90	80	70	60
	0	100	95	90	85	80

续 表

关节运动活动度		肌 力				
		≤M1	M2	M3	M4	M5
外旋	≥41	100	75	50	25	0
	31~40	100	80	60	40	20
	21~30	100	85	70	55	40
	11~20	100	90	80	70	60
	≤10	100	95	90	85	80
内旋	≥41	100	75	50	25	0
	31~40	100	80	60	40	20
	21~30	100	85	70	55	40
	11~20	100	90	80	70	60
	≤10	100	95	90	85	80

注：表中前屈指屈膝位前屈。

C.7.5 膝关节功能丧失程度评定（见表 C-8）

表 C-8 膝关节功能丧失程度（%）

关节运动活动度		肌 力				
		≤M1	M2	M3	M4	M5
屈曲	≥130	100	75	50	25	0
	116~129	100	77	55	32	10
	101~115	100	80	60	40	20
	86~100	100	82	65	47	30
	71~85	100	85	70	55	40
	61~70	100	87	75	62	50
	46~60	100	90	80	70	60
	31~45	100	92	85	77	70
	≤30	100	95	90	85	80

续 表

关节运动活动度		肌 力				
		≤M1	M2	M3	M4	M5
伸展	≤-5	100	75	50	25	0
	-6~-10	100	77	55	32	10
	-11~-20	100	80	60	40	20
	-21~-25	100	82	65	47	30
	-26~-30	100	85	70	55	40
	-31~-35	100	87	75	62	50
	-36~-40	100	90	80	70	60
	-41~-45	100	92	85	77	70
	≥46	100	95	90	85	80

注：表中负值表示膝关节伸展时到达功能位（直立位）所差的度数。考虑到膝关节同一轴位屈伸活动相互重叠，膝关节功能丧失程度的计算方法与其他关节略有不同，即根据关节屈曲与伸展运动活动度查表得出相应功能丧失程度，再求和即为膝关节功能丧失程度。当二者之和大于100%时，以100%计算。

C.7.6 踝关节功能丧失程度评定（见表C-9）

表 C-9 踝关节功能丧失程度（%）

关节运动活动度		肌 力				
		≤M1	M2	M3	M4	M5
背屈	≥16	100	75	50	25	0
	11~15	100	80	60	40	20
	6~10	100	85	70	55	40
	1~5	100	90	80	70	60
	0	100	95	90	85	80
跖屈	≥41	100	75	50	25	0
	31~40	100	80	60	40	20
	21~30	100	85	70	55	40
	11~20	100	90	80	70	60
	≤10	100	95	90	85	80

C.8 手、足功能丧失程度评定
C.8.1 手、足缺失评分（见图 C-1 和图 C-2）

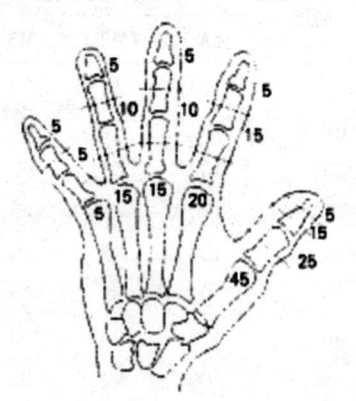

图 C-1 手缺失评分示意图
图中数字示手指缺失平面相当于手功能丧失的分值

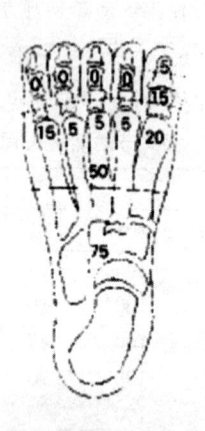

图 C-2 足缺失评分示意图
图中数字示足缺失平面相当于足功能丧失的分值

C.8.2 手指关节功能障碍评分（见表 C-10）

表 C-10 手指关节功能障碍相当于手功能丧失分值的评定

受累部位及情形		功能障碍程度及手功能丧失分值		
^	^	非功能位强直	功能位强直或关节活动度≤1/2参考值	关节活动度>1/2、但≤3/4参考值
拇指	第一掌腕/掌指/指间关节均受累	40	25	15
^	掌指、指间关节均受累	30	20	10
^	掌指、指间单一关节受累	20	15	5
示指	掌指、指间关节均受累	20	15	5
^	掌指或近侧指间关节受累	15	10	0
^	远侧指间关节受累	5	5	0
中指	掌指、指间关节均受累	15	5	5
^	掌指或近侧指间关节受累	10	5	0
^	远侧指间关节受累	5	0	0
环指	掌指、指间关节均受累	10	5	5
^	掌指或近侧指间关节受累	5	5	0
^	远侧指间关节受累	5	0	0
小指	掌指、指间关节均受累	5	5	0
^	掌指或近侧指间关节受累	5	5	0
^	远侧指间关节受累	0	0	0

续 表

受累部位及情形		功能障碍程度及手功能丧失分值		
		非功能位强直	功能位强直或关节活动度≤1/2参考值	关节活动度>1/2、但≤3/4参考值
腕关节	手功能大部分丧失时腕关节受累	10	5	0

注1：单手、单足部分缺失及功能障碍定级说明：(1) 手、足缺失及功能障碍量化图表不能代替标准具体残级条款，条款中有列举的伤情应优先依据相应条款确定残级，只有在现有残级条款未能列举具体致残程度等级的情况下，可以参照本图表量化评估定级；(2) 图C-1中将每一手指划分为远、中、近三个区域，依据各部位功能重要性赋予不同分值。手部分缺失离断的各种情形可按不同区域分值累计相加，参考定级。图C-2使用方法同图C-1；(3) 表C-10按手指各关节及腕关节功能障碍的不同程度分别赋予不同分值，各种手功能障碍的情形或合并手部分缺失的致残程度情形均可按对应分值累计相加。

注2：双手部分缺失及功能障碍定级说明：双手功能损伤，按双手分值加权累计定级。设一手功能为100分，双手总分为200分。设分值较高一手分值为A，分值较低一手分值为B，最终双手计分为：A+B×(200-A)/200。

注3：双足部分缺失定级说明：双足功能损伤，按双足分值加权累计定级。设一足功能为75分，双足总分为150分。设分值较高一足分值为A，分值较低一足分值为B，最终双足计分为：A+B×(150-A)/150。

道路交通事故伤残鉴定与赔偿

中华人民共和国道路交通安全法（节录）

（2003年10月28日第十届全国人民代表大会常务委员会第五次会议通过　根据2007年12月29日第十届全国人民代表大会常务委员会第三十一次会议《关于修改〈中华人民共和国道路交通安全法〉的决定》第一次修正　根据2011年4月22日第十一届全国人民代表大会常务委员会第二十次会议《关于修改〈中华人民共和国道路交通安全法〉的决定》第二次修正　根据2021年4月29日职业病诊断与鉴定管理办法第十三届全国人民代表大会常务委员会第二十八次会议《关于修改〈中华人民共和国道路交通安全法〉等八部法律的决定》第三次修正）

……

第五章　交通事故处理

第七十条　【交通事故处理及报警】 在道路上发生交通事故，车辆驾驶人应当立即停车，保护现场；造成人身伤亡的，车辆驾驶人应当立即抢救受伤人员，并迅速报告执勤的交通警察或者公安机关交通管理部门。因抢救受伤人员变动现场的，应当标明位置。乘车人、过往车辆驾驶人、过往行人应当予以协助。

在道路上发生交通事故，未造成人身伤亡，当事人对事实及成因无争议的，可以即行撤离现场，恢复交通，自行协商处理损害赔偿事宜；不即行撤离现场的，应当迅速报告执勤的交通警察或者公安机关交通管理部门。

在道路上发生交通事故，仅造成轻微财产损失，并且基本事实清楚的，当事人应当先撤离现场再进行协商处理。

注释 交通事故，是指车辆在道路上因过错或者意外造成的人身伤亡或者财产损失的事件。交通事故当事人是指与交通事故有直接关系的人员，包括车辆驾驶人、行人、乘车人以及其他道路使用者。道路交通事故现场，是指发生道路交通事故的地点及其有关的空间范围。

在道路上发生交通事故，车辆驾驶人必须采取以下紧急处置措施：（1）立即停车。当发生交通事故时，机动车驾驶人应当首先采取制动措施停车，以避免交通事故损害的进一步扩大，也有利于交通事故的处理和现场证据的固定。（2）保护现场。当发生交通事故时，要注意保护好现场，以便查明造成交通事故的原因和分清双方的责任。现场的范围通常是指机动车采取制动措施时的地域至停车的地域，以及受害人行进、终止的位置。在实践中，保护现场最重要的方式就是不移动发生交通事故的车辆以及相关物品。除了抢救伤员不得已移动肇事车辆外，应尽量保持交通事故现场与交通事故有关物品的原貌。对于发生交通事故，未造成人员伤亡，当事人对事实及成因无争议的，应当按本条的规定即行撤离现场或者立即报告交通警察或者公安机关交通管理部门。（3）立即抢救伤员。机动车驾驶人如果发现受害人受伤，应采取应急措施，如立即止血，防止流血过多。同时，要及时拦截过往车辆，将受伤人员送往医院。在紧急情况下，交通事故车辆也可以直接将伤员送往医院，但注意保护好现场和有关证据。（4）及时报案。交通事故发生后，机动车驾驶人应当及时报案，如自己通过电话报案或者亲自前往报案，以及请其他人及时向主管部门报案。报案时要注意讲清交通事故发生的时间、地点、车辆型号、号牌、伤亡程度和损失情况等，以便于主管部门及时处理。

参见 《道路交通安全法实施条例》第86-88条

第七十一条　【交通事故逃逸的处理】 车辆发生交通事故后逃逸的,事故现场目击人员和其他知情人员应当向公安机关交通管理部门或者交通警察举报。举报属实的,公安机关交通管理部门应当给予奖励。

注释　本条是关于对于发生交通事故后逃逸的车辆进行举报的规定。交通肇事逃逸,是指发生交通事故后,交通事故当事人为逃避法律追究,驾驶车辆或者遗弃车辆逃离交通事故现场的行为。逃逸行为在实践中分为两种,一是人和车在事故发生后均逃离事故现场;二是弃车逃逸,即当事人将车留在现场,而人逃离。第一种情况多发生在肇事机动车没有损伤,或者虽有损伤但不影响正常行驶的场合,第二种情况多发生在肇事机动车严重损毁场合。

发生交通事故后当事人逃逸的,逃逸的当事人承担全部责任。但是,有证据证明对方当事人也有过错的,可以减轻责任。

事故现场目击人员主要是指交通事故发生时,事故现场过往的行人、附近的居民、过往的车辆上的驾驶人或者其他乘客等。其他知情人员主要是指知悉事故发生情况的人员,如肇事车辆上的乘客以及事后得知相关情况的人员,如汽车修理厂的工人等。除了事故现场的目击人员外,其他知情人也有义务举报逃逸车辆。这里的其他知情人包括熟悉肇事机动车及其驾驶人的单位和人员,一旦发现机动车的异常,应当了解情况并及时报告公安机关。此外,逃逸车辆经过的路段的值勤警察或者其他道路交通参与人发现异常车辆也应当报告公安交通管理部门或者交通警察。

参见　《刑法》第133条、第233-235条

第七十二条　【交警处理交通事故程序】 公安机关交通管理部门接到交通事故报警后,应当立即派交通警察赶赴现场,先组织抢救受伤人员,并采取措施,尽快恢复交通。

交通警察应当对交通事故现场进行勘验、检查,收集证据;因收集证据的需要,可以扣留事故车辆,但是应当妥善保管,以备核查。

对当事人的生理、精神状况等专业性较强的检验,公安机关交通管理部门应当委托专门机构进行鉴定。鉴定结论应当由鉴定人签名。

注释 本条是关于交通警察对于交通事故进行处理的规定。公安机关交通管理部门接到交通事故报警后，应当立即派交通警察赶赴现场，即出警。执行勤务的交通警察直接接到有关交通事故的报警，应该立即赶赴现场进行处理，如果因为其他紧急公务不能赶赴现场的，应当立即报告公安机关交通管理部门，请求派其他交通警察处理。

在执行中要注意两点：一是接到报案后，应当做好报案登记工作，详细记录下事故发生的时间、地点、伤亡情况、报案人的姓名、单位、联系方式等，以便进一步核实，防止报假案影响公安机关的正常工作。二是确定事故发生后，立即组织警力及时出警，要求迅速、及时。在实践中，往往是由交通指挥中心确定案发地点后，调派距离现场最近的警察前往处理，如果属于重、特大交通事故，则需要及时派遣技术人员等有关人员前往现场。公安机关交通管理部门及其交通警察到达现场后，核心任务是快速处理现场。如果没有发生人员伤亡，则采取措施，将事故车辆移至路边，尽快疏导交通。在执行中要注意方式方法，依法办理，防止矛盾激化。如果事故造成人员伤亡，要先组织抢救受伤人员，包括拦截过往车辆将受伤人员及时送往医疗机构抢救。同时还要采取措施，尽快恢复交通，主要是将事故车辆移至路边或者拖离现场。在执行该规定时，要注意相关证据的收集工作，包括现场取证、询问证人和有关当事人等。值得注意的是，投保机动车第三者责任强制保险的机动车发生交通事故，因抢救受伤人员需要保险公司支付或者垫付抢救费用的，由公安机关交通管理部门通知保险公司。抢救受伤人员需要道路交通事故社会救助基金垫付费用的，由公安机关交通管理部门通知道路交通事故社会救助基金管理机构。

参见 《道路交通安全法实施条例》第89、90条；《机动车交通事故责任强制保险条例》第31条

第七十三条 【交通事故认定书】公安机关交通管理部门应当根据交通事故现场勘验、检查、调查情况和有关的检验、鉴定结论，及时制作交通事故认定书，作为处理交通事故的证据。交通事故认

定书应当载明交通事故的基本事实、成因和当事人的责任,并送达当事人。

注释 本条是关于事故成因认定的规定。可以分为两项内容,第一,要求公安机关交通管理部门根据现场勘验、检查、调查以及检验、鉴定结论等收集到的证据,及时制作交通事故认定书;第二,规范事故认定书的内容,并要求将认定书送达当事人。公安机关交通管理部门应依法及时制作交通事故认定书,并送达当事人,否则应承担行政不作为的法律责任。公安机关交通管理部门作出交通事故认定时,应当严格以交通警察对事故现场进行勘验、检查而收集的证据和有关专门机构作出的检验、鉴定结论为依据,不得掺杂主观判断或者其他间接证据。交通事故认定的内容是交通事故的基本事实、成因和当事人的责任。交通事故认定书是人民法院处理交通事故损害赔偿案件、确定当事人民事责任的重要证据,也是当事人自行和解或请求公安机关交通管理部门调解的重要依据。

参见 《道路交通安全法实施条例》第91-93条;《道路交通事故处理程序规定》第7章

案例 葛某斐诉沈丘县某运输有限公司、某财产保险股份有限公司周口市分公司、某财产保险股份有限公司沈丘支公司道路交通事故损害赔偿纠纷案(《中华人民共和国最高人民法院公报》2010年第11期)

案件适用要点:交通事故认定书是公安机关处理交通事故,作出行政决定所依据的主要证据,虽然可以在民事诉讼中作为证据使用,但由于交通事故认定结论的依据是相应行政法规,运用的归责原则具有特殊性,与民事诉讼中关于侵权行为认定的法律依据、归责原则有所区别。交通事故责任不完全等同于民事法律赔偿责任,因此,交通事故认定书不能作为民事侵权损害赔偿案件责任分配的唯一依据。行为人在侵权行为中的过错程度,应当结合案件实际情况,根据民事诉讼的归责原则进行综合认定。

第七十四条 【交通事故的调解或起诉】对交通事故损害赔偿的争议,当事人可以请求公安机关交通管理部门调解,也可以直接向人民法院提起民事诉讼。

经公安机关交通管理部门调解，当事人未达成协议或者调解书生效后不履行的，当事人可以向人民法院提起民事诉讼。

注释 本条是关于道路交通事故损害赔偿的争议解决方式的规定。本条规定了发生道路交通事故损害赔偿争议时，当事人可以采取的两种纠纷解决方式：请求公安机关交通管理部门调解、提起民事诉讼。交通事故调解，是指在处理交通事故过程中，公安机关交通管理部门依据当事人的申请，在当事人的参与下，就当事人之间存在争议的交通事故损害赔偿进行协商，以促成争议解决的方式。值得注意的是，在调解过程中应当注意以下几点：（1）事实清楚。即在查清事实，分清是非责任的情况下进行调解。如果没有做好这些工作，可能会造成对一方当事人权益的损害。（2）调解必须双方自愿。调解必须基于当事人的自愿，这与当事人处分原则是相一致的。如果只是一方当事人的请求，则缺乏调解的基础。考虑到为了全面落实调解自愿原则，保护当事人的合法权益，在实践中，公安机关交通管理部门在送达当事人事故成因报告书时，应当告知当事人有请求调解的权利。（3）调解必须坚持合法性原则，调解协议的内容不得违反法律规定。在实践中，把握合法性原则应注意两点：一是调解协议的内容不得违反法律、行政法规的禁止性规定；二是调解协议的内容不得损害国家、社会公共利益和他人的合法权益。

在调解途径不能解决纠纷的场合，当事人仍然可以向人民法院提起民事诉讼。调解不能解决纠纷分为两种情况：第一种情况是指通过调解当事人没有达成任何关于分配损失的协议。第二种情况是指虽然当事人已经通过调解达成了损害赔偿的协议，但当事人在调解书生效后不予履行。当事人没有通过调解达成协议又可以分为两种情况，一种是在调解过程中当事人对公安机关的事故认定书认定的事实、原因和当事人责任产生异议，不愿意继续进行调解的，另一种情况是虽然对事故认定书没有异议，但就具体的损害赔偿额仍然不能达成一致意见。允许当事人在未达成调解协议以及达成调解协议但不予以履行的条件下进行民事诉讼，一方面表明了调解在解决事故损害赔偿纠纷方面的自愿性和非强制性的特点，同时也体现出本法在充分尊重当事人意愿的基础上，充分保障当事人的诉讼权利。

参见 《道路交通安全法实施条例》第94-96条；《道路交通事故处理程序规定》第9章；《最高人民法院关于审理人身损害赔偿案件适用法律若干问题的解释》

第七十五条 【受伤人员的抢救及费用承担】医疗机构对交通事故中的受伤人员应当及时抢救，不得因抢救费用未及时支付而拖延救治。肇事车辆参加机动车第三者责任强制保险的，由保险公司在责任限额范围内支付抢救费用；抢救费用超过责任限额的，未参加机动车第三者责任强制保险或者肇事后逃逸的，由道路交通事故社会救助基金先行垫付部分或者全部抢救费用，道路交通事故社会救助基金管理机构有权向交通事故责任人追偿。

注释 本条是关于对交通事故中的受伤人员进行抢救以及抢救费用支付的规定。抢救费用，是指机动车发生道路交通事故导致人员受伤时，医疗机构参照国务院卫生主管部门组织制定的有关临床诊疗指南，对生命体征不平稳和虽然生命体征平稳但如果不采取处理措施会产生生命危险，或者导致残疾、器官功能障碍，或者导致病程明显延长的受伤人员，采取必要的处理措施所发生的医疗费用。本条在规定医疗机构的法定抢救义务的同时，也积极落实抢救费用，保障医疗机构不会因抢救受伤人员而遭受损失。对于事故车辆身份明确，而且参加了机动车第三者责任保险的，由该机动车投保的保险公司预先支付抢救的费用。保险公司支付的费用不超过被保险人投保的责任限额。

此外，为了弥补第三者责任保险保障制度在此场合下出现的盲点和空白，充分保障事故受伤人员得到及时的抢救，本法在建立第三者责任保险制度的同时，还建立了旨在弥补第三者责任保险制度空白的道路交通事故社会救助基金制度。道路交通社会救助基金是为符合法定条件的道路交通事故中的受害人人身伤亡的抢救费、丧葬费进行垫付的社会专项基金。对于没有参加机动车第三者责任保险的机动车以及肇事后逃逸的机动车造成的事故受伤人员的抢救费用或者抢救费用超过责任限额的，由道路交通事故社会救助基金先行垫付，以保障事故受伤人员先获得必要的抢救治疗。

应当注意的是，由道路交通事故社会救助基金先行垫付抢救费用与承保第三者责任险的保险公司预先支付抢救费用在性质上是完全不同的。保险公司预先支付抢救费用，是事先履行了其应当履行的合同义务，而道路交通事故社会救助基金垫付抢救费用并不是履行合同义务，而是实现社会救助的职能。

参见 《机动车交通事故责任强制保险条例》第21、42、45条；《道路交通安全法实施条例》第90条；《道路交通事故处理程序规定》第4、5章

第七十六条 【交通事故赔偿责任】 机动车发生交通事故造成人身伤亡、财产损失的，由保险公司在机动车第三者责任强制保险责任限额范围内予以赔偿；不足的部分，按照下列规定承担赔偿责任：

（一）机动车之间发生交通事故的，由有过错的一方承担赔偿责任；双方都有过错的，按照各自过错的比例分担责任。

（二）机动车与非机动车驾驶人、行人之间发生交通事故，非机动车驾驶人、行人没有过错的，由机动车一方承担赔偿责任；有证据证明非机动车驾驶人、行人有过错的，根据过错程度适当减轻机动车一方的赔偿责任；机动车一方没有过错的，承担不超过百分之十的赔偿责任。

交通事故的损失是由非机动车驾驶人、行人故意碰撞机动车造成的，机动车一方不承担赔偿责任。

注释 机动车第三者责任强制保险的适用规则如下：（1）在强制保险责任限额范围内赔偿。机动车发生交通事故造成人身伤亡、财产损失的，首先由保险公司在机动车第三者责任强制保险责任限额范围内予以赔偿。机动车第三者责任强制保险是解决道路交通事故赔偿问题的重要制度。机动车发生交通事故，包括机动车与机动车之间，机动车与非机动车驾驶人、行人之间，都是先由保险公司

在机动车第三者责任强制保险责任限额内予以赔偿，不足的部分才由机动车一方承担赔偿责任。（2）在第三人强制保险责任限额范围内赔偿后不足的部分，赔偿责任才由有过错的机动车方承担。

使用盗窃的机动车辆肇事，造成被害人物质损失的，肇事人应当依法承担损害赔偿责任，被盗机动车辆的所有人不承担损害赔偿责任。

连环购车未办理过户手续，因车辆已经交付，原车主既不能支配该车的营运，也不能从该车的营运中获得利益，故原车主不应对机动车发生交通事故致人损害承担责任。但是，连环购车未办理过户手续的行为，违反有关行政管理法规的，应受其规定的调整。

参见　《民法典》第8章；《机动车交通事故责任强制保险条例》第21条；《最高人民法院关于审理人身损害赔偿案件适用法律若干问题的解释》；《最高人民法院关于确定民事侵权精神损害赔偿责任若干问题的解释》；《最高人民法院关于审理道路交通事故损害赔偿案件适用法律若干问题的解释》第11条；《最高人民法院关于购买人使用分期付款购买的车辆从事运输因交通事故造成他人财产损失保留车辆所有权的出卖方不应承担民事责任的批复》；《最高人民法院关于连环购车未办理过户手续，原车主是否对机动车发生交通事故致人损害承担责任的请示的批复》；《道路交通事故处理程序规定》第60条

案例　吴某东、吴某芝与胡某明、戴某球交通事故人身损害赔偿纠纷案（最高人民法院发布四起侵权纠纷典型案例之二）

案件适用要点：交通管理部门对交通事故成因及责任无法认定的情况下，法院能否依据高度盖然性的证明标准确定事故责任？

高度盖然性的证明标准，是将盖然性占优势的认识手段运用于司法领域的民事审判中，在证据对待证事实的证明无法达到确实充分的情况下，如果一方当事人提出的证据已经证明该事实发生具有高度的盖然性，人民法院即可对该事实予以确定。通常情况下，交通管理部门做出的交通事故责任认定书是确定交通事故责任的主要依据，但如果交通管理部门对交通事故成因及责任无法认定，从提高审判效率的目的出发，可以综合考虑其他证明力较高的证据，如

果其他证据所证明的事实发生具有高度的盖然性，人民法院也可以借此得出结论。因此，交通管理部门对交通事故成因及责任无法认定的情况下，法院可以依据高度盖然性的证明标准确定事故责任。

第七十七条　【道路外交通事故处理】车辆在道路以外通行时发生的事故，公安机关交通管理部门接到报案的，参照本法有关规定办理。

……

中华人民共和国道路交通安全法实施条例（节录）

（2004年4月30日国务院令第405号公布　根据2017年10月7日国务院令第687号《国务院关于修改部分行政法规的决定》修订）

……

第五章　交通事故处理

第八十六条　机动车与机动车、机动车与非机动车在道路上发生未造成人身伤亡的交通事故，当事人对事实及成因无争议的，在记录交通事故的时间、地点、对方当事人的姓名和联系方式、机动车牌号、驾驶证号、保险凭证号、碰撞部位，并共同签名后，撤离现场，自行协商损害赔偿事宜。当事人对交通事故事实及成因有争议的，应当迅速报警。

第八十七条　非机动车与非机动车或者行人在道路上发生交通事故，未造成人身伤亡，且基本事实及成因清楚的，当事人应当先撤离现场，再自行协商处理损害赔偿事宜。当事人对交通事故事实及成因有争议的，应当迅速报警。

第八十八条 机动车发生交通事故,造成道路、供电、通讯等设施损毁的,驾驶人应当报警等候处理,不得驶离。机动车可以移动的,应当将机动车移至不妨碍交通的地点。公安机关交通管理部门应当将事故有关情况通知有关部门。

第八十九条 公安机关交通管理部门或者交通警察接到交通事故报警,应当及时赶赴现场,对未造成人身伤亡,事实清楚,并且机动车可以移动的,应当在记录事故情况后责令当事人撤离现场,恢复交通。对拒不撤离现场的,予以强制撤离。

对属于前款规定情况的道路交通事故,交通警察可以适用简易程序处理,并当场出具事故认定书。当事人共同请求调解的,交通警察可以当场对损害赔偿争议进行调解。

对道路交通事故造成人员伤亡和财产损失需要勘验、检查现场的,公安机关交通管理部门应当按照勘查现场工作规范进行。现场勘查完毕,应当组织清理现场,恢复交通。

第九十条 投保机动车第三者责任强制保险的机动车发生交通事故,因抢救受伤人员需要保险公司支付抢救费用的,由公安机关交通管理部门通知保险公司。

抢救受伤人员需要道路交通事故救助基金垫付费用的,由公安机关交通管理部门通知道路交通事故社会救助基金管理机构。

第九十一条 公安机关交通管理部门应当根据交通事故当事人的行为对发生交通事故所起的作用以及过错的严重程度,确定当事人的责任。

第九十二条 发生交通事故后当事人逃逸的,逃逸的当事人承担全部责任。但是,有证据证明对方当事人也有过错的,可以减轻责任。

当事人故意破坏、伪造现场、毁灭证据的,承担全部责任。

第九十三条 公安机关交通管理部门对经过勘验、检查现场的交通事故应当在勘查现场之日起 10 日内制作交通事故认定书。对需要进行检验、鉴定的,应当在检验、鉴定结果确定之日起 5 日内制作交通事故认定书。

第九十四条 当事人对交通事故损害赔偿有争议,各方当事人一致请求公安机关交通管理部门调解的,应当在收到交通事故认定书之日起 10 日内提出书面调解申请。

对交通事故致死的,调解从办理丧葬事宜结束之日起开始;对交通事故致伤的,调解从治疗终结或者定残之日起开始;对交通事故造成财产损失的,调解从确定损失之日起开始。

第九十五条 公安机关交通管理部门调解交通事故损害赔偿争议的期限为 10 日。调解达成协议的,公安机关交通管理部门应当制作调解书送交各方当事人,调解书经各方当事人共同签字后生效;调解未达成协议的,公安机关交通管理部门应当制作调解终结书送交各方当事人。

交通事故损害赔偿项目和标准依照有关法律的规定执行。

第九十六条 对交通事故损害赔偿的争议,当事人向人民法院提起民事诉讼的,公安机关交通管理部门不再受理调解申请。

公安机关交通管理部门调解期间,当事人向人民法院提起民事诉讼的,调解终止。

第九十七条 车辆在道路以外发生交通事故,公安机关交通管理部门接到报案的,参照道路交通安全法和本条例的规定处理。

车辆、行人与火车发生的交通事故以及在渡口发生的交通事故,依照国家有关规定处理。

……

道路交通事故处理程序规定（节录）

（2017年7月22日公安部令第146号公布 自2018年5月1日起施行）

……

第七章 认定与复核

第一节 道路交通事故认定

第五十九条 道路交通事故认定应当做到事实清楚、证据确实充分、适用法律正确、责任划分公正、程序合法。

第六十条 公安机关交通管理部门应当根据当事人的行为对发生道路交通事故所起的作用以及过错的严重程度，确定当事人的责任。

（一）因一方当事人的过错导致道路交通事故的，承担全部责任；

（二）因两方或者两方以上当事人的过错发生道路交通事故的，根据其行为对事故发生的作用以及过错的严重程度，分别承担主要责任、同等责任和次要责任；

（三）各方均无导致道路交通事故的过错，属于交通意外事故的，各方均无责任。

一方当事人故意造成道路交通事故的，他方无责任。

第六十一条 当事人有下列情形之一的，承担全部责任：

（一）发生道路交通事故后逃逸的；

（二）故意破坏、伪造现场、毁灭证据的。

为逃避法律责任追究，当事人弃车逃逸以及潜逃藏匿的，如有证据证明其他当事人也有过错，可以适当减轻责任，但同时有证据证明逃逸当事人有第一款第二项情形的，不予减轻。

第六十二条 公安机关交通管理部门应当自现场调查之日起十日内制作道路交通事故认定书。交通肇事逃逸案件在查获交通肇事车辆和驾驶人后十日内制作道路交通事故认定书。对需要进行检验、鉴定的，应当在检验报告、鉴定意见确定之日起五日内制作道路交通事故认定书。

有条件的地方公安机关交通管理部门可以试行在互联网公布道路交通事故认定书，但对涉及的国家秘密、商业秘密或者个人隐私，应当保密。

第六十三条 发生死亡事故以及复杂、疑难的伤人事故后，公安机关交通管理部门应当在制作道路交通事故认定书或者道路交通事故证明前，召集各方当事人到场，公开调查取得的证据。

证人要求保密或者涉及国家秘密、商业秘密以及个人隐私的，按照有关法律法规的规定执行。

当事人不到场的，公安机关交通管理部门应当予以记录。

第六十四条 道路交通事故认定书应当载明以下内容：

（一）道路交通事故当事人、车辆、道路和交通环境等基本情况；

（二）道路交通事故发生经过；

（三）道路交通事故证据及事故形成原因分析；

（四）当事人导致道路交通事故的过错及责任或者意外原因；

（五）作出道路交通事故认定的公安机关交通管理部门名称和日期。

道路交通事故认定书应当由交通警察签名或者盖章，加盖公安机关交通管理部门道路交通事故处理专用章。

第六十五条 道路交通事故认定书应当在制作后三日内分别送达当事人，并告知申请复核、调解和提起民事诉讼的权利、期限。

当事人收到道路交通事故认定书后，可以查阅、复制、摘录公安机关交通管理部门处理道路交通事故的证据材料，但证人要求保密或者涉及国家秘密、商业秘密以及个人隐私的，按照有关法律法规的规定执行。公安机关交通管理部门对当事人复制的证据材料应当加盖公安机关交通管理部门事故处理专用章。

第六十六条 交通肇事逃逸案件尚未侦破，受害一方当事人要求出具道路交通事故认定书的，公安机关交通管理部门应当在接到当事人书面申请后十日内，根据本规定第六十一条确定各方当事人责任，制作道路交通事故认定书，并送达受害方当事人。道路交通事故认定书应当载明事故发生的时间、地点、受害人情况及调查得到的事实，以及受害方当事人的责任。

交通肇事逃逸案件侦破后，已经按照前款规定制作道路交通事故认定书的，应当按照本规定第六十一条重新确定责任，制作道路交通事故认定书，分别送达当事人。重新制作的道路交通事故认定书除应当载明本规定第六十四条规定的内容外，还应当注明撤销原道路交通事故认定书。

第六十七条 道路交通事故基本事实无法查清、成因无法判定的，公安机关交通管理部门应当出具道路交通事故证明，载明道路交通事故发生的时间、地点、当事人情况及调查得到的事实，分别送达当事人，并告知申请复核、调解和提起民事诉讼的权利、期限。

第六十八条 由于事故当事人、关键证人处于抢救状态或者因其他客观原因导致无法及时取证，现有证据不足以认定案件基本事实，经上一级公安机关交通管理部门批准，道路交通事故认定的时限可中止计算，并书面告知各方当事人或者其代理人，但中止的时间最长不得超过六十日。

当中止认定的原因消失，或者中止期满受伤人员仍然无法接受调查的，公安机关交通管理部门应当在五日内，根据已经调查取得的证据制作道路交通事故认定书或者出具道路交通事故证明。

第六十九条 伤人事故符合下列条件，各方当事人一致书面申请快速处理的，经县级以上公安机关交通管理部门负责人批准，可以根据已经取得的证据，自当事人申请之日起五日内制作道路交通事故认定书：

（一）当事人不涉嫌交通肇事、危险驾驶犯罪的；
（二）道路交通事故基本事实及成因清楚，当事人无异议的。

第七十条 对尚未查明身份的当事人，公安机关交通管理部门应当在道路交通事故认定书或者道路交通事故证明中予以注明，待身份信息查明以后，制作书面补充说明送达各方当事人。

第二节 复 核

第七十一条 当事人对道路交通事故认定或者出具道路交通事故证明有异议的，可以自道路交通事故认定书或者道路交通事故证明送达之日起三日内提出书面复核申请。当事人逾期提交复核申请的，不予受理，并书面通知申请人。

复核申请应当载明复核请求及其理由和主要证据。同一事故的复核以一次为限。

第七十二条 复核申请人通过作出道路交通事故认定的公安机关交通管理部门提出复核申请的，作出道路交通事故认定的公安机关交通管理部门应当自收到复核申请之日起二日内将复核申请连同道路交通事故有关材料移送上一级公安机关交通管理部门。

复核申请人直接向上一级公安机关交通管理部门提出复核申请的，上一级公安机关交通管理部门应当通知作出道路交通事故认定的公安机关交通管理部门自收到通知之日起五日内提交案卷材料。

第七十三条 除当事人逾期提交复核申请的情形外，上一级公安机关交通管理部门收到复核申请之日即为受理之日。

第七十四条 上一级公安机关交通管理部门自受理复核申请之日起三十日内，对下列内容进行审查，并作出复核结论：

（一）道路交通事故认定的事实是否清楚、证据是否确实充分、适用法律是否正确、责任划分是否公正；

（二）道路交通事故调查及认定程序是否合法；

（三）出具道路交通事故证明是否符合规定。

复核原则上采取书面审查的形式，但当事人提出要求或者公安机关交通管理部门认为有必要时，可以召集各方当事人到场，听取各方意见。

办理复核案件的交通警察不得少于二人。

第七十五条 复核审查期间，申请人提出撤销复核申请的，公安机关交通管理部门应当终止复核，并书面通知各方当事人。

受理复核申请后，任何一方当事人就该事故向人民法院提起诉讼并经人民法院受理的，公安机关交通管理部门应当将受理当事人复核申请的有关情况告知相关人民法院。

受理复核申请后，人民检察院对交通肇事犯罪嫌疑人作出批准逮捕决定的，公安机关交通管理部门应当将受理当事人复核申请的有关情况告知相关人民检察院。

第七十六条 上一级公安机关交通管理部门认为原道路交通事故认定事实清楚、证据确实充分、适用法律正确、责任划分公正、程序合法的，应当作出维持原道路交通事故认定的复核结论。

上一级公安机关交通管理部门认为调查及认定程序存在瑕疵，但不影响道路交通事故认定的，在责令原办案单位补正或者作出合理解释后，可以作出维持原道路交通事故认定的复核结论。

上一级公安机关交通管理部门认为原道路交通事故认定有下列情形之一的，应当作出责令原办案单位重新调查、认定的复核结论：

（一）事实不清的；

（二）主要证据不足的；

（三）适用法律错误的；

（四）责任划分不公正的；

（五）调查及认定违反法定程序可能影响道路交通事故认定的。

第七十七条 上一级公安机关交通管理部门审查原道路交通事故证明后，按下列规定处理：

（一）认为事故成因确属无法查清，应当作出维持原道路交通事故证明的复核结论；

（二）认为事故成因仍需进一步调查的，应当作出责令原办案单位重新调查、认定的复核结论。

第七十八条 上一级公安机关交通管理部门应当在作出复核结论后三日内将复核结论送达各方当事人。公安机关交通管理部门认为必要的，应当召集各方当事人，当场宣布复核结论。

第七十九条 上一级公安机关交通管理部门作出责令重新调查、认定的复核结论后，原办案单位应当在十日内依照本规定重新调查，重新作出道路交通事故认定，撤销原道路交通事故认定书或者原道路交通事故证明。

重新调查需要检验、鉴定的,原办案单位应当在检验报告、鉴定意见确定之日起五日内,重新作出道路交通事故认定。

重新作出道路交通事故认定的,原办案单位应当送达各方当事人,并报上一级公安机关交通管理部门备案。

第八十条 上一级公安机关交通管理部门可以设立道路交通事故复核委员会,由办理复核案件的交通警察会同相关行业代表、社会专家学者等人员共同组成,负责案件复核,并以上一级公安机关交通管理部门的名义作出复核结论。

最高人民法院关于审理道路交通事故损害赔偿案件适用法律若干问题的解释

(2012年9月17日最高人民法院审判委员会第1556次会议通过 根据2020年12月23日最高人民法院审判委员会第1823次会议通过的《最高人民法院关于修改〈最高人民法院关于在民事审判工作中适用《中华人民共和国工会法》若干问题的解释〉等二十七件民事类司法解释的决定》修正 2020年12月29日最高人民法院公告公布 自2021年1月1日起施行 法释〔2020〕17号)

为正确审理道路交通事故损害赔偿案件,根据《中华人民共和国民法典》《中华人民共和国道路交通安全法》《中华人民共和国保险法》《中华人民共和国民事诉讼法》等法律的规定,结合审判实践,制定本解释。

一、关于主体责任的认定

第一条 机动车发生交通事故造成损害,机动车所有人或者管理人有下列情形之一，人民法院应当认定其对损害的发生有过错，并适用民法典第一千二百零九条的规定确定其相应的赔偿责任：

（一）知道或者应当知道机动车存在缺陷，且该缺陷是交通事故发生原因之一的；

（二）知道或者应当知道驾驶人无驾驶资格或者未取得相应驾驶资格的；

（三）知道或者应当知道驾驶人因饮酒、服用国家管制的精神药品或者麻醉药品，或者患有妨碍安全驾驶机动车的疾病等依法不能驾驶机动车的；

（四）其它应当认定机动车所有人或者管理人有过错的。

第二条 被多次转让但是未办理登记的机动车发生交通事故造成损害，属于该机动车一方责任，当事人请求由最后一次转让并交付的受让人承担赔偿责任的，人民法院应予支持。

第三条 套牌机动车发生交通事故造成损害，属于该机动车一方责任，当事人请求由套牌机动车的所有人或者管理人承担赔偿责任的，人民法院应予支持；被套牌机动车所有人或者管理人同意套牌的，应当与套牌机动车的所有人或者管理人承担连带责任。

第四条 拼装车、已达到报废标准的机动车或者依法禁止行驶的其他机动车被多次转让，并发生交通事故造成损害，当事人请求由所有的转让人和受让人承担连带责任的，人民法院应予支持。

第五条 接受机动车驾驶培训的人员，在培训活动中驾驶机动车发生交通事故造成损害，属于该机动车一方责任，当事人请求驾驶培训单位承担赔偿责任的，人民法院应予支持。

第六条 机动车试乘过程中发生交通事故造成试乘人损害，当事人请求提供试乘服务者承担赔偿责任的，人民法院应予支持。试乘人有过错的，应当减轻提供试乘服务者的赔偿责任。

第七条 因道路管理维护缺陷导致机动车发生交通事故造成损害，当事人请求道路管理者承担相应赔偿责任的，人民法院应予支持。但道路管理者能够证明已经依照法律、法规、规章的规定，或者按照国家标准、行业标准、地方标准的要求尽到安全防护、警示等管理维护义务的除外。

依法不得进入高速公路的车辆、行人,进入高速公路发生交通事故造成自身损害,当事人请求高速公路管理者承担赔偿责任的,适用民法典第一千二百四十三条的规定。

第八条　未按照法律、法规、规章或者国家标准、行业标准、地方标准的强制性规定设计、施工,致使道路存在缺陷并造成交通事故,当事人请求建设单位与施工单位承担相应赔偿责任的,人民法院应予支持。

第九条　机动车存在产品缺陷导致交通事故造成损害,当事人请求生产者或者销售者依照民法典第七编第四章的规定承担赔偿责任的,人民法院应予支持。

第十条　多辆机动车发生交通事故造成第三人损害,当事人请求多个侵权人承担赔偿责任的,人民法院应当区分不同情况,依照民法典第一千一百七十条、第一千一百七十一条、第一千一百七十二条的规定,确定侵权人承担连带责任或者按份责任。

二、关于赔偿范围的认定

第十一条　道路交通安全法第七十六条规定的"人身伤亡",是指机动车发生交通事故侵害被侵权人的生命权、身体权、健康权等人身权益所造成的损害,包括民法典第一千一百七十九条和第一千一百八十三条规定的各项损害。

道路交通安全法第七十六条规定的"财产损失",是指因机动车发生交通事故侵害被侵权人的财产权益所造成的损失。

第十二条　因道路交通事故造成下列财产损失,当事人请求侵权人赔偿的,人民法院应予支持:

(一)维修被损坏车辆所支出的费用、车辆所载物品的损失、车辆施救费用;

(二)因车辆灭失或者无法修复,为购买交通事故发生时与被损坏车辆价值相当的车辆重置费用;

(三)依法从事货物运输、旅客运输等经营性活动的车辆,因无法从事相应经营活动所产生的合理停运损失;

（四）非经营性车辆因无法继续使用，所产生的通常替代性交通工具的合理费用。

三、关于责任承担的认定

第十三条 同时投保机动车第三者责任强制保险（以下简称"交强险"）和第三者责任商业保险（以下简称"商业三者险"）的机动车发生交通事故造成损害，当事人同时起诉侵权人和保险公司的，人民法院应当依照民法典第一千二百一十三条的规定，确定赔偿责任。

被侵权人或者其近亲属请求承保交强险的保险公司优先赔偿精神损害的，人民法院应予支持。

第十四条 投保人允许的驾驶人驾驶机动车致使投保人遭受损害，当事人请求承保交强险的保险公司在责任限额范围内予以赔偿的，人民法院应予支持，但投保人为本车上人员的除外。

第十五条 有下列情形之一导致第三人人身损害，当事人请求保险公司在交强险责任限额范围内予以赔偿，人民法院应予支持：

（一）驾驶人未取得驾驶资格或者未取得相应驾驶资格的；

（二）醉酒、服用国家管制的精神药品或者麻醉药品后驾驶机动车发生交通事故的；

（三）驾驶人故意制造交通事故的。

保险公司在赔偿范围内向侵权人主张追偿权的，人民法院应予支持。追偿权的诉讼时效期间自保险公司实际赔偿之日起计算。

第十六条 未依法投保交强险的机动车发生交通事故造成损害，当事人请求投保义务人在交强险责任限额范围内予以赔偿的，人民法院应予支持。

投保义务人和侵权人不是同一人，当事人请求投保义务人和侵权人在交强险责任限额范围内承担相应责任的，人民法院应予支持。

第十七条 具有从事交强险业务资格的保险公司违法拒绝承保、拖延承保或者违法解除交强险合同，投保义务人在向第三人承担赔偿责任后，请求该保险公司在交强险责任限额范围内承担相应赔偿责任的,人民法院应予支持。

第十八条 多辆机动车发生交通事故造成第三人损害,损失超出各机动车交强险责任限额之和的,由各保险公司在各自责任限额范围内承担赔偿责任;损失未超出各机动车交强险责任限额之和,当事人请求由各保险公司按照其责任限额与责任限额之和的比例承担赔偿责任的,人民法院应予支持。

依法分别投保交强险的牵引车和挂车连接使用时发生交通事故造成第三人损害,当事人请求由各保险公司在各自的责任限额范围内平均赔偿的,人民法院应予支持。

多辆机动车发生交通事故造成第三人损害,其中部分机动车未投保交强险,当事人请求先由已承保交强险的保险公司在责任限额范围内予以赔偿的,人民法院应予支持。保险公司就超出其应承担的部分向未投保交强险的投保义务人或者侵权人行使追偿权的,人民法院应予支持。

第十九条 同一交通事故的多个被侵权人同时起诉的,人民法院应当按照各被侵权人的损失比例确定交强险的赔偿数额。

第二十条 机动车所有权在交强险合同有效期内发生变动,保险公司在交通事故发生后,以该机动车未办理交强险合同变更手续为由主张免除赔偿责任的,人民法院不予支持。

机动车在交强险合同有效期内发生改装、使用性质改变等导致危险程度增加的情形,发生交通事故后,当事人请求保险公司在责任限额范围内予以赔偿的,人民法院应予支持。

前款情形下,保险公司另行起诉请求投保义务人按照重新核定后的保险费标准补足当期保险费的,人民法院应予支持。

第二十一条 当事人主张交强险人身伤亡保险金请求权转让或者设定担保的行为无效的,人民法院应予支持。

四、关于诉讼程序的规定

第二十二条 人民法院审理道路交通事故损害赔偿案件,应当将承保交强险的保险公司列为共同被告。但该保险公司已经在交强险责任限额范围内予以赔偿且当事人无异议的除外。

人民法院审理道路交通事故损害赔偿案件，当事人请求将承保商业三者险的保险公司列为共同被告的，人民法院应予准许。

第二十三条 被侵权人因道路交通事故死亡，无近亲属或者近亲属不明，未经法律授权的机关或者有关组织向人民法院起诉主张死亡赔偿金的，人民法院不予受理。

侵权人以已向未经法律授权的机关或者有关组织支付死亡赔偿金为理由，请求保险公司在交强险责任限额范围内予以赔偿的，人民法院不予支持。

被侵权人因道路交通事故死亡，无近亲属或者近亲属不明，支付被侵权人医疗费、丧葬费等合理费用的单位或者个人，请求保险公司在交强险责任限额范围内予以赔偿的，人民法院应予支持。

第二十四条 公安机关交通管理部门制作的交通事故认定书，人民法院应依法审查并确认其相应的证明力，但有相反证据推翻的除外。

五、关于适用范围的规定

第二十五条 机动车在道路以外的地方通行时引发的损害赔偿案件，可以参照适用本解释的规定。

第二十六条 本解释施行后尚未终审的案件，适用本解释；本解释施行前已经终审，当事人申请再审或者按照审判监督程序决定再审的案件，不适用本解释。

劳动工伤伤残鉴定与赔偿

中华人民共和国职业病防治法（节录）

（2001年10月27日第九届全国人民代表大会常务委员会第二十四次会议通过　根据2011年12月31日第十一届全国人民代表大会常务委员会第二十四次会议《关于修改〈中华人民共和国职业病防治法〉的决定》第一次修正　根据2016年7月2日第十二届全国人民代表大会常务委员会第二十一次会议《关于修改〈中华人民共和国节约能源法〉等六部法律的决定》第二次修正　根据2017年11月4日第十二届全国人民代表大会常务委员会第三十次会议《关于修改〈中华人民共和国会计法〉等十一部法律的决定》第三次修正　根据2018年12月29日第十三届全国人民代表大会常务委员会第七次会议《关于修改〈中华人民共和国劳动法〉等七部法律的决定》第四次修正）

……

第四章　职业病诊断与职业病病人保障

第四十三条　职业病诊断应当由取得《医疗机构执业许可证》的医疗卫生机构承担。卫生行政部门应当加强对职业病诊断工作的规范管理，具体管理办法由国务院卫生行政部门制定。

承担职业病诊断的医疗卫生机构还应当具备下列条件：

（一）具有与开展职业病诊断相适应的医疗卫生技术人员；

（二）具有与开展职业病诊断相适应的仪器、设备；

（三）具有健全的职业病诊断质量管理制度。

承担职业病诊断的医疗卫生机构不得拒绝劳动者进行职业病诊断的要求。

第四十四条 劳动者可以在用人单位所在地、本人户籍所在地或者经常居住地依法承担职业病诊断的医疗卫生机构进行职业病诊断。

第四十五条 职业病诊断标准和职业病诊断、鉴定办法由国务院卫生行政部门制定。职业病伤残等级的鉴定办法由国务院劳动保障行政部门会同国务院卫生行政部门制定。

第四十六条 职业病诊断，应当综合分析下列因素：

（一）病人的职业史；

（二）职业病危害接触史和工作场所职业病危害因素情况；

（三）临床表现以及辅助检查结果等。

没有证据否定职业病危害因素与病人临床表现之间的必然联系的，应当诊断为职业病。

职业病诊断证明书应当由参与诊断的取得职业病诊断资格的执业医师签署，并经承担职业病诊断的医疗卫生机构审核盖章。

第四十七条 用人单位应当如实提供职业病诊断、鉴定所需的劳动者职业史和职业病危害接触史、工作场所职业病危害因素检测结果等资料；卫生行政部门应当监督检查和督促用人单位提供上述资料；劳动者和有关机构也应当提供与职业病诊断、鉴定有关的资料。

职业病诊断、鉴定机构需要了解工作场所职业病危害因素情况时，可以对工作场所进行现场调查，也可以向卫生行政部门提出，卫生行政部门应当在十日内组织现场调查。用人单位不得拒绝、阻挠。

第四十八条 职业病诊断、鉴定过程中，用人单位不提供工作场所职业病危害因素检测结果等资料的，诊断、鉴定机构应当结合劳动者的临床表现、辅助检查结果和劳动者的职业史、职业病危害接触史，并参考劳动者的自述、卫生行政部门提供的日常监督检查信息等，作出职业病诊断、鉴定结论。

劳动者对用人单位提供的工作场所职业病危害因素检测结果等资料有异议，或者因劳动者的用人单位解散、破产，无用人单位提供上述资料的，诊断、鉴定机构应当提请卫生行政部门进行调查，卫生行政部门应当自接到申请之日起三十日内对存在异议的资料或者工作场所职业病危害因素情况作出判定；有关部门应当配合。

第四十九条 职业病诊断、鉴定过程中，在确认劳动者职业史、职业病危害接触史时，当事人对劳动关系、工种、工作岗位或者在岗时间有争议的，可以向当地的劳动人事争议仲裁委员会申请仲裁；接到申请的劳动人事争议仲裁委员会应当受理，并在三十日内作出裁决。

当事人在仲裁过程中对自己提出的主张，有责任提供证据。劳动者无法提供由用人单位掌握管理的与仲裁主张有关的证据的，仲裁庭应当要求用人单位在指定期限内提供；用人单位在指定期限内不提供的，应当承担不利后果。

劳动者对仲裁裁决不服的，可以依法向人民法院提起诉讼。

用人单位对仲裁裁决不服的，可以在职业病诊断、鉴定程序结束之日起十五日内依法向人民法院提起诉讼；诉讼期间，劳动者的治疗费用按照职业病待遇规定的途径支付。

第五十条 用人单位和医疗卫生机构发现职业病病人或者疑似职业病病人时，应当及时向所在地卫生行政部门报告。确诊为职业病的，用人单位还应当向所在地劳动保障行政部门报告。接到报告的部门应当依法作出处理。

第五十一条 县级以上地方人民政府卫生行政部门负责本行政区域内的职业病统计报告的管理工作，并按照规定上报。

第五十二条 当事人对职业病诊断有异议的，可以向作出诊断的医疗卫生机构所在地地方人民政府卫生行政部门申请鉴定。

职业病诊断争议由设区的市级以上地方人民政府卫生行政部门根据当事人的申请，组织职业病诊断鉴定委员会进行鉴定。

当事人对设区的市级职业病诊断鉴定委员会的鉴定结论不服的，

可以向省、自治区、直辖市人民政府卫生行政部门申请再鉴定。

第五十三条 职业病诊断鉴定委员会由相关专业的专家组成。

省、自治区、直辖市人民政府卫生行政部门应当设立相关的专家库，需要对职业病争议作出诊断鉴定时，由当事人或者当事人委托有关卫生行政部门从专家库中以随机抽取的方式确定参加诊断鉴定委员会的专家。

职业病诊断鉴定委员会应当按照国务院卫生行政部门颁布的职业病诊断标准和职业病诊断、鉴定办法进行职业病诊断鉴定，向当事人出具职业病诊断鉴定书。职业病诊断、鉴定费用由用人单位承担。

第五十四条 职业病诊断鉴定委员会组成人员应当遵守职业道德，客观、公正地进行诊断鉴定，并承担相应的责任。职业病诊断鉴定委员会组成人员不得私下接触当事人，不得收受当事人的财物或者其他好处，与当事人有利害关系的，应当回避。

人民法院受理有关案件需要进行职业病鉴定时，应当从省、自治区、直辖市人民政府卫生行政部门依法设立的相关的专家库中选取参加鉴定的专家。

第五十五条 医疗卫生机构发现疑似职业病病人时，应当告知劳动者本人并及时通知用人单位。

用人单位应当及时安排对疑似职业病病人进行诊断；在疑似职业病病人诊断或者医学观察期间，不得解除或者终止与其订立的劳动合同。

疑似职业病病人在诊断、医学观察期间的费用，由用人单位承担。

第五十六条 用人单位应当保障职业病病人依法享受国家规定的职业病待遇。

用人单位应当按照国家有关规定，安排职业病病人进行治疗、康复和定期检查。

用人单位对不适宜继续从事原工作的职业病病人，应当调离原岗位，并妥善安置。

用人单位对从事接触职业病危害的作业的劳动者，应当给予适当岗位津贴。

第五十七条 职业病病人的诊疗、康复费用，伤残以及丧失劳动能力的职业病病人的社会保障，按照国家有关工伤保险的规定执行。

第五十八条 职业病病人除依法享有工伤保险外，依照有关民事法律，尚有获得赔偿的权利的，有权向用人单位提出赔偿要求。

第五十九条 劳动者被诊断患有职业病，但用人单位没有依法参加工伤保险的，其医疗和生活保障由该用人单位承担。

第六十条 职业病病人变动工作单位，其依法享有的待遇不变。

用人单位在发生分立、合并、解散、破产等情形时，应当对从事接触职业病危害的作业的劳动者进行健康检查，并按照国家有关规定妥善安置职业病病人。

第六十一条 用人单位已经不存在或者无法确认劳动关系的职业病病人，可以向地方人民政府医疗保障、民政部门申请医疗救助和生活等方面的救助。

地方各级人民政府应当根据本地区的实际情况，采取其他措施，使前款规定的职业病病人获得医疗救治。

工伤保险条例（节录）

（2003年4月27日中华人民共和国国务院令第375号公布　根据2010年12月20日《国务院关于修改〈工伤保险条例〉的决定》修订）

……

第三章　工伤认定

第十四条　【应当认定工伤的情形】职工有下列情形之一的，

应当认定为工伤：

（一）在工作时间和工作场所内，因工作原因受到事故伤害的；

（二）工作时间前后在工作场所内，从事与工作有关的预备性或者收尾性工作受到事故伤害的；

（三）在工作时间和工作场所内，因履行工作职责受到暴力等意外伤害的；

（四）患职业病的；

（五）因工外出期间，由于工作原因受到伤害或者发生事故下落不明的；

（六）在上下班途中，受到非本人主要责任的交通事故或者城市轨道交通、客运轮渡、火车事故伤害的；

（七）法律、行政法规规定应当认定为工伤的其他情形。

注释 ［因工外出期间，由于工作原因受到伤害或者下落不明的］

"因工外出"，是指职工不在本单位的工作范围内，由于工作需要被领导指派到本单位以外工作，或者为了更好地完成工作，自己到本单位以外从事与本职工作有关的工作。这里的"外出"包括两层含义：一是指到本单位以外，但是还在本地范围内；二是指不仅离开了本单位，并且到外地去了。

"由于工作原因受到伤害"，是指由于工作原因直接或间接造成的伤害，包括事故伤害、暴力伤害和其他形式的伤害。这里的"事故"，包括安全事故、意外事故以及自然灾害等各种形式的事故。

［上下班途中的事故伤害］

一是交通事故是指《道路交通安全法》所称的在道路上发生的车辆交通事故；

二是发生事故后，需经交通管理等部门作出"非本人主要责任"的认定；

三是对"上下班途中"的理解，应作"合理时间"和"合理路线"的限定。"上下班途中"，包括职工按正常工作时间上下班的途中，以及职工加班加点后上下班的途中；

四是职工乘坐城市轨道交通工具、客运轮渡、火车上下班的情况日益增多,受到城市轨道交通工具、客运轮渡、火车事故伤害的情形也属工伤认定范围。

参见 《关于实施〈工伤保险条例〉若干问题的意见》二;《职业病防治法》第38-53条;《职业病分类和目录》;《劳动法》第36-45条

案例 1. 范某兴、俞某萍、高某诉上海某建设发展有限公司、黄某兵提供劳务者受害责任纠纷案(《中华人民共和国最高人民法院公报》2021年第10期)

案件适用要点:根据《建筑法》第48条规定,为职工参加工伤保险缴纳工伤保险费系建筑施工企业必须履行的法定义务,为从事危险作业的职工办理意外伤害保险并支付保险费系倡导性要求。建筑施工企业已为从事危险工作的职工办理意外伤害保险的,并不因此免除企业为职工缴纳工伤保险费的法定义务。根据《保险法》第39条规定,投保人为与其有劳动关系的劳动者投保人身保险,不得指定被保险人及其近亲属以外的人为受益人。建筑施工企业作为投保人为劳动者投保团体意外伤害险,该保险的受益人只能是劳动者或其近亲属。劳动者在工作中发生人身伤亡事故,建筑施工企业或实际施工人以投保人身份主张在赔偿款中扣除意外伤害保险金,变相成为该保险受益人的,有违立法目的,依法不予支持。

2. 孙某兴诉天津新技术产业园区劳动人事局工伤认定案(2014年12月25日最高人民法院指导案例40号)

案件适用要点:《工伤保险条例》第14条第1项规定的"因工作原因",是指职工受伤与其从事本职工作之间存在关联关系。

《工伤保险条例》第14条第1项规定的"工作场所",是指与职工工作职责相关的场所,有多个工作场所的,还包括工作时间内职工来往于多个工作场所之间的合理区域。

职工在从事本职工作中存在过失,不属于《工伤保险条例》第16条规定的故意犯罪、醉酒或者吸毒、自残或者自杀情形,不影响工伤的认定。

第十五条 【视同工伤的情形及其保险待遇】职工有下列情形之一的,视同工伤:

(一)在工作时间和工作岗位,突发疾病死亡或者在48小时之内经抢救无效死亡的;

(二)在抢险救灾等维护国家利益、公共利益活动中受到伤害的;

(三)职工原在军队服役,因战、因公负伤致残,已取得革命伤残军人证,到用人单位后旧伤复发的。

职工有前款第(一)项、第(二)项情形的,按照本条例的有关规定享受工伤保险待遇;职工有前款第(三)项情形的,按照本条例的有关规定享受除一次性伤残补助金以外的工伤保险待遇。

注释 [在工作时间、工作岗位突发疾病]

"突发疾病",是指上班期间突然发生任何种类的疾病,一般多为心脏病、脑出血、心肌梗死等突发性疾病。职工在工作时间和工作岗位突发疾病当场死亡的,以及职工在工作时间和工作岗位突发疾病后没有当时死亡,但在48小时之内经抢救无效死亡的,应当视同工伤。

[在维护国家利益、公共利益活动中受到伤害的]

"维护国家利益",是指为了减少或者避免国家利益遭受损失,职工挺身而出。"维护公共利益",是指为了减少或者避免公共利益遭受损失,职工挺身而出。本条列举了抢险救灾这种情形,是为了帮助大家更好地理解和掌握哪种情形属于维护国家利益和维护公共利益,但凡是与抢险救灾性质类似的行为,都应当认定为属于维护国家利益和维护公共利益的行为。需强调的是,在这种情形下,没有工作时间、工作地点、工作原因等要素要求。例如,某单位职工在过铁路道口时,看到在道口附近有个小孩正牵着一头牛过铁路,这时,前方恰好有一辆满载旅客的列车驶来,该职工赶紧过去将牛牵走并将小孩推出铁道。列车安全地通过了,可该职工却因来不及跑开,被列车撞成重伤。该职工的这种行为,就应属于维护国家利益和公共利益的行为。

[职工原在军队服役,因战、因公负伤致残,已取得革命伤残军人证,到用人单位后旧伤复发的]

"因战致残"是指:(1)对敌作战致残;(2)因执行任务,或者被俘、被捕后不屈致残;(3)为抢救和保护国家财产、人民生命财产或者参加处置突发事件致残;(4)因执行军事演习、战备航行飞行、空降和导弹发射训练、试航试飞任务以及参加武器装备科研实验致残等。

"因公致残"是指:(1)在执行任务中或者在上下班途中,由于意外事件致残;(2)被认定为因战、因公致残后因旧伤复发;(3)因患职业病致残;(4)在执行任务中或者在工作岗位上因病致残,或者因医疗事故致残等。

"旧伤复发",是指职工在军队服役期间,因战、因公负伤致残,并取得了革命伤残军人证,到用人单位后其在军队服役期间因战、因公负伤的伤害部位(伤口)发生变化,需要进行治疗或相关救治的情形。

参见 《关于实施〈工伤保险条例〉若干问题的意见》三

第十六条 【不属于工伤的情形】职工符合本条例第十四条、第十五条的规定,但是有下列情形之一的,不得认定为工伤或者视同工伤:

(一)故意犯罪的;

(二)醉酒或者吸毒的;

(三)自残或者自杀的。

参见 《社会保险法》第37条

第十七条 【申请工伤认定的主体、时限及受理部门】职工发生事故伤害或者按照职业病防治法规定被诊断、鉴定为职业病,所在单位应当自事故伤害发生之日或者被诊断、鉴定为职业病之日起30日内,向统筹地区社会保险行政部门提出工伤认定申请。遇有特殊情况,经报社会保险行政部门同意,申请时限可以适当延长。

用人单位未按前款规定提出工伤认定申请的,工伤职工或者其近亲属、工会组织在事故伤害发生之日或者被诊断、鉴定为职业病之日起1年内，可以直接向用人单位所在地统筹地区社会保险行政部门提出工伤认定申请。

按照本条第一款规定应当由省级社会保险行政部门进行工伤认定的事项，根据属地原则由用人单位所在地的设区的市级社会保险行政部门办理。

用人单位未在本条第一款规定的时限内提交工伤认定申请，在此期间发生符合本条例规定的工伤待遇等有关费用由该用人单位负担。

注释 工伤认定的申请主体有两类：一是工伤职工所在单位，二是工伤职工或者其近亲属，以及工伤职工所在单位的工会组织及符合我国工会法规定的各级工会组织。注意有权申请工伤认定的亲属限于近亲属，如配偶、父母、成年子女等，才可以成为工伤认定申请的主体。

因申请主体的不同，工伤认定的申请时限也不同：

（1）对用人单位而言，申请时限一般为在事故伤害发生之日或者确诊为职业病之日起30日内；特殊情况的，经社会保险行政部门批准，可以适当延长。用人单位逾期未提出认定申请的，在此期间发生的工伤待遇等有关费用由该用人单位负担。

（2）对个人而言，工伤认定的申请时限为事故伤害发生之日起或者被确诊为职业病之日起的1年内。

参见 《工伤认定办法》第4-5条；《职业病防治法》第43-61条；《关于实施〈工伤保险条例〉若干问题的意见》四至六

案例 杨某峰诉无锡市劳动和社会保障局工伤认定行政纠纷案（《中华人民共和国最高人民法院公报》2008年第1期）

案件适用要点：根据《工伤保险条例》第17条第2款的规定，工伤认定申请时效应当从事故伤害发生之日起算。这里的"事故伤害发生之日"应当包括工伤事故导致的伤害结果实际发生之日。工伤事故发生时伤害结果尚未实际发生，工伤职工在伤害结果实际发生后一年内提出工伤认定申请的，不属于超过工伤认定申请时效的情形。

第十八条 【申请材料】提出工伤认定申请应当提交下列材料：

（一）工伤认定申请表；

（二）与用人单位存在劳动关系（包括事实劳动关系）的证明材料；

（三）医疗诊断证明或者职业病诊断证明书（或者职业病诊断鉴定书）。

工伤认定申请表应当包括事故发生的时间、地点、原因以及职工伤害程度等基本情况。

工伤认定申请人提供材料不完整的，社会保险行政部门应当一次性书面告知工伤认定申请人需要补正的全部材料。申请人按照书面告知要求补正材料后，社会保险行政部门应当受理。

注释 劳动合同是证明用人单位与职工之间存在劳动关系的有力凭证，是主要的证明材料。对于现实中部分不与职工签订劳动合同的用人单位，可以把其他有关的材料作为实际用工已形成劳动关系的证明材料，如工资报酬的领取证明、同事的书面证明等。

出具普通事故伤害的医疗证明，没有严格的法定程序，为了保证所提供的医疗诊断证明的真实性，社会保险行政部门可以根据需要对事故伤害进行调查核实。此外，医师在出具有关工伤的医疗证明文件时必须签名，并对证明的真实性承担法律责任。

第十九条 【事故调查及举证责任】 社会保险行政部门受理工伤认定申请后，根据审核需要可以对事故伤害进行调查核实，用人单位、职工、工会组织、医疗机构以及有关部门应当予以协助。职业病诊断和诊断争议的鉴定，依照职业病防治法的有关规定执行。对依法取得职业病诊断证明书或者职业病诊断鉴定书的，社会保险行政部门不再进行调查核实。

职工或者其近亲属认为是工伤，用人单位不认为是工伤的，由用人单位承担举证责任。

注释 注意职工与单位对工伤认定存在争议时，适用举证责任倒置原则，由用人单位承担举证责任。用人单位拒不举证的，社会保险行政部门可以根据受伤害职工提供的证据依法作出工伤认定结论。

> **参见**　《工伤认定办法》第9-15，17条

第二十条　【工伤认定的时限、回避】社会保险行政部门应当自受理工伤认定申请之日起60日内作出工伤认定的决定，并书面通知申请工伤认定的职工或者其近亲属和该职工所在单位。

社会保险行政部门对受理的事实清楚、权利义务明确的工伤认定申请，应当在15日内作出工伤认定的决定。

作出工伤认定决定需要以司法机关或者有关行政主管部门的结论为依据的，在司法机关或者有关行政主管部门尚未作出结论期间，作出工伤认定决定的时限中止。

社会保险行政部门工作人员与工伤认定申请人有利害关系的，应当回避。

> **注释**　针对实践中存在的一些工伤认定决定需要等待司法机关或者有关行政主管部门作出结论的情况，本条例专门作了中止规定。比如，受到事故伤害的职工正在接受法院的审理，是否认定其故意犯罪，在这期间应当中止工伤认定，如果法院认定为不是故意犯罪或者无罪，就需重新启动工伤认定程序。再如，上下班途中发生的交通事故，是不是职工本人的主要责任，应等待交通管理机关的认定，同样应当中止工伤认定，如果结果是本人应当负主要责任，则不能认定为工伤，反之则应当认定为工伤。

社会保险行政部门的工作人员，包括部门领导、一般工作人员，无论是否与工伤认定工作直接相关，凡与工伤认定申请人有亲戚、同事、同学、老乡等关系，可能影响公正作出工伤认定的，都需回避。

> **参见**　《工伤认定办法》第16，18-22条

第四章　劳动能力鉴定

第二十一条　【鉴定的条件】职工发生工伤，经治疗伤情相对

稳定后存在残疾、影响劳动能力的，应当进行劳动能力鉴定。

注释 根据本条的规定，职工进行劳动能力鉴定的条件有三：

（1）应该在经过治疗，伤情处于相对稳定状态后进行。

（2）工伤职工必须存在残疾，主要表现在身体上的残疾。例如，身体的某一器官造成损伤，或者造成肢体残疾等。

（3）工伤职工的残疾须对工作、生活产生了直接的影响，伤残程度已经影响到职工本人的劳动能力。例如，职工工伤后，由于身体造成的伤残不能从事工伤前的工作，只能从事劳动强度相对较弱、岗位工资、奖金可能相对少的工作，有的甚至不得不退出生产、工作岗位，不能像正常职工那样获取工资报酬，而只能依靠领取工伤保险待遇维持基本生活。

第二十二条 【劳动能力鉴定等级】劳动能力鉴定是指劳动功能障碍程度和生活自理障碍程度的等级鉴定。

劳动功能障碍分为十个伤残等级，最重的为一级，最轻的为十级。

生活自理障碍分为三个等级：生活完全不能自理、生活大部分不能自理和生活部分不能自理。

劳动能力鉴定标准由国务院社会保险行政部门会同国务院卫生行政部门等部门制定。

第二十三条 【申请鉴定的主体、受理机构、申请材料】劳动能力鉴定由用人单位、工伤职工或者其近亲属向设区的市级劳动能力鉴定委员会提出申请，并提供工伤认定决定和职工工伤医疗的有关资料。

注释 [劳动能力鉴定的申请主体]

（1）用人单位，即工伤职工所在单位。职工发生事故伤害后，为职工申请工伤认定、劳动能力鉴定，是单位的法定责任。

（2）工伤职工，即因工受到事故伤害被认定为工伤的职工。

（3）职工的近亲属。一般包括：配偶、子女、父母、兄弟姐妹、祖父母、外祖父母。

［劳动能力鉴定的受理机构］

我国的劳动能力鉴定机构为劳动能力鉴定委员会。劳动能力鉴定委员会分为设区的市级劳动能力鉴定委员会和省、自治区、直辖市劳动能力鉴定委员会两级，由设区的市级劳动能力鉴定委员会受理劳动能力的初次鉴定申请。

［劳动能力鉴定的申请材料］

（1）工伤认定决定，即由社会保险行政部门根据国家规定，确定职工受伤或者职业病是否属于工伤范围，是否符合工伤条件的书面决定。

（2）职工工伤医疗的有关资料，即职工受到事故伤害或者患职业病，到医疗机构进行治疗过程中，由医院记载的有关负伤职工的病情、病志、治疗情况等资料。劳动能力鉴定机构据此审查负伤职工的伤情是否处于稳定状态，能否进行劳动能力鉴定。

第二十四条　【鉴定委员会人员构成、专家库】省、自治区、直辖市劳动能力鉴定委员会和设区的市级劳动能力鉴定委员会分别由省、自治区、直辖市和设区的市级社会保险行政部门、卫生行政部门、工会组织、经办机构代表以及用人单位代表组成。

劳动能力鉴定委员会建立医疗卫生专家库。列入专家库的医疗卫生专业技术人员应当具备下列条件：

（一）具有医疗卫生高级专业技术职务任职资格；

（二）掌握劳动能力鉴定的相关知识；

（三）具有良好的职业品德。

注释　劳动能力鉴定委员会医疗卫生专家库由专门的医疗卫生方面的专家组成。工伤职工的劳动能力鉴定必须经过专家的综合会诊、签署鉴定意见后，劳动能力鉴定委员会才能作出劳动能力鉴定结论。

第二十五条　【鉴定步骤、时限】设区的市级劳动能力鉴定委员会收到劳动能力鉴定申请后，应当从其建立的医疗卫生专家库中随机抽取3名或者5名相关专家组成专家组，由专家组提出鉴定意见。设区的市级劳动能力鉴定委员会根据专家组的鉴定意见作出工伤职工劳动能力鉴定结论；必要时，可以委托具备资格的医疗机构协助进行有关的诊断。

设区的市级劳动能力鉴定委员会应当自收到劳动能力鉴定申请之日起60日内作出劳动能力鉴定结论，必要时，作出劳动能力鉴定结论的期限可以延长30日。劳动能力鉴定结论应当及时送达申请鉴定的单位和个人。

注释 设区的市级劳动能力鉴定委员会进行劳动能力鉴定，分为以下几个步骤：

（1）组成专家组。专家组由从医疗卫生专家库中随机抽取的3名或者5名相关专家组成。"随机抽取"，是指按照自由组合的原则从专家库中抽取专家，防止申请人或者与劳动能力鉴定有利害关系的人提前与医疗专家沟通，影响劳动能力鉴定结论的公正性。

（2）提出鉴定意见。专家组根据医疗专业知识和劳动能力的评残标准作出医疗鉴定。专家组的鉴定意见是劳动能力鉴定委员会作出劳动能力鉴定结论的依据。

（3）作出劳动能力鉴定结论。劳动能力鉴定委员会根据专家组的鉴定意见，确定伤残职工的劳动功能障碍程度和生活护理依赖程度，作出劳动能力鉴定结论。

第二十六条 【再次鉴定】申请鉴定的单位或者个人对设区的市级劳动能力鉴定委员会作出的鉴定结论不服的，可以在收到该鉴定结论之日起15日内向省、自治区、直辖市劳动能力鉴定委员会提出再次鉴定申请。省、自治区、直辖市劳动能力鉴定委员会作出的劳动能力鉴定结论为最终结论。

注释 再次鉴定的申请时限为收到鉴定结论之日起15日内，也就是说，如果申请人在15日内没有提出再次鉴定申请，设区的市级劳动能力鉴定委员会作出的劳动能力鉴定结论就具有法律效力。对于已经具有法律效力的鉴定结论，当事人不能提出再次鉴定的申请。这时申请人如果仍向上一级劳动能力鉴定委员会提出申请的，上一级劳动能力鉴定委员会可以以超过时效为由不予受理。

受理再次鉴定申请的机构为省、自治区、直辖市劳动能力鉴定委员会。省、自治区、直辖市劳动能力鉴定委员会作出的劳动能力鉴定结论为劳动能力鉴定委员会鉴定程序中的最终结论。

案例 徐某诉某市劳动能力鉴定委员会伤残鉴定案（四川省高级人民法院、四川省司法厅、四川省人力资源社会保障厅联合发布7起人力资源社会保障行政执法、行政复议、行政审判典型案例之二）

案件适用要点：申请工伤认定的职工或者其近亲属、该职工所在单位对工伤认定申请不予受理的决定或工伤认定结论不服的，可以依法申请行政复议，也可以依法向人民法院提起行政诉讼。但对劳动能力鉴定结论不服，不属于行政复议受案范围，亦不属于行政诉讼的受案范围，相关当事人应该按照《工伤保险条例》第26条"申请鉴定的单位或者个人对设区的市级劳动能力鉴定委员会作出的初次鉴定结论不服的，可以在收到该鉴定结论之日起15日内向省、自治区、直辖市劳动能力鉴定委员会提出再次鉴定申请。省、自治区、直辖市劳动能力鉴定委员会作出的劳动能力鉴定结论为最终结论"规定的法定途径维护自身权益，避免陷入诉累。

第二十七条 【鉴定工作原则、回避制度】劳动能力鉴定工作应当客观、公正。劳动能力鉴定委员会组成人员或者参加鉴定的专家与当事人有利害关系的，应当回避。

注释 本条的"回避"，主要是指为确保劳动能力鉴定工作的客观、公正，经当事人申请，对与当事人或申请人有利害关系的劳动能力鉴定委员会成员或者参加鉴定的医疗专家，要求其回避，不得参与劳动能力鉴定工作。这里的"利害关系"，是指劳动能力鉴定委员会成员或者参加鉴定的医疗专家，与当事人有亲属关系、同学、同事关系，或其他诸如财产利益等关系。

第二十八条 【复查鉴定】自劳动能力鉴定结论作出之日起1年后，工伤职工或者其近亲属、所在单位或者经办机构认为伤残情况发生变化的，可以申请劳动能力复查鉴定。

注释 劳动能力复查鉴定,是指已经劳动能力鉴定委员会鉴定过的工伤职工,在鉴定结论作出一段时期后,工伤职工或者其近亲属、所在单位或者经办机构认为残情发生变化,向劳动能力鉴定委员会提出申请,劳动能力鉴定委员会依据国家标准对其进行的复查鉴定。

劳动能力复查鉴定的申请时间,为劳动能力鉴定结论作出之日起1年后。

有权提出劳动能力复查鉴定的申请人包括:工伤职工或者其近亲属;工伤职工所在单位;经办机构。

第二十九条 【再次鉴定和复查鉴定的时限】 劳动能力鉴定委员会依照本条例第二十六条和第二十八条的规定进行再次鉴定和复查鉴定的期限,依照本条例第二十五条第二款的规定执行。

第五章 工伤保险待遇

第三十条 【工伤职工的治疗】 职工因工作遭受事故伤害或者患职业病进行治疗,享受工伤医疗待遇。

职工治疗工伤应当在签订服务协议的医疗机构就医,情况紧急时可以先到就近的医疗机构急救。

治疗工伤所需费用符合工伤保险诊疗项目目录、工伤保险药品目录、工伤保险住院服务标准的,从工伤保险基金支付。工伤保险诊疗项目目录、工伤保险药品目录、工伤保险住院服务标准,由国务院社会保险行政部门会同国务院卫生行政部门、食品药品监督管理部门等部门规定。

职工住院治疗工伤的伙食补助费,以及经医疗机构出具证明,报经办机构同意,工伤职工到统筹地区以外就医所需的交通、食宿费用从工伤保险基金支付,基金支付的具体标准由统筹地区人民政府规定。

工伤职工治疗非工伤引发的疾病,不享受工伤医疗待遇,按照基本医疗保险办法处理。

工伤职工到签订服务协议的医疗机构进行工伤康复的费用,符合规定的,从工伤保险基金支付。

第三十一条 【复议和诉讼期间不停止支付医疗费用】社会保险行政部门作出认定为工伤的决定后发生行政复议、行政诉讼的,行政复议和行政诉讼期间不停止支付工伤职工治疗工伤的医疗费用。

第三十二条 【配置辅助器具】工伤职工因日常生活或者就业需要,经劳动能力鉴定委员会确认,可以安装假肢、矫形器、假眼、假牙和配置轮椅等辅助器具,所需费用按照国家规定的标准从工伤保险基金支付。

第三十三条 【工伤治疗期间待遇】职工因工作遭受事故伤害或者患职业病需要暂停工作接受工伤医疗的,在停工留薪期内,原工资福利待遇不变,由所在单位按月支付。

停工留薪期一般不超过12个月。伤情严重或者情况特殊,经设区的市级劳动能力鉴定委员会确认,可以适当延长,但延长不得超过12个月。工伤职工评定伤残等级后,停发原待遇,按照本章的有关规定享受伤残待遇。工伤职工在停工留薪期满后仍需治疗的,继续享受工伤医疗待遇。

生活不能自理的工伤职工在停工留薪期需要护理的,由所在单位负责。

案例 周某与江苏某建筑公司劳动争议案(2019年扬州法院劳动争议十大典型案例之九)

案件适用要点: 劳动者在工作期间,一旦出现工伤,就不得不暂停工作接受治疗。在此期间,为保障劳动者的合法权益,《工伤保险条例》第33条规定了停工留薪,即劳动者遭受事故伤害需要暂停工作接受工伤医疗的,在停工留薪期内,工资福利由所在单位按月支付,待伤残鉴定确定等级后,停发待遇。但本条第2款对停工留薪的期限作出了明确规定,即一般不超过12个月,经设区的市级劳动能力鉴定委员会确认,可以适当延长,但延长不得超过12个月,因此停工留薪期最长为24个月。但当前部分劳动者的伤残鉴定期远远超过停工留薪期,在此期间,劳动者没有收入,其基本生活无法得到保障，因此劳动者有权要求用人单位承担其停工留薪期满至伤残鉴定结束期间的合法权益。

第三十四条 【生活护理费】工伤职工已经评定伤残等级并经劳动能力鉴定委员会确认需要生活护理的，从工伤保险基金按月支付生活护理费。

生活护理费按照生活完全不能自理、生活大部分不能自理或者生活部分不能自理3个不同等级支付，其标准分别为统筹地区上年度职工月平均工资的50%、40%或者30%。

案例 胡某与某电子商务公司工伤保险待遇纠纷案［西藏自治区高级人民法院、西藏自治区人力资源和社会保障厅发布10起劳动人事争议典型案例（第一批）之三］

案件适用要点：本案中，经劳动能力鉴定委员会鉴定申请人无护理依赖，故被申请人抗辩称无需支付申请人主张的停工留薪期护理费。但是经查实，申请人住院期间被申请人并未派人护理、申请人依赖是医院护工进行护理、并由申请人向护工支付了护理费7000元，根据《西藏自治区实施〈工伤保险条例〉办法》第25条规定，仲裁委应当支持申请人停工留薪期护理费的主张。护理费金额如有实际票据支持，应按票据支持；如是亲属护理，用人单位可按照自治区上年度在岗职工月平均工资标准支付护理费。

伤残等级鉴定后是否有护理依赖与停工留薪期生活不能自理需要护理是不同的内容，仲裁委在审理此类案件时需区分当事人发生伤残事故，不同阶段的护理需求，依法进行调解或作出裁决。其次，根据用人单位参保情况、裁决是否由用人单位承担。如被申请人未给申请人参加工伤保险、依法缴纳工伤保险，发生工伤后，由此产生的工伤保险费用应当由被申请人承担。

第三十五条 【一至四级工伤待遇】职工因工致残被鉴定为一级至四级伤残的，保留劳动关系，退出工作岗位，享受以下待遇：

（一）从工伤保险基金按伤残等级支付一次性伤残补助金，标准为：一级伤残为27个月的本人工资，二级伤残为25个月的本人工

资,三级伤残为23个月的本人工资,四级伤残为21个月的本人工资;

(二)从工伤保险基金按月支付伤残津贴,标准为:一级伤残为本人工资的90%,二级伤残为本人工资的85%,三级伤残为本人工资的80%,四级伤残为本人工资的75%。伤残津贴实际金额低于当地最低工资标准的,由工伤保险基金补足差额;

(三)工伤职工达到退休年龄并办理退休手续后,停发伤残津贴,按照国家有关规定享受基本养老保险待遇。基本养老保险待遇低于伤残津贴的,由工伤保险基金补足差额。

职工因工致残被鉴定为一级至四级伤残的,由用人单位和职工个人以伤残津贴为基数,缴纳基本医疗保险费。

第三十六条 【五至六级工伤待遇】职工因工致残被鉴定为五级、六级伤残的,享受以下待遇:

(一)从工伤保险基金按伤残等级支付一次性伤残补助金,标准为:五级伤残为18个月的本人工资,六级伤残为16个月的本人工资;

(二)保留与用人单位的劳动关系,由用人单位安排适当工作。难以安排工作的,由用人单位按月发给伤残津贴,标准为:五级伤残为本人工资的70%,六级伤残为本人工资的60%,并由用人单位按照规定为其缴纳应缴纳的各项社会保险费。伤残津贴实际金额低于当地最低工资标准的,由用人单位补足差额。

经工伤职工本人提出,该职工可以与用人单位解除或者终止劳动关系,由工伤保险基金支付一次性工伤医疗补助金,由用人单位支付一次性伤残就业补助金。一次性工伤医疗补助金和一次性伤残就业补助金的具体标准由省、自治区、直辖市人民政府规定。

第三十七条 【七至十级工伤待遇】职工因工致残被鉴定为七级至十级伤残的,享受以下待遇:

(一)从工伤保险基金按伤残等级支付一次性伤残补助金,标准为:七级伤残为13个月的本人工资,八级伤残为11个月的本人工资,九级伤残为9个月的本人工资,十级伤残为7个月的本人工资;

（二）劳动、聘用合同期满终止，或者职工本人提出解除劳动、聘用合同的，由工伤保险基金支付一次性工伤医疗补助金，由用人单位支付一次性伤残就业补助金。一次性工伤医疗补助金和一次性伤残就业补助金的具体标准由省、自治区、直辖市人民政府规定。

第三十八条 【旧伤复发待遇】工伤职工工伤复发，确认需要治疗的，享受本条例第三十条、第三十二条和第三十三条规定的工伤待遇。

第三十九条 【工亡待遇】职工因工死亡，其近亲属按照下列规定从工伤保险基金领取丧葬补助金、供养亲属抚恤金和一次性工亡补助金：

（一）丧葬补助金为6个月的统筹地区上年度职工月平均工资；

（二）供养亲属抚恤金按照职工本人工资的一定比例发给由因工死亡职工生前提供主要生活来源、无劳动能力的亲属。标准为：配偶每月40%，其他亲属每人每月30%，孤寡老人或者孤儿每人每月在上述标准的基础上增加10%。核定的各供养亲属的抚恤金之和不应高于因工死亡职工生前的工资。供养亲属的具体范围由国务院社会保险行政部门规定；

（三）一次性工亡补助金标准为上一年度全国城镇居民人均可支配收入的20倍。

伤残职工在停工留薪期内因工伤导致死亡的，其近亲属享受本条第一款规定的待遇。

一级至四级伤残职工在停工留薪期满后死亡的，其近亲属可以享受本条第一款第（一）项、第（二）项规定的待遇。

第四十条 【工伤待遇调整】伤残津贴、供养亲属抚恤金、生活护理费由统筹地区社会保险行政部门根据职工平均工资和生活费用变化等情况适时调整。调整办法由省、自治区、直辖市人民政府规定。

第四十一条 【职工抢险救灾、因工外出下落不明时的处理】职工因工外出期间发生事故或者在抢险救灾中下落不明的，从事故发生当月起3个月内照发工资，从第4个月起停发工资，由工伤保险基金向其供养亲属按月支付供养亲属抚恤金。生活有困难的，可以预支一次性工亡补助金的50%。职工被人民法院宣告死亡的，按照本条例第三十九条职工因工死亡的规定处理。

第四十二条 **【停止支付工伤保险待遇的情形】**工伤职工有下列情形之一的，停止享受工伤保险待遇：

（一）丧失享受待遇条件的；

（二）拒不接受劳动能力鉴定的；

（三）拒绝治疗的。

第四十三条 **【用人单位分立合并等情况下的责任】**用人单位分立、合并、转让的，承继单位应当承担原用人单位的工伤保险责任；原用人单位已经参加工伤保险的，承继单位应当到当地经办机构办理工伤保险变更登记。

用人单位实行承包经营的，工伤保险责任由职工劳动关系所在单位承担。

职工被借调期间受到工伤事故伤害的，由原用人单位承担工伤保险责任，但原用人单位与借调单位可以约定补偿办法。

企业破产的，在破产清算时依法拨付应当由单位支付的工伤保险待遇费用。

第四十四条 **【派遣出境期间的工伤保险关系】**职工被派遣出境工作，依据前往国家或者地区的法律应当参加当地工伤保险的，参加当地工伤保险，其国内工伤保险关系中止；不能参加当地工伤保险的，其国内工伤保险关系不中止。

第四十五条 **【再次发生工伤的待遇】**职工再次发生工伤，根据规定应当享受伤残津贴的，按照新认定的伤残等级享受伤残津贴待遇。

……

工伤认定办法

(2010年12月31日人力资源和社会保障部令第8号公布 自2011年1月1日起施行)

第一条 为规范工伤认定程序，依法进行工伤认定，维护当事人的合法权益，根据《工伤保险条例》的有关规定，制定本办法。

第二条 社会保险行政部门进行工伤认定按照本办法执行。

第三条 工伤认定应当客观公正、简捷方便，认定程序应当向社会公开。

第四条 职工发生事故伤害或者按照职业病防治法规定被诊断、鉴定为职业病，所在单位应当自事故伤害发生之日或者被诊断、鉴定为职业病之日起30日内，向统筹地区社会保险行政部门提出工伤认定申请。遇有特殊情况，经报社会保险行政部门同意，申请时限可以适当延长。

按照前款规定应当向省级社会保险行政部门提出工伤认定申请的，根据属地原则应当向用人单位所在地设区的市级社会保险行政部门提出。

第五条 用人单位未在规定的时限内提出工伤认定申请的，受伤害职工或者其近亲属、工会组织在事故伤害发生之日或者被诊断、鉴定为职业病之日起1年内，可以直接按照本办法第四条规定提出工伤认定申请。

第六条 提出工伤认定申请应当填写《工伤认定申请表》，并提交下列材料：

（一）劳动、聘用合同文本复印件或者与用人单位存在劳动关系（包括事实劳动关系）、人事关系的其他证明材料；

（二）医疗机构出具的受伤后诊断证明书或者职业病诊断证明书（或者职业病诊断鉴定书）。

第七条 工伤认定申请人提交的申请材料符合要求，属于社会保险行政部门管辖范围且在受理时限内的，社会保险行政部门应当受理。

第八条 社会保险行政部门收到工伤认定申请后，应当在15日内对申请人提交的材料进行审核，材料完整的，作出受理或者不予受理的决定；材料不完整的，应当以书面形式一次性告知申请人需要补正的全部材料。社会保险行政部门收到申请人提交的全部补正材料后，应当在15日内作出受理或者不予受理的决定。

社会保险行政部门决定受理的，应当出具《工伤认定申请受理决定书》；决定不予受理的，应当出具《工伤认定申请不予受理决定书》。

第九条 社会保险行政部门受理工伤认定申请后，可以根据需要对申请人提供的证据进行调查核实。

第十条 社会保险行政部门进行调查核实，应当由两名以上工作人员共同进行，并出示执行公务的证件。

第十一条 社会保险行政部门工作人员在工伤认定中，可以进行以下调查核实工作：

（一）根据工作需要，进入有关单位和事故现场；

（二）依法查阅与工伤认定有关的资料，询问有关人员并作出调查笔录；

（三）记录、录音、录像和复制与工伤认定有关的资料。调查核实工作的证据收集参照行政诉讼证据收集的有关规定执行。

第十二条 社会保险行政部门工作人员进行调查核实时，有关单位和个人应当予以协助。用人单位、工会组织、医疗机构以及有关部门应当负责安排相关人员配合工作，据实提供情况和证明材料。

第十三条 社会保险行政部门在进行工伤认定时，对申请人提供的符合国家有关规定的职业病诊断证明书或者职业病诊断鉴定书，不再进行调查核实。职业病诊断证明书或者职业病诊断鉴定书不符合国家规定的要求和格式的，社会保险行政部门可以要求出具证据部门重新提供。

第十四条 社会保险行政部门受理工伤认定申请后，可以根据工作需要，委托其他统筹地区的社会保险行政部门或者相关部门进行调查核实。

第十五条 社会保险行政部门工作人员进行调查核实时，应当履行下列义务：

（一）保守有关单位商业秘密以及个人隐私；

（二）为提供情况的有关人员保密。

第十六条 社会保险行政部门工作人员与工伤认定申请人有利害关系的，应当回避。

第十七条 职工或者其近亲属认为是工伤，用人单位不认为是工伤的，由该用人单位承担举证责任。用人单位拒不举证的，社会保险行政部门可以根据受伤害职工提供的证据或者调查取得的证据，依法作出工伤认定决定。

第十八条 社会保险行政部门应当自受理工伤认定申请之日起60日内作出工伤认定决定，出具《认定工伤决定书》或者《不予认定工伤决定书》。

第十九条 《认定工伤决定书》应当载明下列事项：

（一）用人单位全称；

（二）职工的姓名、性别、年龄、职业、身份证号码；

（三）受伤害部位、事故时间和诊断时间或职业病名称、受伤害经过和核实情况、医疗救治的基本情况和诊断结论；

（四）认定工伤或者视同工伤的依据；

（五）不服认定决定申请行政复议或者提起行政诉讼的部门和时限；

（六）作出认定工伤或者视同工伤决定的时间。

《不予认定工伤决定书》应当载明下列事项：

（一）用人单位全称；

（二）职工的姓名、性别、年龄、职业、身份证号码；

（三）不予认定工伤或者不视同工伤的依据；

（四）不服认定决定申请行政复议或者提起行政诉讼的部门和时限；

（五）作出不予认定工伤或者不视同工伤决定的时间。

《认定工伤决定书》和《不予认定工伤决定书》应当加盖社会保险行政部门工伤认定专用印章。

第二十条 社会保险行政部门受理工伤认定申请后，作出工伤认定决定需要以司法机关或者有关行政主管部门的结论为依据的，在司法机关或者有关行政主管部门尚未作出结论期间，作出工伤认定决定的时限中止，并书面通知申请人。

第二十一条 社会保险行政部门对于事实清楚、权利义务明确的工伤认定申请，应当自受理工伤认定申请之日起15日内作出工伤认定决定。

第二十二条 社会保险行政部门应当自工伤认定决定作出之日起20日内，将《认定工伤决定书》或者《不予认定工伤决定书》送达受伤害职工（或者其近亲属）和用人单位，并抄送社会保险经办机构。

《认定工伤决定书》和《不予认定工伤决定书》的送达参照民事法律有关送达的规定执行。

第二十三条 职工或者其近亲属、用人单位对不予受理决定不服或者对工伤认定决定不服的，可以依法申请行政复议或者提起行政诉讼。

第二十四条 工伤认定结束后，社会保险行政部门应当将工伤认定的有关资料保存50年。

第二十五条 用人单位拒不协助社会保险行政部门对事故伤害进行调查核实的，由社会保险行政部门责令改正，处2000元以上2万元以下的罚款。

第二十六条 本办法中的《工伤认定申请表》、《工伤认定申请受理决定书》、《工伤认定申请不予受理决定书》、《认定工伤决定书》、《不予认定工伤决定书》的样式由国务院社会保险行政部门统一制定。

第二十七条 本办法自2011年1月1日起施行。劳动和社会保障部2003年9月23日颁布的《工伤认定办法》同时废止。

编号：

工 伤 认 定 申 请 表

申请人：
受伤害职工：
申请人与受伤害职工关系：

　　　　　　　　　　填表日期：　　年　　月　　日

职工姓名		性别		出生日期	年　月　日
身份证号码				联系电话	
家庭地址				邮政编码	
工作单位				联系电话	
单位地址				邮政编码	
职业、工种或工作岗位				参加工作时间	
事故时间、地点及主要原因				诊断时间	
受伤害部位				职业病名称	
接触职业病危害岗位				接触职业病危害时间	
受伤害经过简述（可附页）					

申请事项：	申请人签字： 　　年　　月　　日
用人单位意见：	经办人签字（公章） 　　年　　月　　日
社会保险行政部门审查资料和受理意见	经办人签字： 　　年　　月　　日
	负责人签字：（公章） 　　年　　月　　日
备注：	

填表说明：

1. 用钢笔或签字笔填写，字体工整清楚。

2. 申请人为用人单位的，在首页申请人处加盖单位公章。

3. 受伤害部位一栏填写受伤害的具体部位。

4. 诊断时间一栏，职业病者，按职业病确诊时间填写；受伤或死亡的，按初诊时间填写。

5. 受伤害经过简述，应写明事故发生的时间、地点，当时所从事的工作，受伤害的原因以及伤害部位和程度。职业病患者应写明在何单位从事何种有害作业，起止时间，确诊结果。

6. 申请人提出工伤认定申请时，应当提交受伤害职工的居民身份证；医疗机构出具的职工受伤害时初诊诊断证明书，或者依法承担职业病诊断的医疗机构出具的职业病诊断证明书（或者职业病诊断鉴定书）；职工受伤害或者诊断患职业病时与用人单位之间的劳动、聘用合同或者其他存在劳动、人事关系的证明。

有下列情形之一的，还应当分别提交相应证据：

（一）职工死亡的，提交死亡证明；

（二）在工作时间和工作场所内，因履行工作职责受到暴力等意外伤害的，提交公安部门的证明或者其他相关证明；

（三）因工外出期间，由于工作原因受到伤害或者发生事故下落不明的，提交公安部门的证明或相关部门的证明；

（四）上下班途中，受到非本人主要责任的交通事故或者城市轨道交通、客运轮渡、火车事故伤害的，提交公安机关交通管理部门或者其他相关部门的证明；

（五）在工作时间和工作岗位，突发疾病死亡或者在48小时之内经抢救无效死亡的，提交医疗机构的抢救证明；

（六）在抢险救灾等维护国家利益、公共利益活动中受到伤害的，提交民政部门或者其他相关部门的证明；

（七）属于因战、因公负伤致残的转业、复员军人，旧伤复发的，提交《革命伤残军人证》及劳动能力鉴定机构对旧伤复发的确认。

7. 申请事项栏，应写明受伤害职工或者其近亲属、工会组织提出工伤认定申请并签字。

8. 用人单位意见栏，应签署是否同意申请工伤，所填情况是否属实，经办人签字并加盖单位公章。

9. 社会保险行政部门审查资料和受理意见栏，应填写补正材料或是否受理的意见。

10. 此表一式二份，社会保险行政部门、申请人各留存一份。

编号：

工伤认定申请受理决定书

_____：

  你（单位）于_____年____月____日提交_____的工伤认定申请收悉。经审查，符合工伤认定受理的条件，现予受理。

（盖章）
年　月　日

  注：本决定书一式三份，社会保险行政部门、职工或者其近亲属、用人单位各留存一份。

编号：

工伤认定申请不予受理决定书

_____：

  你（单位）于_____年____月____日提交_____的工伤认定申请收悉。

  经审查：_____

_____

不符合《工伤保险条例》第_____条_____规定的受理条件，现决定不予受理。

  如对本决定不服，可在接到决定书之日起 60 日内向_____申请行政复议，或者向人民法院提起行政诉讼。

（盖章）
年　月　日

  注：本决定书一式三份，社会保险行政部门、职工或者其近亲属、用人单位各留存一份。

编号：

认定工伤决定书

申请人：
职工姓名：　　　性别：　　　年龄：
身份证号码：
用人单位：
职业/工种/工作岗位：
事故时间：　　年　　月　　日
事故地点：
诊断时间：　　年　　月　　日
受伤害部位/职业病名称：
受伤害经过、医疗救治的基本情况和诊断结论：

　　_____年___月___日受理_____的工伤认定申请后，根据提交的材料调查核实情况如下：

　　同志受到的事故伤害（或患职业病），符合《工伤保险条例》第_____条第_____款第_____项之规定，属于工伤认定范围，现予以认定（或视同）为工伤。

　　如对本工伤认定决定不服的，可自接到本决定书之日起60日内向　　申请行政复议，或者向人民法院提起行政诉讼。

（工伤认定专用章）
年　月　日

注：本决定书一式四份，社会保险行政部门、职工或者其近亲属、用人单位、社会保险经办机构各留存一份。

编号：

不予认定工伤决定书

申请人：
职工姓名：　　　性别：　　　年龄：
身份证号码：
用人单位：
职业/工种/工作岗位：
　　　年　　月　　日受理　　　　的工伤认定申请后，根据提交的材料调查核实情况如下：

　　同志受到的伤害，不符合《工伤保险条例》第十四条、第十五条认定工伤或者视同工伤的情形；或者根据《工伤保险条例》第十六条第　　　　项之规定，属于不得认定或者视同工伤的情形。现决定不予认定或者视同工伤。

　　如对本工伤认定结论不服的，可自接到本决定书之日起60日内向　　　　　　申请行政复议，或者向人民法院提起行政诉讼。

（工伤认定专用章）
　　年　　月　　日

注：本决定书一式三份，社会保险行政部门、职工或者其近亲属、用人单位各留存一份。

劳动能力鉴定 职工
工伤与职业病致残等级

(2014年9月3日国家质量监督检验检疫总局、中国国家标准化管理委员会公布 自2015年1月1日实施)

前 言

本标准按照GB/T 1.1—2009给出的规则起草。

本标准代替GB/T 16180—2006《劳动能力鉴定 职工工伤与职业病致残等级》，与GB/T 16180—2006相比，主要技术变化如下：

——将总则中的分级原则写入相应等级标准头条；

——对总则中4.1.4护理依赖的分级进一步予以明确；

——删除总则4.1.5心理障碍的描述；

——将附录中有明确定义的内容直接写进标准条款；

——在具体条款中取消年龄和是否生育的表述；

——附录B中增加手、足功能缺损评估参考图表；

——附录A中增加视力减弱补偿率的使用说明；

——对附录中外伤性椎间盘突出症的诊断要求做了调整；

——完善了对癫痫和智能障碍的综合评判要求；

——归并胸、腹腔脏器损伤部分条款；

——增加系统治疗的界定；

——增加四肢长管状骨的界定；

——增加了脊椎骨折的分型界定；

——增加了关节功能障碍的量化判定基准；

——增加"髌骨、跟骨、距骨、下颌骨或骨盆骨折内固定术后"

条款；

——增加"四肢长管状骨骨折内固定术或外固定支架术后"条款；

——增加"四肢大关节肌腱及韧带撕裂伤术后遗留轻度功能障碍"条款；

——完善、调整或删除了部分不规范、不合理甚至矛盾的条款；

——取消了部分条款后缀中易造成歧义的"无功能障碍"表述；

——伤残条目由572条调整为530条。

本标准由中华人民共和国人力资源和社会保障部提出。

本标准由中华人民共和国人力资源和社会保障部归口。

本标准起草单位：上海市劳动能力鉴定中心。

本标准主要起草人：陈道莅、张岩、杨庆铭、廖镇江、曹贵松、眭述平、叶纹、周泽深、陶明毅、王国民、程瑜、周安寿、左峰、林景荣、姚树源、王沛、孔翔飞、徐新荣、杨小锋、姜节凯、方晓松、刘声明、章艾武、李怀侠、姚凰。

本标准所代替标准的历次版本发布情况为：

——GB/T 16180—1996、GB/T 16180—2006。

劳动能力鉴定 职工
工伤与职业病致残等级

1 范围

本标准规定了职工工伤与职业病致残劳动能力鉴定原则和分级标准。

本标准适用于职工在职业活动中因工负伤和因职业病致残程度的鉴定。

2 规范性引用文件

下列文件对于本文件的应用是必不可少的。凡是注日期的引用文件，仅注日期的版本适用于本文件。凡是不注日期的引用文件，其最新版本（包括所有的修改单）适用于本文件。

GB/T 4854（所有部分） 声学 校准测听设备的基准零级

GB/T 7341（所有部分） 听力计

GB/T 7582—2004 声学 听阈与年龄关系的统计分布

GB/T 7583 声学 纯音气导听阈测定 保护听力用

GB 11533 标准对数视力表

GBZ 4 职业性慢性二硫化碳中毒诊断标准

GBZ 5 职业性氟及无机化合物中毒的诊断

GBZ 7 职业性手臂振动病诊断标准

GBZ 9 职业性急性电光性眼炎（紫外线角膜结膜炎）诊断标准

GBZ 12 职业性铬鼻病诊断标准

GBZ 24 职业性减压病诊断标准

GBZ 35 职业性白内障诊断标准

GBZ 45 职业性三硝基甲苯白内障诊断标准

GBZ 49 职业性噪声聋诊断标准

GBZ 54 职业性化学性眼灼伤诊断标准

GBZ 57 职业性哮喘诊断标准

GBZ 60 职业性过敏性肺炎诊断标准

GBZ 61 职业性牙酸蚀病诊断标准

GBZ 70 尘肺病诊断标准

GBZ 81 职业性磷中毒诊断标准

GBZ 82 职业性煤矿井下工人滑囊炎诊断标准

GBZ 83 职业性砷中毒的诊断

GBZ 94　职业性肿瘤诊断标准
GBZ 95　放射性白内障诊断标准
GBZ 96　内照射放射病诊断标准
GBZ 97　放射性肿瘤诊断标准
GBZ 101　放射性甲状腺疾病诊断标准
GBZ 104　外照射急性放射病诊断标准
GBZ 105　外照射慢性放射病诊断标准
GBZ 106　放射性皮肤疾病诊断标准
GBZ 107　放射性性腺疾病的诊断
GBZ 109　放射性膀胱疾病诊断标准
GBZ 110　急性放射性肺炎诊断标准
GBZ/T 238　职业性爆震聋的诊断

3　术语和定义

下列术语和定义适用于本文件。

3.1

劳动能力鉴定 identify work ability

法定机构对劳动者在职业活动中因工负伤或患职业病后,根据国家工伤保险法规规定,在评定伤残等级时通过医学检查对劳动功能障碍程度(伤残程度)和生活自理障碍程度做出的技术性鉴定结论。

3.2

医疗依赖 medical dependence

工伤致残于评定伤残等级技术鉴定后仍不能脱离治疗。

3.3

生活自理障碍 ability of living independence

工伤致残者因生活不能自理,需依赖他人护理。

4 总则

4.1 判断依据

4.1.1 综合判定

依据工伤致残者于评定伤残等级技术鉴定时的器官损伤、功能障碍及其对医疗与日常生活护理的依赖程度，适当考虑由于伤残引起的社会心理因素影响，对伤残程度进行综合判定分级。

附录 A 为各门类工伤、职业病致残分级判定基准。

附录 B 为正确使用本标准的说明。

4.1.2 器官损伤

器官损伤是工伤的直接后果，但职业病不一定有器官缺损。

4.1.3 功能障碍

工伤后功能障碍的程度与器官缺损的部位及严重程度有关，职业病所致的器官功能障碍与疾病的严重程度相关。对功能障碍的判定，应以评定伤残等级技术鉴定时的医疗检查结果为依据，根据评残对象逐个确定。

4.1.4 医疗依赖

医疗依赖判定分级：

a) 特殊医疗依赖：工伤致残后必须终身接受特殊药物、特殊医疗设备或装置进行治疗；

b) 一般医疗依赖：工伤致残后仍需接受长期或终身药物治疗。

4.1.5 生活自理障碍

生活自理范围主要包括下列五项：

a) 进食：完全不能自主进食，需依赖他人帮助；

  b) 翻身：不能自主翻身；

  c) 大、小便：不能自主行动，排大、小便需依靠他人帮助；

  d) 穿衣、洗漱：不能自己穿衣、洗漱，完全依赖他人帮助；

  e) 自主行动：不能自主走动。

生活自理障碍程度分三级：

  a) 完全生活自理障碍：生活完全不能自理，上述五项均需护理；

  b) 大部分生活自理障碍：生活大部分不能自理，上述五项中三项或四项需要护理；

  c) 部分生活自理障碍：生活部分不能自理，上述五项中一项或两项需要护理。

4.2 晋级原则

对于同一器官或者系统多处损伤，或一个以上器官不同部位同时受到损伤者，应先对单项伤残程度进行鉴定。如果几项伤残等级不同，以重者定级；如果两项及以上等级相同，最多晋升一级。

4.3 对原有伤残及合并症的处理

在劳动能力鉴定过程中，工伤或职业病后出现合并症，其致残等级的评定以鉴定时实际的致残结局为依据。

如受工伤损害的器官原有伤残或疾病史，即：单个或双器官（如双眼、四肢、肾脏）或系统损伤，本次鉴定时应检查本次伤情是否加重原有伤残，若加重原有伤残，鉴定时按实际的致残结局为依据；若本次伤情轻于原有伤残，鉴定时则按本次工伤伤情致残结局为依据。

对原有伤残的处理适用于初次或再次鉴定，复查鉴定不适用本规则。

4.4 门类划分

按照临床医学分科和各学科间相互关联的原则，对残情的判定划分为5个门类：

a) 神经内科、神经外科、精神科门。
b) 骨科、整形外科、烧伤科门。
c) 眼科、耳鼻喉科、口腔科门。
d) 普外科、胸外科、泌尿生殖科门。
e) 职业病内科门。

4.5 条目划分

按照4.4中的5个门类，以附录C中表C.1~C.5及一至十级分级系列，根据伤残的类别和残情的程度划分伤残条目，共列出残情530条。

4.6 等级划分

根据条目划分原则以及工伤致残程度，综合考虑各门类间的平衡，将残情级别分为一至十级。最重为第一级，最轻为第十级。对未列出的个别伤残情况，参照本标准中相应定级原则进行等级评定。

5 职工工伤与职业病致残等级分级

5.1 一级

5.1.1 定级原则

器官缺失或功能完全丧失，其他器官不能代偿，存在特殊医疗依赖，或完全或大部分或部分生活自理障碍。

5.1.2 一级条款系列

凡符合5.1.1或下列条款之一者均为工伤一级。

1) 极重度智能损伤；
2) 四肢瘫肌力≤3级或三肢瘫肌力≤2级；

3) 重度非肢体瘫运动障碍;
4) 面部重度毁容,同时伴有表 C.2 中二级伤残之一者;
5) 全身重度瘢痕形成,占体表面积≥90%,伴有脊柱及四肢大关节活动功能基本丧失;
6) 双肘关节以上缺失或功能完全丧失;
7) 双下肢膝上缺失及一上肢肘上缺失;
8) 双下肢及一上肢瘢痕畸形,功能完全丧失;
9) 双眼无光感或仅有光感但光定位不准者;
10) 肺功能重度损伤和呼吸困难Ⅳ级,需终生依赖机械通气;
11) 双肺或心肺联合移植术;
12) 小肠切除≥90%;
13) 肝切除后原位肝移植;
14) 胆道损伤原位肝移植;
15) 全胰切除;
16) 双侧肾切除或孤肾切除术后,用透析维持或同种肾移植术后肾功能不全尿毒症期;
17) 尘肺叁期伴肺功能重度损伤及(或)重度低氧血症[PO_2<5.3 kPa (<40 mmHg)];
18) 其他职业性肺部疾患,伴肺功能重度损伤及(或)重度低氧血症[PO_2<5.3 kPa (<40 mmHg)];
19) 放射性肺炎后,两叶以上肺纤维化伴重度低氧血症[PO_2<5.3 kPa (<40 mmHg)];
20) 职业性肺癌伴肺功能重度损伤;
21) 职业性肝血管肉瘤,重度肝功能损害;
22) 肝硬化伴食道静脉破裂出血,肝功能重度损害;
23) 肾功能不全尿毒症期,内生肌酐清除率持续<10 mL/min,或血浆肌酐水平持续>707 μmol/L (8 mg/dL)。

5.2 二级

5.2.1 定级原则

器官严重缺损或畸形，有严重功能障碍或并发症，存在特殊医疗依赖，或大部分或部分生活自理障碍。

5.2.2 二级条款系列

凡符合 5.2.1 或下列条款之一者均为工伤二级。

1) 重度智能损伤；
2) 三肢瘫肌力 3 级；
3) 偏瘫肌力≤2 级；
4) 截瘫肌力≤2 级；
5) 双手全肌瘫肌力≤2 级；
6) 完全感觉性或混合性失语；
7) 全身重度瘢痕形成，占体表面积≥80%，伴有四肢大关节中 3 个以上活动功能受限；
8) 全面部瘢痕或植皮伴有重度毁容；
9) 双侧前臂缺失或双手功能完全丧失；
10) 双下肢瘢痕畸形，功能完全丧失；
11) 双膝以上缺失；
12) 双膝、双踝关节功能完全丧失；
13) 同侧上、下肢缺失或功能完全丧失；
14) 四肢大关节（肩、髋、膝、肘）中 4 个及以上关节功能完全丧失者；
15) 一眼有或无光感，另眼矫正视力≤0.02，或视野≤8%（或半径≤5°）；
16) 无吞咽功能，完全依赖胃管进食；
17) 双侧上颌骨或双侧下颌骨完全缺损；

18) 一侧上颌骨及对侧下颌骨完全缺损,并伴有颜面软组织损伤>30 cm^2;

19) 一侧全肺切除并胸廓成形术,呼吸困难Ⅲ级;

20) 心功能不全三级;

21) 食管闭锁或损伤后无法行食管重建术,依赖胃造瘘或空肠造瘘进食;

22) 小肠切除3/4,合并短肠综合症;

23) 肝切除3/4,合并肝功能重度损害;

24) 肝外伤后发生门脉高压三联症或发生Budd-chiari综合征;

25) 胆道损伤致肝功能重度损害;

26) 胰次全切除,胰腺移植术后;

27) 孤肾部分切除后,肾功能不全失代偿期;

28) 肺功能重度损伤及(或)重度低氧血症;

29) 尘肺叁期伴肺功能中度损伤及(或)中度低氧血症;

30) 尘肺贰期伴肺功能重度损伤及(或)重度低氧血症[PO^2<5.3 kPa(40 mmHg)];

31) 尘肺叁期伴活动性肺结核;

32) 职业性肺癌或胸膜间皮瘤;

33) 职业性急性白血病;

34) 急性重型再生障碍性贫血;

35) 慢性重度中毒性肝病;

36) 肝血管肉瘤;

37) 肾功能不全尿毒症期,内生肌酐清除率持续<25 mL/min,或血浆肌酐水平持续>450 μmol/L(5 mg/dL);

38) 职业性膀胱癌;

39) 放射性肿瘤。

5.3 三级

5.3.1 定级原则

器官严重缺损或畸形，有严重功能障碍或并发症，存在特殊医疗依赖，或部分生活自理障碍。

5.3.2 三级条款系列

凡符合 5.3.1 或下列条款之一者均为工伤三级。

1) 精神病性症状，经系统治疗 1 年后仍表现为危险或冲动行为者；

2) 精神病性症状，经系统治疗 1 年后仍缺乏生活自理能力者；

3) 偏瘫肌力 3 级；

4) 截瘫肌力 3 级；

5) 双足全肌瘫肌力≤2 级；

6) 中度非肢体瘫运动障碍；

7) 完全性失用、失写、失读、失认等具有两项及两项以上者；

8) 全身重度瘢痕形成，占体表面积≥70%，伴有四肢大关节中 2 个以上活动功能受限；

9) 面部瘢痕或植皮≥2/3 并有中度毁容；

10) 一手缺失，另一手拇指缺失；

11) 双手拇、食指缺失或功能完全丧失；

12) 一手功能完全丧失，另一手拇指功能完全丧失；

13) 双髋、双膝关节中，有一个关节缺失或功能完全丧失及另一关节重度功能障碍；

14) 双膝以下缺失或功能完全丧失；

15) 一侧髋、膝关节畸形，功能完全丧失；

16) 非同侧腕上、踝上缺失;

17) 非同侧上、下肢瘢痕畸形,功能完全丧失;

18) 一眼有或无光感,另眼矫正视力≤0.05或视野≤16%(半径≤10°);

19) 双眼矫正视力<0.05或视野≤16%(半径≤10°);

20) 一侧眼球摘除或眼内容物剜出,另眼矫正视力<0.1或视野≤24%(或半径≤15°);

21) 呼吸完全依赖气管套管或造口;

22) 喉或气管损伤导致静止状态下或仅轻微活动即有呼吸困难;

23) 同侧上、下颌骨完全缺损;

24) 一侧上颌骨或下颌骨完全缺损,伴颜面部软组织损伤>30cm^2;

25) 舌缺损>全舌的2/3;

26) 一侧全肺切除并胸廓成形术;

27) 一侧胸廓成形术,肋骨切除6根以上;

28) 一侧全肺切除并隆凸切除成形术;

29) 一侧全肺切除并大血管重建术;

30) Ⅲ度房室传导阻滞;

31) 肝切除2/3,并肝功能中度损害;

32) 胰次全切除,胰岛素依赖;

33) 一侧肾切除,对侧肾功能不全失代偿期;

34) 双侧输尿管狭窄,肾功能不全失代偿期;

35) 永久性输尿管腹壁造瘘;

36) 膀胱全切除;

37) 尘肺叁期;

38) 尘肺贰期伴肺功能中度损伤及(或)中度低氧血症;

39) 尘肺贰期合并活动性肺结核;

40) 放射性肺炎后两叶肺纤维化，伴肺功能中度损伤及（或）中度低氧血症；

41) 粒细胞缺乏症；

42) 再生障碍性贫血；

43) 职业性慢性白血病；

44) 中毒性血液病，骨髓增生异常综合征；

45) 中毒性血液病，严重出血或血小板含量≤2×10^{10}/L；

46) 砷性皮肤癌；

47) 放射性皮肤癌。

5.4 四级

5.4.1 定级原则

器官严重缺损或畸形，有严重功能障碍或并发症，存在特殊医疗依赖，或部分生活自理障碍或无生活自理障碍。

5.4.2 四级条款系列

凡符合 5.4.1 或下列条款之一者均为工伤四级。

1) 中度智能损伤；

2) 重度癫痫；

3) 精神病性症状，经系统治疗 1 年后仍缺乏社交能力者；

4) 单肢瘫肌力≤2 级；

5) 双手部分肌瘫肌力≤2 级；

6) 脑脊液漏伴有颅底骨缺损不能修复或反复手术失败；

7) 面部中度毁容；

8) 全身瘢痕面积≥60%，四肢大关节中 1 个关节活动功能受限；

9) 面部瘢痕或植皮≥1/2 并有轻度毁容；

10) 双拇指完全缺失或功能完全丧失；

11) 一侧手功能完全丧失,另一手部分功能丧失;

12) 一侧肘上缺失;

13) 一侧膝以下缺失,另一侧前足缺失;

14) 一侧膝以上缺失;

15) 一侧踝以下缺失,另一足畸形行走困难;

16) 一眼有或无光感,另眼矫正视力<0.2或视野≤32%(或半径≤20°);

17) 一眼矫正视力<0.05,另眼矫正视力≤0.1;

18) 双眼矫正视力<0.1或视野≤32%(或半径≤20°);

19) 双耳听力损失≥91 dB;

20) 牙关紧闭或因食管狭窄只能进流食;

21) 一侧上颌骨缺损1/2,伴颜面部软组织损伤>20 cm^2;

22) 下颌骨缺损长6 cm以上的区段,伴口腔、颜面软组织损伤>20 cm^2;

23) 双侧颞下颌关节骨性强直,完全不能张口;

24) 面颊部洞穿性缺损>20 cm^2;

25) 双侧完全性面瘫;

26) 一侧全肺切除术;

27) 双侧肺叶切除术;

28) 肺叶切除后并胸廓成形术后;

29) 肺叶切除并隆凸切除成形术后;

30) 一侧肺移植术;

31) 心瓣膜置换术后;

32) 心功能不全二级;

33) 食管重建术后吻合口狭窄,仅能进流食者;

34) 全胃切除;

35) 胰头、十二指肠切除;

36) 小肠切除 3/4；

37) 小肠切除 2/3，包括回盲部切除；

38) 全结肠、直肠、肛门切除，回肠造瘘；

39) 外伤后肛门排便重度障碍或失禁；

40) 肝切除 2/3；

41) 肝切除 1/2，肝功能轻度损害；

42) 胆道损伤致肝功能中度损害；

43) 甲状旁腺功能重度损害；

44) 肾修补术后，肾功能不全失代偿期；

45) 输尿管修补术后，肾功能不全失代偿期；

46) 永久性膀胱造瘘；

47) 重度排尿障碍；

48) 神经原性膀胱，残余尿≥50 mL；

49) 双侧肾上腺缺损；

50) 尘肺贰期；

51) 尘肺壹期伴肺功能中度损伤及（或）中度低氧血症；

52) 尘肺壹期伴活动性肺结核；

53) 病态窦房结综合征（需安装起搏器者）；

54) 放射性损伤致肾上腺皮质功能明显减退；

55) 放射性损伤致免疫功能明显减退。

5.5 五级

5.5.1 定级原则

器官大部缺损或明显畸形，有较重功能障碍或并发症，存在一般医疗依赖，无生活自理障碍。

5.5.2 五级条款系列

凡符合 5.5.1 或下列条款之一者均为工伤五级。

1) 四肢瘫肌力4级；

2) 单肢瘫肌力3级；

3) 双手部分肌瘫肌力3级；

4) 一手全肌瘫肌力≤2级；

5) 双足全肌瘫肌力3级；

6) 完全运动性失语；

7) 完全性失用、失写、失读、失认等具有一项者；

8) 不完全性失用、失写、失读、失认等具有多项者；

9) 全身瘢痕占体表面积≥50%，并有关节活动功能受限；

10) 面部瘢痕或植皮≥1/3并有毁容标准中的一项；

11) 脊柱骨折后遗30°以上侧弯或后凸畸形，伴严重根性神经痛；

12) 一侧前臂缺失；

13) 一手功能完全丧失；

14) 肩、肘关节之一功能完全丧失；

15) 一手拇指缺失，另一手除拇指外三指缺失；

16) 一手拇指功能完全丧失，另一手除拇指外三指功能完全丧失；

17) 双前足缺失或双前足瘢痕畸形，功能完全丧失；

18) 双跟骨足底软组织缺损瘢痕形成，反复破溃；

19) 一髋（或一膝）功能完全丧失；

20) 四肢大关节之一人工关节术后遗留重度功能障碍；

21) 一侧膝以下缺失；

22) 第Ⅲ对脑神经麻痹；

23) 双眼外伤性青光眼术后，需用药物控制眼压者；

24) 一眼有或无光感，另眼矫正视力≤0.3或视野≤40%（或半径≤25°）；

25) 一眼矫正视力<0.05，另眼矫正视力≤0.2；

26) 一眼矫正视力<0.1，另眼矫正视力等于0.1；

27) 双眼视野≤40%（或半径≤25°）；

28) 双耳听力损失≥81 dB；

29) 喉或气管损伤导致一般活动及轻工作时有呼吸困难；

30) 吞咽困难，仅能进半流食；

31) 双侧喉返神经损伤，喉保护功能丧失致饮食呛咳、误吸；

32) 一侧上颌骨缺损>1/4，但<1/2，伴软组织损伤>10 cm^2，但<20 cm^2；

33) 下颌骨缺损长4 cm以上的区段，伴口腔、颜面软组织损伤>10 cm^2；

34) 一侧完全面瘫，另一侧不完全面瘫；

35) 双肺叶切除术；

36) 肺叶切除术并大血管重建术；

37) 隆凸切除成形术；

38) 食管重建术后吻合口狭窄，仅能进半流食者；

39) 食管气管或支气管瘘；

40) 食管胸膜瘘；

41) 胃切除3/4；

42) 小肠切除2/3，包括回肠大部分；

43) 肛门、直肠、结肠部分切除，结肠造瘘；

44) 肝切除1/2；

45) 胰切除2/3；

46) 甲状腺功能重度损害；

47) 一侧肾切除，对侧肾功能不全代偿期；

48) 一侧输尿管狭窄，肾功能不全代偿期；

49) 尿道瘘不能修复者；

50) 两侧睾丸、附睾缺损；

51) 放射性损伤致生殖功能重度损伤;

52) 阴茎全缺损;

53) 双侧卵巢切除;

54) 阴道闭锁;

55) 会阴部瘢痕挛缩伴有阴道或尿道或肛门狭窄;

56) 肺功能中度损伤或中度低氧血症;

57) 莫氏 Ⅱ 型 Ⅱ 度房室传导阻滞;

58) 病态窦房结综合征(不需安起博器者);

59) 中毒性血液病,血小板减少($\leqslant 4\times10^{10}/L$)并有出血倾向;

60) 中毒性血液病,白细胞含量持续 $<3\times10^9/L$ ($<3\ 000/mm^3$)或粒细胞含量 $<1.5\times10^9/L$ ($1\ 500/mm^3$);

61) 慢性中度中毒性肝病;

62) 肾功能不全失代偿期,内生肌酐清除率持续 $<50\ mL/min$,或血浆肌酐水平持续 $>177\mu mol/L$ ($2\ mg/dL$);

63) 放射性损伤致睾丸萎缩;

64) 慢性重度磷中毒;

65) 重度手臂振动病。

5.6 六级

5.6.1 定级原则

器官大部缺损或明显畸形,有中等功能障碍或并发症,存在一般医疗依赖,无生活自理障碍。

5.6.2 六级条款系列

凡符合 5.6.1 或下列条款之一者均为工伤六级。

1) 癫痫中度;

2) 轻度智能损伤;

3) 精神病性症状,经系统治疗 1 年后仍影响职业劳动能力者；

4) 三肢瘫肌力 4 级；

5) 截瘫双下肢肌力 4 级伴轻度排尿障碍；

6) 双手全肌瘫肌力 4 级；

7) 一手全肌瘫肌力 3 级；

8) 双足部分肌瘫肌力≤2 级；

9) 单足全肌瘫肌力≤2 级；

10) 轻度非肢体瘫运动障碍；

11) 不完全性感觉性失语；

12) 面部重度异物色素沉着或脱失；

13) 面部瘢痕或植皮≥1/3；

14) 全身瘢痕面积≥40%；

15) 撕脱伤后头皮缺失 1/5 以上；

16) 一手一拇指完全缺失，连同另一手非拇指二指缺失；

17) 一拇指功能完全丧失，另一手除拇指外有二指功能完全丧失；

18) 一手三指（含拇指）缺失；

19) 除拇指外其余四指缺失或功能完全丧失；

20) 一侧踝以下缺失；或踝关节畸形，功能完全丧失；

21) 下肢骨折成角畸形>15°，并有肢体短缩 4 cm 以上；

22) 一前足缺失，另一足仅残留拇趾；

23) 一前足缺失，另一足除拇趾外，2~5 趾畸形，功能完全丧失；

24) 一足功能完全丧失，另一足部分功能丧失；

25) 一髋或一膝关节功能重度障碍；

26) 单侧跟骨足底软组织缺损瘢痕形成，反复破溃；

27) 一侧眼球摘除；或一侧眼球明显萎缩，无光感；

28) 一眼有或无光感,另一眼矫正视力≥0.4;

29) 一眼矫正视力≤0.05,另一眼矫正视力≥0.3;

30) 一眼矫正视力≤0.1,另一眼矫正视力≥0.2;

31) 双眼矫正视力≤0.2或视野≤48%(或半径≤30°);

32) 第Ⅳ或第Ⅵ对脑神经麻痹,或眼外肌损伤致复视的;

33) 双耳听力损失≥71 dB;

34) 双侧前庭功能丧失,睁眼行走困难,不能并足站立;

35) 单侧或双侧颞下颌关节强直,张口困难Ⅲ度;

36) 一侧上颌骨缺损1/4,伴口腔颜面软组织损伤>10 cm^2;

37) 面部软组织缺损>20 cm^2,伴发涎瘘;

38) 舌缺损>舌的1/3,但<舌的2/3;

39) 双侧颧骨并颧弓骨折,伴有开口困难Ⅱ度以上及颜面部畸形经手术复位者;

40) 双侧下颌骨髁状突颈部骨折,伴有开口困难Ⅱ度以上及咬合关系改变,经手术治疗者;

41) 一侧完全性面瘫;

42) 肺叶切除并肺段或楔形切除术;

43) 肺叶切除并支气管成形术后;

44) 支气管(或气管)胸膜瘘;

45) 冠状动脉旁路移植术;

46) 大血管重建术;

47) 胃切除2/3;

48) 小肠切除1/2,包括回盲部;

49) 肛门外伤后排便轻度障碍或失禁;

50) 肝切除1/3;

51) 胆道损伤致肝功能轻度损伤;

52) 腹壁缺损面积≥腹壁的1/4;

53) 胰切除1/2；
54) 甲状腺功能中度损害；
55) 甲状旁腺功能中度损害；
56) 肾损伤性高血压；
57) 尿道狭窄经系统治疗1年后仍需定期行扩张术；
58) 膀胱部分切除合并轻度排尿障碍；
59) 两侧睾丸创伤后萎缩，血睾酮低于正常值；
60) 放射性损伤致生殖功能轻度损伤；
61) 双侧输精管缺损，不能修复；
62) 阴茎部分缺损；
63) 女性双侧乳房切除或严重瘢痕畸形；
64) 子宫切除；
65) 双侧输卵管切除；
66) 尘肺壹期伴肺功能轻度损伤及（或）轻度低氧血症；
67) 放射性肺炎后肺纤维化（<两叶），伴肺功能轻度损伤及（或）轻度低氧血症；
68) 其他职业性肺部疾患，伴肺功能轻度损伤；
69) 白血病完全缓解；
70) 中毒性肾病，持续性低分子蛋白尿伴白蛋白尿；
71) 中毒性肾病，肾小管浓缩功能减退；
72) 放射性损伤致肾上腺皮质功能轻度减退；
73) 放射性损伤致甲状腺功能低下；
74) 减压性骨坏死Ⅲ期；
75) 中度手臂振动病；
76) 氟及其无机化合物中毒慢性重度中毒。

5.7 七级

5.7.1 定级原则

器官大部缺损或畸形，有轻度功能障碍或并发症，存在一般医疗依赖，无生活自理障碍。

5.7.2 七级条款系列

凡符合 5.7.1 或下列条款之一者均为工伤七级。

1) 偏瘫肌力 4 级；
2) 截瘫肌力 4 级；
3) 单手部分肌瘫肌力 3 级；
4) 双足部分肌瘫肌力 3 级；
5) 单足全肌瘫肌力 3 级；
6) 中毒性周围神经病致深感觉障碍；
7) 人格改变或边缘智能，经系统治疗 1 年后仍存在明显社会功能受损者；
8) 不完全性运动性失语；
9) 不完全性失用、失写、失读和失认等具有一项者；
10) 符合重度毁容标准中的两项者；
11) 烧伤后颅骨全层缺损 ≥ 30 cm^2，或在硬脑膜上植皮面积 ≥ 10 cm^2；
12) 颈部瘢痕挛缩，影响颈部活动；
13) 全身瘢痕面积 ≥ 30%；
14) 面部瘢痕、异物或植皮伴色素改变占面部的 10% 以上；
15) 骨盆骨折内固定术后，骨盆环不稳定，骶髂关节分离；
16) 一手除拇指外，其他 2~3 指（含食指）近侧指间关节离断；
17) 一手除拇指外，其他 2~3 指（含食指）近侧指间关节功能完全丧失；

18） 肩、肘关节之一损伤后遗留关节重度功能障碍；

19） 一腕关节功能完全丧失；

20） 一足 1~5 趾缺失；

21） 一前足缺失；

22） 四肢大关节之一人工关节术后，基本能生活自理；

23） 四肢大关节之一关节内骨折导致创伤性关节炎，遗留中重度功能障碍；

24） 下肢伤后短缩>2 cm，但≤4 cm 者；

25） 膝关节韧带损伤术后关节不稳定，伸屈功能正常者；

26） 一眼有或无光感，另眼矫正视力≥0.8；

27） 一眼有或无光感，另一眼各种客观检查正常；

28） 一眼矫正视力≤0.05，另眼矫正视力≥0.6；

29） 一眼矫正视力≤0.1，另眼矫正视力≥0.4；

30） 双眼矫正视力≤0.3 或视野≤64%（或半径≤40°）；

31） 单眼外伤性青光眼术后，需用药物控制眼压者；

32） 双耳听力损失≥56 dB；

33） 咽成形术后，咽下运动不正常；

34） 牙槽骨损伤长度≥8 cm，牙齿脱落 10 个及以上；

35） 单侧颧骨并颧弓骨折，伴有开口困难Ⅱ度以上及颜面部畸形经手术复位者；

36） 双侧不完全性面瘫；

37） 肺叶切除术；

38） 限局性脓胸行部分胸廓成形术；

39） 气管部分切除术；

40） 食管重建术后伴反流性食管炎；

41） 食管外伤或成形术后咽下运动不正常；

42) 胃切除1/2；

43) 小肠切除1/2；

44) 结肠大部分切除；

45) 肝切除1/4；

46) 胆道损伤，胆肠吻合术后；

47) 脾切除；

48) 胰切除1/3；

49) 女性两侧乳房部分缺损；

50) 一侧肾切除；

51) 膀胱部分切除；

52) 轻度排尿障碍；

53) 阴道狭窄；

54) 尘肺壹期，肺功能正常；

55) 放射性肺炎后肺纤维化（<两叶），肺功能正常；

56) 轻度低氧血症；

57) 心功能不全一级；

58) 再生障碍性贫血完全缓解；

59) 白细胞减少症，含量持续$<4\times10^9$/L（4 000/mm^3）；

60) 中性粒细胞减少症，含量持续$<2\times10^9$/L（2 000/mm^3）；

61) 慢性轻度中毒性肝病；

62) 肾功能不全代偿期，内生肌酐清除率<70 mL/min；

63) 三度牙酸蚀病。

5.8 八级

5.8.1 定级原则

器官部分缺损，形态异常，轻度功能障碍，存在一般医疗依赖，无生活自理障碍。

5.8.2 八级条款系列

凡符合 5.8.1 或下列条款之一者均为工伤八级。

1) 单肢体瘫肌力 4 级；
2) 单手全肌瘫肌力 4 级；
3) 双手部分肌瘫肌力 4 级；
4) 双足部分肌瘫肌力 4 级；
5) 单足部分肌瘫肌力 ≤3 级；
6) 脑叶部分切除术后；
7) 符合重度毁容标准中的一项者；
8) 面部烧伤植皮 ≥1/5；
9) 面部轻度异物沉着或色素脱失；
10) 双侧耳廓部分或一侧耳廓大部分缺损；
11) 全身瘢痕面积 ≥20%；
12) 一侧或双侧眼睑明显缺损；
13) 脊椎压缩性骨折，椎体前缘高度减少 1/2 以上者或脊椎不稳定性骨折；
14) 3 个及以上节段脊柱内固定术；
15) 一手除拇、食指外，有两指近侧指间关节离断；
16) 一手除拇、食指外，有两指近侧指间关节功能完全丧失；
17) 一拇指指间关节离断；
18) 一拇指指间关节畸形，功能完全丧失；
19) 一足拇趾缺失，另一足非拇趾一趾缺失；
20) 一足拇趾畸形，功能完全丧失，另一足非拇趾一趾畸形；
21) 一足除拇趾外，其他三趾缺失；
22) 一足除拇趾外，其他四趾瘢痕畸形，功能完全丧失；
23) 因开放骨折感染形成慢性骨髓炎，反复发作者；
24) 四肢大关节之一关节内骨折导致创伤性关节炎，遗留轻

度功能障碍;

25) 急性放射皮肤损伤Ⅳ度及慢性放射性皮肤损伤手术治疗后影响肢体功能;

26) 放射性皮肤溃疡经久不愈者;

27) 一眼矫正视力≤0.2,另眼矫正视力≥0.5;

28) 双眼矫正视力等于0.4;

29) 双眼视野≤80%(或半径≤50°);

30) 一侧或双侧睑外翻或睑闭合不全者;

31) 上睑下垂盖及瞳孔1/3者;

32) 睑球粘连影响眼球转动者;

33) 外伤性青光眼行抗青光眼手术后眼压控制正常者;

34) 双耳听力损伤≥41 dB或一耳≥91 dB;

35) 喉或气管损伤导致体力劳动时有呼吸困难;

36) 喉源性损伤导致发声及言语困难;

37) 牙槽骨损伤长度≥6 cm,牙齿脱落8个及以上者;

38) 舌缺损<舌的1/3;

39) 双侧鼻腔或鼻咽部闭锁;

40) 双侧颞下颌关节强直,张口困难Ⅱ度;

41) 上、下颌骨骨折,经牵引、固定治疗后有功能障碍者;

42) 双侧颧骨并颧弓骨折,无张口困难,颜面部凹陷畸形不明显,不需手术复位;

43) 肺段切除术;

44) 支气管成形术;

45) 双侧≥3根肋骨骨折致胸廓畸形;

46) 膈肌破裂修补术后,伴膈神经麻痹;

47) 心脏、大血管修补术;

48) 心脏异物滞留或异物摘除术;

49) 肺功能轻度损伤；

50) 食管重建术后，进食正常者；

51) 胃部分切除；

52) 小肠部分切除；

53) 结肠部分切除；

54) 肝部分切除；

55) 腹壁缺损面积< 腹壁的1/4；

56) 脾部分切除；

57) 胰部分切除；

58) 甲状腺功能轻度损害；

59) 甲状旁腺功能轻度损害；

60) 尿道修补术；

61) 一侧睾丸、附睾切除；

62) 一侧输精管缺损，不能修复；

63) 脊髓神经周围神经损伤，或盆腔、会阴手术后遗留性功能障碍；

64) 一侧肾上腺缺损；

65) 单侧输卵管切除；

66) 单侧卵巢切除；

67) 女性单侧乳房切除或严重瘢痕畸形；

68) 其他职业性肺疾患，肺功能正常；

69) 中毒性肾病，持续低分子蛋白尿；

70) 慢性中度磷中毒；

71) 氟及其无机化合物中毒慢性中度中毒；

72) 减压性骨坏死Ⅱ期；

73) 轻度手臂振动病；

74) 二度牙酸蚀。

5.9 九级

5.9.1 定级原则

器官部分缺损，形态异常，轻度功能障碍，无医疗依赖或者存在一般医疗依赖，无生活自理障碍。

5.9.2 九级条款系列

凡符合 5.9.1 或下列条款之一者均为工伤九级。

1) 癫痫轻度；
2) 中毒性周围神经病致浅感觉障碍；
3) 脑挫裂伤无功能障碍；
4) 开颅手术后无功能障碍；
5) 颅内异物无功能障碍；
6) 颈部外伤致颈总、颈内动脉狭窄，支架置入或血管搭桥手术后无功能障碍；
7) 符合中度毁容标准中的两项或轻度毁容者；
8) 发际边缘瘢痕性秃发或其他部位秃发，需戴假发者；
9) 全身瘢痕占体表面积≥5%；
10) 面部有≥8 cm^2 或 3 处以上≥1 cm^2 的瘢痕；
11) 两个以上横突骨折；
12) 脊椎压缩骨折，椎体前缘高度减少小于 1/2 者；
13) 椎间盘髓核切除术后；
14) 1~2 节脊柱内固定术；
15) 一拇指末节部分 1/2 缺失；
16) 一手食指 2~3 节缺失；
17) 一拇指指间关节僵直于功能位；
18) 除拇指外，余 3~4 指末节缺失；
19) 一足拇趾末节缺失；

20) 除拇趾外其他二趾缺失或瘢痕畸形，功能不全；

21) 跖骨或跗骨骨折影响足弓者；

22) 外伤后膝关节半月板切除、髌骨切除、膝关节交叉韧带修补术后；

23) 四肢长管状骨骨折内固定或外固定支架术后；

24) 髌骨、跟骨、距骨、下颌骨或骨盆骨折内固定术后；

25) 第Ⅴ对脑神经眼支麻痹；

26) 眶壁骨折致眼球内陷、两眼球突出度相差>2 mm 或错位变形影响外观者；

27) 一眼矫正视力≤0.3，另眼矫正视力>0.6；

28) 双眼矫正视力等于0.5；

29) 泪器损伤，手术无法改进溢泪者；

30) 双耳听力损失≥31 dB 或一耳损失≥71 dB；

31) 喉源性损伤导致发声及言语不畅；

32) 铬鼻病有医疗依赖；

33) 牙槽骨损伤长度>4 cm，牙脱落4个及以上；

34) 上、下颌骨骨折，经牵引、固定治疗后无功能障碍者；

35) 一侧下颌骨髁状突颈部骨折；

36) 一侧颧骨并颧弓骨折；

37) 肺内异物滞留或异物摘除术；

38) 限局性脓胸行胸膜剥脱术；

39) 胆囊切除；

40) 一侧卵巢部分切除；

41) 乳腺成形术；

42) 胸、腹腔脏器探查术或修补术后。

5.10 十级

5.10.1 定级原则

器官部分缺损，形态异常，无功能障碍或轻度功能障碍，无医疗依赖或者存在一般医疗依赖，无生活自理障碍。

5.10.2 十级条款系列

凡符合 5.10.1 或下列条款之一者均为工伤十级。

1) 符合中度毁容标准中的一项者；
2) 面部有瘢痕，植皮，异物色素沉着或脱失>2 cm^2；
3) 全身瘢痕面积<5%，但≥1%；
4) 急性外伤导致椎间盘髓核突出，并伴神经刺激征者；
5) 一手指除拇指外，任何一指远侧指间关节离断或功能丧失；
6) 指端植皮术后（增生性瘢痕 1 cm^2 以上）；
7) 手背植皮面积>50 cm^2，并有明显瘢痕；
8) 手掌、足掌植皮面积>30%者；
9) 除拇趾外，任何一趾末节缺失；
10) 足背植皮面积>100 cm^2；
11) 膝关节半月板损伤、膝关节交叉韧带损伤未做手术者；
12) 身体各部分骨折愈合后无功能障碍或轻度功能障碍；
13) 四肢大关节肌腱及韧带撕裂伤术后遗留轻度功能障碍；
14) 一手或两手慢性放射性皮肤损伤Ⅱ度及Ⅱ度以上者；
15) 一眼矫正视力≤0.5，另一眼矫正视力≥0.8；
16) 双眼矫正视力≤0.8；
17) 一侧或双侧睑外翻或睑闭合不全行成形手术后矫正者；
18) 上睑下垂盖及瞳孔 1/3 行成形手术后矫正者；
19) 睑球粘连影响眼球转动行成形手术后矫正者；
20) 职业性及外伤性白内障术后人工晶状体眼，矫正视力正常者；

21） 职业性及外伤性白内障Ⅰ度~Ⅱ度（或轻度、中度），矫正视力正常者；

22） 晶状体部分脱位；

23） 眶内异物未取出者；

24） 眼球内异物未取出者；

25） 外伤性瞳孔放大；

26） 角巩膜穿通伤治愈者；

27） 双耳听力损失≥26 dB，或一耳≥56 dB；

28） 双侧前庭功能丧失，闭眼不能并足站立；

29） 铬鼻病（无症状者）；

30） 嗅觉丧失；

31） 牙齿除智齿以外，切牙脱落1个以上或其他牙脱落2个以上；

32） 一侧颞下颌关节强直，张口困难Ⅰ度；

33） 鼻窦或面颊部有异物未取出；

34） 单侧鼻腔或鼻孔闭锁；

35） 鼻中隔穿孔；

36） 一侧不完全性面瘫；

37） 血、气胸行单纯闭式引流术后，胸膜粘连增厚；

38） 腹腔脏器挫裂伤保守治疗后；

39） 乳腺修补术后；

40） 放射性损伤致免疫功能轻度减退；

41） 慢性轻度磷中毒；

42） 氟及其无机化合物中毒慢性轻度中毒；

43） 井下工人滑囊炎；

44） 减压性骨坏死Ⅰ期；

45） 一度牙酸蚀病；

46） 职业性皮肤病久治不愈。

附 录 A
（规范性附录）
各门类工伤、职业病致残分级判定基准

A.1 神经内科、神经外科、精神科门

A.1.1 智能损伤

A.1.1.1 智能损伤的症状

智能损伤具体症状表现为：

a) 记忆减退，最明显的是学习新事物的能力受损；

b) 以思维和信息处理过程减退为特征的智能损害，如抽象概括能力减退，难以解释成语、谚语，掌握词汇量减少，不能理解抽象意义的词汇，难以概括同类事物的共同特征，或判断力减退；

c) 情感障碍，如抑郁、淡漠，或敌意增加等；

d) 意志减退，如懒散、主动性降低；

e) 其他高级皮层功能受损，如失语、失认、失用，或人格改变等；

f) 无意识障碍。

符合症状标准至少已 6 个月方可诊断。

A.1.1.2 智能损伤的级别

智能损伤分 5 级：

a) 极重度智能损伤

  1) 记忆损伤，记忆商（MQ）0~19；

  2) 智商（IQ）<20；

  3) 生活完全不能自理。

b) 重度智能损伤

    1) 记忆损伤，MQ 20~34；

    2) IQ 20~34；

    3) 生活大部不能自理。

c) 中度智能损伤

    1) 记忆损伤，MQ 35~49；

    2) IQ 35~49；

    3) 生活能部分自理。

d) 轻度智能损伤

    1) 记忆损伤，MQ 50~69；

    2) IQ 50~69；

    3) 生活勉强能自理，能做一般简单的非技术性工作。

e) 边缘智能

    1) 记忆损伤，MQ 70~79；

    2) IQ 70~79；

    3) 生活基本自理，能做一般简单的非技术性工作。

A.1.2 精神障碍

A.1.2.1 精神病性症状

有下列表现之一者：

a) 突出的妄想；

b) 持久或反复出现的幻觉；

c) 病理性思维联想障碍；

d) 紧张综合征，包括紧张性兴奋与紧张性木僵；

e) 情感障碍显著，且妨碍社会功能（包括生活自理功能、社交功能及职业和角色功能）。

A.1.2.2 与工伤、职业病相关的精神障碍的认定

认定需具备以下条件：

a) 精神障碍的发病基础需有工伤、职业病的存在；

b) 精神障碍的起病时间需与工伤、职业病的发生相一致；

c) 精神障碍应随着工伤、职业病的改善和缓解而恢复正常；

d) 无证据提示精神障碍的发病有其他原因（如强阳性家族病史）。

A.1.3 人格改变

个体原来特有的人格模式发生了改变，人格改变需有两种或两种以上的下列特征，至少持续 6 个月方可诊断：

a) 语速和语流明显改变，如以赘述或粘滞为特征；

b) 目的性活动能力降低，尤以耗时较久才能得到满足的活动更明显；

c) 认知障碍，如偏执观念，过于沉湎于某一主题（如宗教），或单纯以对或错来对他人进行僵化的分类；

d) 情感障碍，如情绪不稳、欣快、肤浅、情感流露不协调、易激惹，或淡漠；

e) 不可抑制的需要和冲动（不顾后果和社会规范要求）。

A.1.4 癫痫的诊断

癫痫诊断的分级包括：

a) 轻度：经系统服药治疗方能控制的各种类型癫痫发作者；

b) 中度：各种类型的癫痫发作，经系统服药治疗一年后，全身性强直—阵挛发作、单纯或复杂部分发作，伴自动症或精神症状（相当于大发作、精神运动性发作）平均每月 1 次或 1 次以下，失神发作和其他类型发作平均每周 1 次以下；

c) 重度：各种类型的癫痫发作，经系统服药治疗一年后，全身性强直—阵挛发作、单纯或复杂部分发作，伴自动症或精神症状（相当于大发作、精神运动性发作）平均每月 1 次以上，失神发作和其他类型发作平均每周 1 次以上者。

A.1.5 面神经损伤的评定

面神经损伤分中枢性（核上性）和外周性（核下性）损伤。本标准所涉及的面神经损伤主要指外周性病变。

一侧完全性面神经损伤系指面神经的5个分支支配的全部颜面肌肉瘫痪，表现为：

a) 额纹消失，不能皱眉；
b) 眼睑不能充分闭合，鼻唇沟变浅；
c) 口角下垂，不能示齿、鼓腮、吹口哨，饮食时汤水流溢。

不完全性面神经损伤系指面神经颧枝损伤或下颌枝损伤或颞枝和颊枝损伤者。

A.1.6 运动障碍

A.1.6.1 肢体瘫

肢体瘫痪程度以肌力作为分级标准，具体级别包括：

a) 0级：肌肉完全瘫痪，毫无收缩；
b) 1级：可看到或触及肌肉轻微收缩，但不能产生动作；
c) 2级：肌肉在不受重力影响下，可进行运动，即肢体能在床面上移动，但不能抬高；
d) 3级：在和地心引力相反的方向中尚能完成其动作，但不能对抗外加的阻力；
e) 4级：能对抗一定的阻力，但较正常人低；
f) 5级：正常肌力。

A.1.6.2 非肢体瘫痪的运动障碍

包括肌张力增高、深感觉障碍和（或）小脑性共济失调、不自主运动或震颤等。根据其对生活自理的影响程度划分为轻度、中度、重度：

a) 重度：不能自行进食，大小便、洗漱、翻身和穿衣需由他人护理。

b) 中度：上述动作困难，但在他人帮助下可以完成。

c) 轻度：完成上述运动虽有一些困难，但基本可以自理。

A.2 骨科、整形外科、烧伤科门

A.2.1 颜面毁容

A.2.1.1 重度

面部瘢痕畸形，并有以下六项中任意四项者：

a) 眉毛缺失；

b) 双睑外翻或缺失；

c) 外耳缺失；

d) 鼻缺失；

e) 上下唇外翻、缺失或小口畸形；

f) 颈颏粘连。

A.2.1.2 中度

具有下述六项中三项者：

a) 眉毛部分缺失；

b) 眼睑外翻或部分缺失；

c) 耳廓部分缺失；

d) 鼻部分缺失；

e) 唇外翻或小口畸形；

f) 颈部瘢痕畸形。

A.2.1.3 轻度

含中度畸形六项中两项者。

A.2.2 瘢痕诊断界定

指创面愈合后的增生性瘢痕，不包括皮肤平整、无明显质地改变的萎缩性瘢痕或疤痕。

A.2.3 面部异物色素沉着或脱失

A.2.3.1 轻度

异物色素沉着或脱失超过颜面总面积的1/4。

A.2.3.2 重度

异物色素沉着或脱失超过颜面总面积的1/2。

A.2.4 高位截肢

指肱骨或股骨缺失2/3以上。

A.2.5 关节功能障碍

A.2.5.1 关节功能完全丧失

非功能位关节僵直、固定或关节周围其他原因导致关节连枷状或严重不稳，以致无法完成其功能活动。

A.2.5.2 关节功能重度障碍

关节僵直于功能位，或残留关节活动范围约占正常的三分之一，较难完成原有劳动并对日常生活有明显影响。

A.2.5.3 关节功能中度障碍

残留关节活动范围约占正常的三分之二，能基本完成原有劳动，对日常生活有一定影响。

A.2.5.4 关节功能轻度障碍

残留关节活动范围约占正常的三分之二以上，对日常生活无明显影响。

A.2.6 四肢长管状骨

指肱骨、尺骨、桡骨、股骨、胫骨和腓骨。

A.2.7 脊椎骨折的类型

在评估脊椎损伤严重程度时，应根据暴力损伤机制、临床症状与体征，尤其是神经功能损伤情况以及影像等资料进行客观评估，出现以下情形之一时可判断为脊椎不稳定性骨折：

a) 脊椎有明显骨折移位，椎体前缘高度压缩大于50%，后凸或侧向成角大于30°；
b) 后缘骨折，且有骨块突入椎管内，椎管残留管腔小于40%；
c) 脊椎弓根、关节突、椎板骨折等影像学表现。

上述情形外的其他情形可判断为脊椎稳定性骨折。

A.2.8 放射性皮肤损伤

A.2.8.1 急性放射性皮肤损伤Ⅳ度

初期反应为红斑、麻木、瘙痒、水肿、刺痛，经过数小时至10天假愈期后出现第二次红斑、水疱、坏死、溃疡，所受剂量可能≥20Gy。

A.2.8.2 慢性放射性皮肤损伤Ⅱ度

临床表现为角化过度、皲裂或皮肤萎缩变薄，毛细血管扩张，指甲增厚变形。

A.2.8.3 慢性放射性皮肤损伤Ⅲ度

临床表现为坏死、溃疡，角质突起，指端角化与融合，肌腱挛缩，关节变形及功能障碍（具备其中一项即可）。

A.3 眼科、耳鼻喉科、口腔科门

A.3.1 视力的评定

A.3.1.1 视力检查

按照GB 11533的规定检查视力。视力记录可采用5分记录（对数视力表）或小数记录两种方式（详见表A.1）。

表 A.1 小数记录折算 5 分记录参考表

旧法记录	0（无光感）	1/∞（光感）	0.001（光感）
5 分记录	0	1	2

旧法记录，cm（手指/cm）	6	8	10	12	15	20	25	30	35	40	45
5 分记录	2.1	2.2	2.3	2.4	2.5	2.6	2.7	2.8	2.85	2.9	2.95

走近距离	50cm	60cm	80cm	1m	1.2m	1.5m	2m	2.5m	3m	3.5m	4m	4.5m
小数记录	0.01	0.012	0.015	0.02	0.025	0.03	0.04	0.05	0.06	0.07	0.08	0.09
5 分记录	3.0	3.1	3.2	3.3	3.4	3.5	3.6	3.7	3.8	3.85	3.9	3.95

小数记录	0.1	0.2	0.15	0.2	0.25	0.3	0.4	0.5	0.6	0.7	0.8	0.9
5 分记录	4.0	4.1	4.2	4.3	4.4	4.5	4.6	4.7	4.8	4.85	4.9	4.95

小数记录	1.0	1.2	1.5	2.0	2.5	3.0	4.0	5.0	6.0	8.0	10.0
5 分记录	5.0	5.1	5.2	5.3	5.4	5.5	5.6	5.7	5.8	5.9	6.0

A.3.1.2 盲及低视力分级

盲及低视力分级见表 A.2。

表 A.2 盲及低视力分级

类别	级别	最佳矫正视力
盲	一级盲	<0.02~无光感，或视野半径<5°
	二级盲	<0.05~0.02，或视野半径<10°
低视力	一级低视力	<0.1~0.05
	二级低视力	<0.3~0.1

A.3.2 周边视野

A.3.2.1 视野检查的要求

视野检查的具体要求：

a) 视标颜色：白色；

b) 视标大小：3 mm；

c) 检查距离：330 mm；

d) 视野背景亮度：31.5 asb。

A.3.2.2 视野缩小的计算

视野有效值计算方法为：

$$实测视野有效值=\frac{8条子午线实测视野值}{500}\times100\%$$

A.3.3 伪盲鉴定方法

A.3.3.1 单眼全盲检查法

全盲检查方法如下：

a) 视野检查法：在不遮盖眼的情况下，检查健眼的视野，鼻侧视野>60°者，可疑为伪盲。

b) 加镜检查法：将准备好的试镜架上（好眼之前）放一个屈光度为+6.00D的球镜片，在所谓盲眼前放上一个屈光度为+0.25D的球镜片，戴在患者眼前以后，如果仍能看清5m处的远距离视力表时，即为伪盲。或嘱患者两眼注视眼前一点，将一个三棱镜度为6的三棱镜放于所谓盲眼之前，不拘底向外或向内，注意该眼球必向内或向外转动，以避免发生复视。

A.3.3.2 单眼视力减退检查法

视力减退检查方法如下：

a) 加镜检查法：先记录两眼单独视力，然后将平面镜或不影响视力的低度球镜片放于所谓患眼之前,并将一个屈光度为+12.00D的凸球镜片同时放于好眼之前,再检查两眼同时看的视力,如果所得的视力较所谓患眼的单独视力更好时,则可证明患眼为伪装视力减退。

b) 视觉诱发电位（VEP）检查法（略）。

A.3.4 视力减弱补偿率

视力减弱补偿率是眼科致残评级依据之一。从表A.3中提示,如左眼检查视力0.15,右眼检查视力0.3,对照视力减弱补偿率,行是9,列是7,交汇点是38,即视力减弱补偿率为38,对应致残等级是七级。余可类推。

表A.3 视力减弱补偿率表

左眼		右眼											
		6/6	5/6	6/9	5/9	6/12	6/18	6/24	6/36		6/60	4/60	3/60	
		1~0.9	0.8	0.7	0.6	0.5	0.4	0.3	0.2	0.15	0.1	1/15	1/20	<1/20
6/6	1~0.9	0	0	2	3	4	6	9	12	16	20	23	25	27
5/6	0.8	0	0	3	4	5	7	10	14	18	22	24	26	28
6/9	0.7	2	3	4	5	6	8	12	16	20	24	26	28	30
5/9	0.6	3	4	5	6	7	10	14	19	22	26	28	32	35
6/12	0.5	4	5	6	7	8	12	17	22	25	28	32	36	40
6/18	0.4	6	7	8	10	12	16	20	25	28	31	35	40	45
6/24	0.3	9	10	12	14	17	20	25	33	38	42	47	52	60
6/36	0.2	12	14	16	19	22	25	33	47	55	60	67	75	80
	0.15	16	18	20	22	25	28	38	55	63	70	78	83	83
6/60	0.1	20	22	24	26	28	31	42	60	70	80	80	90	95
4/60	1/15	23	24	26	29	32	35	47	67	78	85	92	95	98
3/60	1/20	25	26	28	32	36	40	52	75	83	90	95	100	100
	<1/20	27	28	30	35	40	45	60	80	88	95	98	100	100

表 A.4 视力减弱补偿率与工伤等级对应表

致残等级	视力减弱补偿率/%
一级	—
二级	—
三级	100
四级	86~99
五级	76~85
六级	41~75
七级	25~40
八级	16~24
九级	8~15
十级	0~7

注1：视力减弱补偿率不能代替《工伤鉴定标准》，只有现条款不能得出确定结论时，才可对照视力减弱补偿率表得出相对应的视力减弱补偿率，并给出相对应的致残等级。

注2：视力减弱补偿率及其等级分布不适用于一、二级的评定和眼球摘除者的致残等级。

A.3.5 无晶状体眼的视觉损伤程度评价

因工伤或职业病导致眼晶状体摘除，除了导致视力障碍外，还分别影响到患者视野及立体视觉功能，因此，对无晶状体眼中心视力（矫正后）的有效值的计算要低于正常晶状体眼。计算办法可根据无晶状体眼的只数和无晶状体眼分别进行视力最佳矫正（包括戴眼镜或接触镜和植入人工晶状体）后，与正常晶状体眼，依视力递减受损程度百分比进行比较，来确定无晶状体眼视觉障碍的程度，见表 A.5。

表 A.5 无晶状体眼视觉损伤程度评价参考表

视力	无晶状体眼中心视力有效值百分比/%		
	晶状体眼	单眼无晶状体	双眼无晶状体
1.2	100	50	75
1.0	100	50	75
0.8	95	47	71
0.6	90	45	67
0.5	85	42	64
0.4	75	37	56
0.3	65	32	49
0.25	60	30	45
0.20	50	25	37
0.15	40	20	30
0.12	30	—	22
0.1	20	—	—

A.3.6 听力损伤计算法

A.3.6.1 听阈值计算

30岁以上受检者在计算其听阈值时，应从实测值中扣除其年龄修正值（见表 A.6）后，取 GB/T 7582—2004 附录 B 中数值。

表 A.6　纯音气导阈的年龄修正值

年龄/岁	频率/Hz					
	男			女		
	500	1 000	2 000	500	1 000	2 000
30	1	1	1	1	1	1
40	2	2	3	2	2	3
50	4	4	7	4	4	6
60	6	7	12	6	7	11
70	10	11	19	10	11	16

A.3.6.2 单耳听力损失计算法

取该耳语频 500 Hz、1 000 Hz 及 2 000 Hz 纯音气导听阈值相加取其均值，若听阈超过 100 dB，仍按 100 dB 计算。如所得均值不是整数，则小数点后之尾数采用四舍五入法进为整数。

A.3.6.3 双耳听力损失计算法

听力较好一耳的语频纯音气导听阈均值（PTA）乘以 4 加听力较差耳的均值，其和除以 5。如听力较差耳的致聋原因与工伤或职业无关，则不予计入，直接以较好一耳的语频听阈均值为准。在标定听阈均值时，小数点后之尾数采取四舍五入法进为整数。

A.3.7 张口度判定及测量方法

以患者自身的食指、中指、无名指并列垂直置入上、下中切牙切缘间测量。

a)　正常张1:1度：张口时上述三指可垂直置入上、下切牙切缘间（相当于 4.5 cm 左右）。

b)　张口困难Ⅰ度：大张1:1时，只能垂直置入食指和中指（相当于 3 cm 左右）。

c) 张口困难Ⅱ度：大张口时，只能垂直置入食指（相当于1.7 cm左右）。

d) 张口困难Ⅲ度：大张口时，上、下切牙间距小于食指之横径。

e) 完全不能张口。

A.4 普外科、胸外科、泌尿生殖科门

A.4.1 肝功能损害

以血清白蛋白、血清胆红素、腹水、脑病和凝血酶原时间五项指标在肝功能损害中所占积分的多少作为其损害程度的判定（见表A.7）。

表A.7 肝功能损害的判定

项目	分数		
	1分	2分	3分
血清白蛋白	3.0 g/dL~3.5 g/dL	2.5 g/dL~3.0 g/dL	<2.5 g/dL
血清胆红素	1.5 mg/dL~2.0 mg/dL	2.0 mg/dL~3.0 mg/dL	>3.0 mg/dL
腹水	无	少量腹水，易控制	腹水多，难于控制
脑病	无	轻度	重度
凝血酶原时间	延长>3 s	延长>6 s	延长>9 s

肝功能损害级别包括：

a) 肝功能重度损害：10分~15分。

b) 肝功能中度损害：7分~9分。

c) 肝功能轻度损害：5分~6分。

A.4.2 肺、肾、心功能损害

参见A.5。

A.4.3 肾损伤性高血压判定

肾损伤所致高血压系指血压的两项指标（收缩压≥21.3 kPa，舒张压≥12.7 kPa）只需具备一项即可成立。

A.4.4 甲状腺功能低下分级

A.4.4.1 重度

重度表现为：
a) 临床症状严重；
b) T3、T4或FT3、FT4低于正常值，TSH>50 μU/L。

A.4.4.2 中度

中度表现为：
a) 临床症状较重；
b) T3、T4或FT3、FT4正常，TSH>50 μU/L。

A.4.4.3 轻度

轻度表现为：
a) 临床症状较轻；
b) T3、T4或FT3、FT4正常，TSH轻度增高但<50 μU/L。

A.4.5 甲状旁腺功能低下分级

甲状旁腺功能低下分级：
a) 重度：空腹血钙质量浓度<6 mg/dL；
b) 中度：空腹血钙质量浓度6 mg/dL~7 mg/dL；
c) 轻度：空腹血钙质量浓度7 mg/dL~8 mg/dL。

注：以上分级均需结合临床症状分析。

A.4.6 肛门失禁

A.4.6.1 重度

重度表现为：

a) 大便不能控制；

b) 肛门括约肌收缩力很弱或丧失；

c) 肛门括约肌收缩反射很弱或消失；

d) 直肠内压测定：采用肛门注水法测定时直肠内压应小于1 961 Pa（20 cm H_2O）。

A.4.6.2 轻度

轻度表现为：

a) 稀便不能控制；

b) 肛门括约肌收缩力较弱；

c) 肛门括约肌收缩反射较弱；

d) 直肠内压测定：采用肛门注水法测定时直肠内压应为1 961 Pa~2 942 Pa（20~30 cm H_2O）。

A.4.7 排尿障碍

排尿障碍分级：

a) 重度：系出现真性重度尿失禁或尿潴留残余尿体积≥50 mL者。

b) 轻度：系出现真性轻度尿失禁或残余尿体积<50 mL者。

A.4.8 生殖功能损害

生殖功能损害分级：

a) 重度：精液中精子缺如。

b) 轻度：精液中精子数<500万/mL或异常精子>30%或死精子或运动能力很弱的精子>30%。

A.4.9 血睾酮正常值

血睾酮正常值为14.4 nmol/L~41.5 nmol/L（<60 ng/dL）。

A.4.10 左侧肺叶计算

本标准按三叶划分，即顶区、舌叶和下叶。

A.4.11 大血管界定

本标准所称大血管是指主动脉、上腔静脉、下腔静脉、肺动脉和肺静脉。

A.4.12 呼吸困难

参见 A.5.1。

A.5 职业病内科门

A.5.1 呼吸困难及呼吸功能损害

A.5.1.1 呼吸困难分级

Ⅰ级：与同龄健康者在平地一同步行无气短，但登山或上楼时呈现气短。

Ⅱ级：平路步行 1 000 m 无气短，但不能与同龄健康者保持同样速度，平路快步行走呈现气短，登山或上楼时气短明显。

Ⅲ级：平路步行 100 m 即有气短。

Ⅳ级：稍活动（如穿衣、谈话）即气短。

A.5.1.2 肺功能损伤分级

肺功能损伤分级见表 A.8。

表 A.8 肺功能损伤分级　　　　　　　　　　%

损伤级别	FVC	FEV1	MVV	FEV1/FVC	RV/TLC	DLco
正常	>80	>80	>80	>70	<35	>80
轻度损伤	60~79	60~79	60~79	55~69	36~45	60~79
中度损伤	40~59	40~59	40~59	35~54	46~55	45~59
重度损伤	<40	<40	<40	<35	>55	<45
注：FVC、FEV1、MVV、DLco 为占预计值百分数。						

A.5.1.3 低氧血症分级

低氧血症分级如下：
a) 正常：PO_2 为 13.3 kPa~10.6 kPa（100 mmHg~80 mmHg）；
b) 轻度：PO_2 为 10.5 kPa~8.0 kPa（79 mmHg~60 mmHg）；
c) 中度：PO_2 为 7.9 kPa~5.3 kPa（59 mmHg~40 mmHg）；
d) 重度：PO_2<5.3 kPa（<40 mmHg）。

A.5.2 活动性肺结核病诊断

A.5.2.1 诊断要点

尘肺合并活动性肺结核，应根据胸部 X 射线片、痰涂片、痰结核杆菌培养和相关临床表现做出判断。

A.5.2.2 涂阳肺结核诊断

符合以下三项之一者：
a) 直接痰涂片镜检抗酸杆菌阳性 2 次；
b) 直接痰涂片镜检抗酸杆菌 1 次阳性，且胸片显示有活动性肺结核病变；
c) 直接痰涂片镜检抗酸杆菌 1 次阳性加结核分枝杆菌培养阳性 1 次。

A.5.2.3 涂阴肺结核的判定

直接痰涂片检查 3 次均阴性者，应从以下几方面进行分析和判断：
a) 有典型肺结核临床症状和胸部 X 线表现；
b) 支气管或肺部组织病理检查证实结核性改变。

此外，结核菌素（PPD 5 IU）皮肤试验反应≥15mm 或有丘疹水疱；血清抗结核抗体阳性；痰结核分枝杆菌 PCR 加探针检测阳性以及肺外组织病理检查证实结核病变等可作为参考指标。

A.5.3 心功能不全

心功能不全分级：

a) 一级心功能不全：能胜任一般日常劳动，但稍重体力劳动即有心悸、气急等症状。

b) 二级心功能不全：普通日常活动即有心悸、气急等症状，休息时消失。

c) 三级心功能不全：任何活动均可引起明显心悸、气急等症状，甚至卧床休息仍有症状。

A.5.4 中毒性肾病

A.5.4.1 特征性表现

肾小管功能障碍为中毒性肾病的特征性表现。

A.5.4.2 轻度中毒性肾病

轻度表现为：

a) 近曲小管损伤：尿β_2微球蛋白持续>1 000 μg/g肌酐，可见葡萄糖尿和氨基酸尿，尿钠排出增加，临床症状不明显；

b) 远曲小管损伤：肾脏浓缩功能降低，尿液稀释（尿渗透压持续<350 mOsm/kgH$_2$O），尿液碱化（尿液pH持续>6.2）。

A.5.4.3 重度中毒性肾病

除上述表现外，尚可波及肾小球，引起白蛋白尿（持续>150 mg/24h），甚至肾功能不全。

A.5.5 肾功能不全

肾功能不全分级：

a) 肾功能不全尿毒症期：内生肌酐清除率<25 mL/min，血肌酐浓度为450 μmol/L~707 μmol/L（5 mg/dL~8 mg/dL），血尿素氮浓度>21.4 mmol/L（60 mg/dL），常伴有酸中毒及严重尿毒症临床症象。

b) 肾功能不全失代偿期：内生肌酐清除率25 mL/min~49 mL/min，血肌酐浓度>177 μmol/L（2 mg/dL），但<450 μmol/L（5 mg/

dL)，无明显临床症状，可有轻度贫血、夜尿、多尿。

c) 肾功能不全代偿期：内生肌酐清除率降低至正常的50%（50 mL/min~70 mL/min），血肌酐及血尿素氮水平正常，通常无明显临床症状。

A.5.6 中毒性血液病诊断分级

A.5.6.1 重型再生障碍性贫血

重型再生障碍性贫血指急性再生障碍性贫血及慢性再生障碍性贫血病情恶化期，具有以下表现：

a) 临床：发病急，贫血呈进行性加剧，常伴严重感染，内脏出血；

b) 血象：除血红蛋白下降较快外，须具备下列三项中的两项：

1) 网织红细胞<1%，含量<15×10^9/L；

2) 白细胞明显减少，中性粒细胞绝对值<0.5×10^9/L；

3) 血小板<20×10^9/L。

c) 骨髓象：

1) 多部位增生减低，三系造血细胞明显减少，非造血细胞增多。如增生活跃须有淋巴细胞增多；

2) 骨髓小粒中非造血细胞及脂肪细胞增多。

A.5.6.2 慢性再生障碍性贫血

慢性再生障碍性贫血病情恶化期：

a) 临床：发病慢，贫血，感染，出血均较轻；

b) 血象：血红蛋白下降速度较慢，网织红细胞、白细胞、中性粒细胞及血小板值常较急性再生障碍性贫血为高；

c) 骨髓象：

1) 三系或二系减少，至少1个部位增生不良，如增生良好，红系中常有晚幼红（炭核）比例增多，巨核细胞明显减少；

2）骨髓小粒中非造血细胞及脂肪细胞增多。

A.5.6.3 骨髓增生异常综合征

须具备以下条件：

a) 骨髓至少两系呈病态造血；

b) 外周血一系、二系或全血细胞减少，偶可见白细胞增多，可见有核红细胞或巨大红细胞或其他病态造血现象；

c) 除外其他引起病态造血的疾病。

A.5.6.4 贫血

重度贫血：血红蛋白含量（Hb）<60 g/L，红细胞含量（RBC）<$2.5×10^{12}$/L；

轻度贫血：成年男性 Hb<120 g/L，RBC<$4.5×10^{12}$/L 及红细胞比积（HCT）<0.42，成年女性 Hb<11g/L，RBC：<$4.0×10^{12}$/L 及 HCT<0.37。

A.5.6.5 粒细胞缺乏症

外周血中性粒细胞含量低于 $0.5×10^{9}$/L。

A.5.6.6 中性粒细胞减少症

外周血中性粒细胞含量低于 $2.0×10^{9}$/L。

A.5.6.7 白细胞减少症

外周血白细胞含量低于 $4.0×10^{9}$/L。

A.5.6.8 血小板减少症

外周血液血小板计数<$8×10^{10}$/L，称血小板减少症；当<$4×10^{10}$/L 以下时，则有出血危险。

A.5.7 再生障碍性贫血完全缓解

贫血和出血症状消失，血红蛋白含量：男不低于 120 g/L，女不低于 100 g/L；白细胞含量 $4×10^{9}$/L 左右；血小板含量达 $8×10^{10}$/L；3 个月内不输血，随访 1 年以上无复发者。

A.5.8 急性白血病完全缓解

症状完全缓解表现为：

a) 骨髓象：原粒细胞Ⅰ型+Ⅱ型（原单+幼稚单核细胞或原淋+幼稚淋巴细胞）≤5%，红细胞及巨核细胞系正常；

M2b 型：原粒Ⅰ型+Ⅱ型≤5%，中性中幼粒细胞比例在正常范围。

M3 型：原粒+早幼粒≤5%。

M4 型：原粒Ⅰ、Ⅱ型+原红及原单细胞≤5%。

M6 型：原粒Ⅰ、Ⅱ型≤5%，原红+幼红以及红细胞比例基本正常。

M7 型：粒、红二系比例正常，原巨+幼稚巨核细胞基本消失。

b) 血象：男 Hb 含量≥100 g/L 或女 Hb 含量≥90 g/L；中性粒细胞含量≥$1.5×10^9$/L；血小板含量≥$10×10^{10}$/L；外周血分类无白血病细胞；

c) 临床无白血病浸润所致的症状和体征，生活正常或接近正常。

A.5.9 慢性粒细胞白血病完全缓解

症状完全缓解表现为：

a) 临床：无贫血、出血、感染及白血病细胞浸润表现；

b) 血象：Hb 含量>100 g/L，白细胞总数（WBC）<$10×10^9$/L，分类无幼稚细胞，血小板含量 $10×10^{10}$/L~$40×10^{10}$/L；

c) 骨髓象：正常。

A.5.10 慢性淋巴细胞白血病完全缓解

外周血白细胞含量≤$10×10^9$/L，淋巴细胞比例正常（或<40%），骨髓淋巴细胞比例正常（或<30%）临床症状消失，受累淋巴结和肝脾回缩至正常。

A.5.11 慢性中毒性肝病诊断分级

A.5.11.1 慢性轻度中毒性肝病

出现乏力、食欲减退、恶心、上腹饱胀或肝区疼痛等症状，肝脏肿大，质软或柔韧，有压痛；常规肝功能试验或复筛肝功能试验异常。

A.5.11.2 慢性中度中毒性肝病

有下述表现者：

a) A.5.11.1 所述症状较严重，肝脏有逐步缓慢性肿大或质地有变硬趋向，伴有明显压痛。

b) 乏力及胃肠道症状较明显，血清转氨酶活性、γ-谷氨酰转肽酶或γ-球蛋白等反复异常或持续升高。

c) 具有慢性轻度中毒性肝病的临床表现，伴有脾脏肿大。

A.5.11.3 慢性重度中毒性肝病

有下述表现之一者：

a) 肝硬化；

b) 伴有较明显的肾脏损害；

c) 在慢性中度中毒性肝病的基础上，出现白蛋白持续降低及凝血机制紊乱。

A.5.12 慢性肾上腺皮质功能减退

A.5.12.1 功能明显减退

有下述表现：

a) 乏力，消瘦，皮肤、黏膜色素沉着，白癜，血压降低，食欲不振；

b) 24 h 尿中 17-羟类固醇<4 mg，17-酮类固醇<10 mg；

c) 血浆皮质醇含量：早上 8 时，<9 mg/100 mL，下午 4 时，<3 mg/100 mL；

d) 尿中皮质醇<5 mg/24 h。

A.5.12.2 功能轻度减退

功能轻度减退表现为：

a) 具有 A.5.12.1b)、c) 两项症状；

b) 无典型临床症状。

A.5.13 免疫功能减低

A.5.13.1 功能明显减低

具体表现为：

a) 易于感染，全身抵抗力下降；

b) 体液免疫（各类免疫球蛋白）及细胞免疫（淋巴细胞亚群测定及周围血白细胞总数和分类）功能减退。

A.5.13.2 功能轻度减低

具体表现为：

a) 具有 A.5.13.1b) 项症状；

b) 无典型临床症状。

A.6 非职业病内科疾病的评残

由职业因素所致内科以外的，且属于国家卫生计生委四部委联合颁布的职业病分类和目录中的病伤，在经治疗于停工留薪期满时其致残等级皆根据 4.5 中相应的残情进行鉴定，其中因职业肿瘤手术所致的残情，参照主要受损器官的相应条目进行评定。

A.7 系统治疗的界定

本标准中所指的"系统治疗"是指经住院治疗，或每月平均一次到医院门诊治疗并坚持服药或其他专科治疗等。

A.8 等级相应原则

在实际应用中，如果仍有某些损伤类型未在本标准中提及者，可按其对劳动、生活能力影响程度列入相应等级。

附录 B
（资料性附录）
正确使用本标准的说明

B.1 神经内科、神经外科、精神科门

B.1.1 意识障碍是急性器质性脑功能障碍的临床表现。如持续性植物状态、去皮层状态、动作不能性缄默等常常长期存在，久治不愈。遇到这类意识障碍，因患者生活完全不能自理，一切需别人照料，应评为最重级。

反复发作性的意识障碍，作为癫痫的一组症状或癫痫发作的一种形式时，不单独评定其致残等级。

B.1.2 精神分裂症和躁郁症均为内源性精神病，发病主要取决于病人自身的生物学素质。在工伤或职业病过程中伴发的内源性精神病不应与工伤或职业病直接所致的精神病相混淆。精神分裂症和躁郁症不属于工伤或职业病性精神病。

B.1.3 智能损伤说明：

a) 智能损伤的总体严重性以记忆或智能损伤程度予以考虑，按"就重原则"其中哪项重，就以哪项表示；

b) 记忆商（MQ）、智商（IQ）的测查结果仅供参考，鉴定时需结合病理基础、日常就诊记录等多方综合评判。

B.1.4 神经心理学障碍指局灶性皮层功能障碍，内容包括失语、失用、失写、失读、失认等。临床上以失语为最常见，其他较少单独出现。

B.1.5 鉴于手、足部肌肉由多条神经支配，可出现完全瘫，亦可表现不完全瘫，在评定手、足瘫致残程度时，应区分完全性瘫与不完全性瘫，再根据肌力分级判定基准，对肢体瘫痪致残程度详细分级。

B.1.6 神经系统多部位损伤或合并其他器官的伤残时，其致残程度的鉴定依照本标准第4章的有关规定处理。

B.1.7 癫痫是一种以反复发作性抽搐或以感觉、行为、意识等发作性障碍为特征的临床症候群，属于慢性病之一。因为它的临床体征较少，若无明显颅脑器质性损害则难于定性。为了科学、合理地进行劳动能力鉴定，在进行致残程度评定时，应根据以下信息资料综合评判：

  a) 工伤和职业病所致癫痫的诊断前提应有严重颅脑外伤或中毒性脑病的病史；

  b) 一年来系统治疗病历资料；

  c) 脑电图资料；

  d) 其他有效资料，如血药浓度测定。

B.1.8 各种颅脑损伤出现功能障碍参照有关功能障碍评级。

B.1.9 为便于分类分级，将运动障碍按损伤部位不同分为脑、脊髓、周围神经损伤三类。鉴定中首先分清损伤部位，再给予评级。

B.1.10 考虑到颅骨缺损多可修补后按开颅术定级，且颅骨缺损的大小与功能障碍程度无必然联系，故不再以颅骨缺损大小作为评级标准。

B.1.11 脑挫裂伤应具有相应病史、临床治疗经过，经CT及（或）MRI等辅助检查证实有脑实质损害征象。

B.1.12 开颅手术包括开颅探查、去骨瓣减压术、颅骨整复、各种颅内血肿清除、慢性硬膜下血肿引流、脑室外引流、脑室—腹腔分流等。

B.1.13 脑脊液漏手术修补成功无功能障碍按开颅手术定级；脑脊液漏伴颅底骨缺损反复修补失败或无法修补者定为四级。

B.1.14 中毒性周围神经病表现为四肢对称性感觉减退或消失，肌力减退，肌肉萎缩，四肢腱反射（特别是跟腱反射）减退或消失。神经肌电图显示神经源性损害。如仅表现以感觉障碍为主的周围神经病，有深感觉障碍的定为七级，只有浅感觉障碍的定为九级，出现运动障碍者可参见神经科部分"运动障碍"定级。

  外伤或职业中毒引起的周围神经损害，如出现肌萎缩者，可按肌力予以定级。

B.1.15 外伤或职业中毒引起的同向偏盲或象限性偏盲，其视野缺损程度可参见眼科标准予以定级。

B.2 骨科、整形外科、烧伤科门

B.2.1 本标准只适用于因工负伤或职业病所致脊柱、四肢损伤的致残程度鉴定之用，其他先天畸形，或随年龄增长出现的退行性改变，如骨性关节炎等，不适用本标准。

B.2.2 有关节内骨折史的骨性关节炎或创伤后关节骨坏死，按该关节功能损害程度，列入相应评残等级处理。

B.2.3 创伤性滑膜炎，滑膜切除术后留有关节功能损害或人工关节术后残留有功能不全者，按关节功能损害程度，列入相应等级处理。

B.2.4 脊柱骨折合并有神经系统症状，骨折治疗后仍残留不同程度的脊髓和神经功能障碍者，参照4.5相应条款进行处理。

B.2.5 外伤后（一周内）发生的椎间盘突出症，经人力资源与社会保障部门认定为工伤的，按本标准相应条款进行伤残等级评定，若手术后残留有神经系统症状者，参照4.5相应条款进行处理。

B.2.6 职业性损害如氟中毒或减压病等所致骨与关节损害，按损害部位功能障碍情况列入相应评残等级处理。

B.2.7 神经根性疼痛的诊断需根据临床症状，同时结合必要的相关检查综合评判。

B.2.8 烧伤面积、深度不作为评残标准，需等治疗停工留薪期满后，依据造成的功能障碍程度、颜面瘢痕畸形程度和瘢痕面积（包括供皮区明显瘢痕）大小进行评级。

B.2.9 面部异物色素沉着是指由于工伤如爆炸伤所致颜面部各种异物（包括石子、铁粒等）的存留，或经取异物后仍留有不同程度的色素沉着。但临床上很难对面部异物色素沉着量及面积做出准确的划分，考虑到实际工作中可能遇见多种复杂情况，故本标准将面部异物色素沉着分为轻度及重度两个级别，分别以超过颜面总面积的1/4及1/2作为判定轻、重的基准。

B.2.10 以外伤为主导诱因引发的急性腰椎间盘突出症，应按下列要求确定诊断：

　　a） 急性外伤史并发坐骨神经刺激征；

　　b） 有早期MRI（一个月内）影像学依据提示为急性损伤；

　　c） 无法提供早期MRI资料的，仅提供早期CT依据者应继续3~6个月治疗与观察后申请鉴定，鉴定时根据遗留症状与体征，如相应受损神经支配肌肉萎缩、肌力减退、异常神经反射等损害程度作出等级评定。

B.2.11 膝关节损伤的诊断应从以下几方面考虑：明确的外伤史；相应的体征；结合影像学资料。如果还不能确诊者，可行关节镜检查确定。

B.2.12 手、足功能缺损评估参考图表

　　考虑到手、足外伤复杂多样性，在现标准没有可对应条款情况下，可参照图B.1、图B.2，表B.1和表B.2定级。

图B.1 手功能缺损评估参考图（略）

图B.2 足功能缺损评估参考图（略）

表B.1 手、足功能缺损分值定级区间参考表（仅用于单肢体）

级别	分值
一级	—
二级	—
三级	—
四级	—
五级	81分~100分
六级	51分~80分
七级	31分~50分
八级	21分~30分
九级	11分~20分
十级	≤10分

表 B.2 手、腕部功能障碍评估参考表

受累部位		功能障碍程度与分值定级		
		僵直于非功能位	僵直于功能位或<1/2关节活动度	轻度功能障碍或>1/2关节活动度
拇指	第一掌腕/掌指/指间关节均受累	40	25	15
	掌指、指间关节同时受累	30	20	10
	掌指、指间单一关节受累	20	15	5
食指	掌指、指间关节均受累	20	15	5
	掌指或近侧指间关节受累	15	10	0
	远侧指间关节受累	5	5	0
中指	掌指、指间关节均受累	15	5	5
	掌指或近侧指间关节受累	10	5	0
	远侧指间关节受累	5	0	0
环指	掌指、指间关节均受累	10	5	5
	掌指或近侧指间关节受累	5	5	0
	远侧指间关节受累	5	0	0
小指	掌指、指间关节均受累	5	5	0
	掌指或近侧指间关节受累	5	5	0
	远侧指间关节受累	0	0	0
腕关节	手功能大部分丧失时的腕关节受累	10	5	0
	单纯腕关节受累	40	30	20

B.3 眼科、耳鼻喉科、口腔科门

B.3.1 非工伤和非职业性五官科疾病如夜盲、立体盲、耳硬化症等不适用本标准。

B.3.2 职工工伤与职业病所致视觉损伤不仅仅是眼的损伤或破坏，重要的是涉及视功能的障碍以及有关的解剖结构和功能的损伤如眼睑等。因此，视觉损伤的鉴定包括：

    a) 眼睑、眼球及眼眶等的解剖结构和功能损伤或破坏程度的鉴定；

    b) 视功能（视敏锐度、视野和立体视觉等）障碍程度的鉴定。

B.3.3 眼伤残鉴定标准主要的鉴定依据为眼球或视神经器质性损伤所致的视力、视野、立体视功能障碍及其他解剖结构和功能的损伤或破坏。其中视力残疾主要参照了盲及低视力分级标准和视力减弱补偿率视力损伤百分计算办法。"一级"划线的最低限为双眼无光感或仅有光感但光定位不准;"二级"等于"盲"标准的一级盲;"三级"等于或相当于二级盲;"四级"相当于一级低视力;"五级"相当于二级低视力,"六级~十级"则分别相当于视力障碍的 0.2~0.8。

B.3.4 周边视野损伤程度鉴定以实际测得的 8 条子午线视野值的总和,计算平均值即有效视野值。当视野检查结果与眼部客观检查不符时,可用 Humphrey 视野或 Octopus 视野检查。

B.3.5 中心视野缺损目前尚无客观的计量办法,评残时可根据视力受损程度确定其相应级别。

B.3.6 无晶状体眼视觉损伤程度评价参见表 A.5。在确定无晶状体眼中心视力的实际有效值之后,分别套入本标准的实际级别。

B.3.7 中央视力及视野(周边视力)的改变,均需有相应的眼组织器质性改变来解释,如不能解释则要根据视觉诱发电位及多焦视网膜电流图检查结果定级。

B.3.8 伪盲鉴定参见 A.3.3。视觉诱发电位等的检查可作为临床鉴定伪盲的主要手段。如一眼有或无光感,另眼眼组织无器质性病变,并经视觉诱发电位及多焦视网膜电流图检查结果正常者,应考虑另眼为伪盲眼。也可采用其他行之有效的办法包括社会调查、家庭采访等。

B.3.9 睑球粘连严重、同时有角膜损伤者按中央视力定级。

B.3.10 职业性眼病(包括白内障、电光性眼炎、二硫化碳中毒、化学性眼灼伤)的诊断可分别参见 GBZ 35、GBZ 9、GBZ 4、GBZ 45、GBZ 54。

B.3.11 职业性及外伤性白内障视力障碍程度较本标准所规定之级别重者(即视力低于标准 9 级和 10 级之 0.5~0.8),则按视力减退情况分别套入不同级别。白内障术后评残办法参见 A.3.5。如果术前已经评残者,术后应根据矫正视力情况,并参照 A.3.5 无晶状体眼视觉损伤程度评价重新评级。

外伤性白内障未做手术者根据中央视力定级；白内障摘除人工晶状体植入术后谓人工晶状体眼，人工晶状体眼根据中央视力定级。白内障摘除未能植入人工晶状体者，谓无晶状体眼，根据其矫正视力并参见 B.3.6 的要求定级。

B.3.12 泪器损伤指泪道（包括泪小点、泪小管、泪囊、鼻泪管等）及泪腺的损伤。

B.3.13 有明确的外眼或内眼组织结构的破坏，而视功能检查好于本标准第十级（即双眼视力≤0.8）者，可视为十级。

B.3.14 本标准没有对光觉障碍（暗适应）作出规定，如果临床上确有因工或职业病所致明显暗适应功能减退者，应根据实际情况，做出适当的判定。

B.3.15 一眼受伤后健眼发生交感性眼炎者无论伤后何时都可以申请定级。

B.3.16 本标准中的双眼无光感、双眼矫正视力或双眼视野，其"双眼"为临床习惯称谓，实际工作（包括评残）中是以各眼检查或矫正结果为准。

B.3.17 听功能障碍包括长期暴露于生产噪声所致的职业性噪声聋，压力波、冲击波造成的爆震聋，其诊断分别见 GBZ 49、GBZ/T 238。此外，颅脑外伤所致的颞骨骨折、内耳震荡、耳蜗神经挫伤等产生的耳聋及中、外耳伤后遗的鼓膜穿孔、鼓室瘢痕粘连，外耳道闭锁等也可引起听觉损害。

B.3.18 听阈测定的设备和方法必须符合国家标准：GB/T 7341、GB 4854、GB/T 7583。

B.3.19 纯音电测听重度、极重度听功能障碍时，应同时加测听觉脑干诱发电位（A.B.R）。

B.3.20 耳廓、外鼻完全或部分缺损，可参照整形科"头面部毁容"。

B.3.21 耳科平衡功能障碍指前庭功能丧失而平衡功能代偿不全者。因肌肉、关节或其他神经损害引起的平衡障碍，按有关学科残情定级。

B.3.22 如职工因与工伤或职业有关的因素诱发功能性视力障碍和耳聋，应用相应的特殊检查法明确诊断，在其器质性视力和听力减退确定以前暂不评残。伪聋,也应先予排除,然后评残。

B.3.23 喉原性呼吸困难系指声门下区以上呼吸道的阻塞性疾患引起者。由胸外科、内科病所致的呼吸困难参见 A.5.1。

B.3.24 发声及言语困难系指喉外伤后致结构改变,虽呼吸通道无障碍,但有明显发声困难及言语表达障碍;轻者则为发声及言语不畅。

发声障碍系指声带麻痹或声带的缺损、小结等器质性损害致不能胜任原来的嗓音职业工作者。

B.3.25 职业性铬鼻病、氟及其无机化合物中毒、减压病、尘肺病、职业性肿瘤、慢性砷中毒、磷中毒、手臂振动病、牙酸蚀病以及井下工人滑囊炎等的诊断分别参见 GBZ 12、GBZ 5、GBZ 24、GBZ 70、GBZ 94、GBZ 83、GBZ 81、GBZ 7、GBZ 61、GBZ 82。

B.3.26 颞下颌关节强直,临床上分两类:一为关节内强直,一为关节外强直(颌间挛缩)。本标准中颞下颌关节强直即包括此两类。

B.3.27 本标准将舌划分为三等份即按舌尖、舌体和舌根计算损伤程度。

B.3.28 头面部毁容参见 A.2.1。

B.4 普外科、胸外科、泌尿生殖科门

B.4.1 器官缺损伴功能障碍者,在评残时一般应比器官完整伴功能障碍者级别高。

B.4.2 生殖器官缺损不能修复,导致未育者终生不能生育的,应在原级别基础上上升一级。

B.4.3 多器官损害的评级标准依照本标准第 4 章制定的有关规定处理。

B.4.4 任何并发症的诊断都要有影像学和实验室检查的依据,主诉和体征供参考。

B.4.5 评定任何一个器官的致残标准,都要有原始病历记录,其中包括病历记录、手术记录、病理报告等。

B.4.6 甲状腺损伤若伴有喉上神经和喉返神经损伤致声音嘶哑、呼吸困难或呛咳者,判定级别标准参照耳鼻喉科部分。

B.4.7 阴茎缺损指阴茎全切除或部分切除并功能障碍者。

B.4.8 心脏及大血管的各种损伤其致残程度的分级，均按停工留薪（或治疗）期满后的功能不全程度分级。

B.4.9 胸部（胸壁、气管、支气管、肺）各器官损伤的致残分级除按表C.4中列入各项外，其他可按治疗期结束后的肺功能损害和呼吸困难程度分级。

B.4.10 肝、脾、胰等挫裂伤，有明显外伤史并有影像学诊断依据者，保守治疗后可定为十级。

B.4.11 普外科开腹探查术后或任何开腹手术后发生粘连性肠梗阻，且反复发作，有明确影像学诊断依据，应在原级别基础上上升一级。

B.5 职业病内科门

B.5.1 本标准适用于确诊患有国家卫生计生委四部委联合颁布的职业病分类和目录中的各种职业病所致肺脏、心脏、肝脏、血液或肾脏损害经治疗停工留薪期满时需评定致残程度者。

B.5.2 心律失常（包括传导阻滞）与心功能不全往往有联系，但两者的严重程度可不平衡，心律失常者，不一定有心功能不全或劳动能力减退，评残时应按实际情况定级。

B.5.3 本标准所列各类血液病、内分泌及免疫功能低下及慢性中毒性肝病等，病情常有变化，对已进行过评残，经继续治疗后残情发生变化者应按国家社会保险法规的要求，对残情重新进行评级。

B.5.4 肝功能的测定包括：

常规肝功能试验：包括血清丙氨酸氨基转换酶（ALT即GPT）、血清胆汁酸等。

复筛肝功能试验：包括血清蛋白电泳，总蛋白及白蛋白、球蛋白、血清天门冬氨酸氨基转移酶（AST即GOT）、血清谷氨酰转肽酶（γ-GT）、转铁蛋白或单胺氧化酶测定等，可根据临床具体情况选用。

静脉色氨酸耐量试验（ITTT），吲哚氰绿滞留试验（IGG）是敏感性和特异性都较好的肝功能试验，有条件可作为复筛指标。

B.5.5 职业性肺部疾患主要包括尘肺（参见GBZ 70）、职业性哮喘

(参见 GBZ 57)、过敏性肺炎（参见 GBZ 60）等，在评定残情分级时，除尘肺在分级表中明确注明外，其他肺部疾病可分别参照相应的国家诊断标准，以呼吸功能损害程度定级。

B.5.6 对职业病患者进行肺部损害鉴定的要求：
a) 须持有职业病诊断证明书；
b) 须有近期胸部 X 线平片；
c) 须有肺功能测定结果及（或）血气测定结果。

B.5.7 肺功能测定时注意的事项：
a) 肺功能仪应在校对后使用；
b) 对测定对象，测定肺功能前应进行训练；
c) FVC、FEV1 至少测定两次，两次结果相差不得超过 5%；
d) 肺功能的正常预计值公式宜采用各实验室的公式作为预计正常值。

B.5.8 鉴于职业性哮喘在发作或缓解期所测得的肺功能不能正确评价哮喘病人的致残程度，可以其发作频度和影响工作的程度进行评价。

B.5.9 在判定呼吸困难有困难时或呼吸困难分级与肺功能测定结果有矛盾时，应以肺功能测定结果作为致残分级标准的依据。

B.5.10 石棉肺是尘肺的一种，本标准未单独列出，在评定致残分级时，可根据石棉肺参见 GBZ 70 的诊断，主要结合肺功能损伤情况进行评定。

B.5.11 放射性疾病包括外照射急性放射病，外照射慢性放射病，放射性皮肤病、放射性白内障、内照射放射病、放射性甲状腺疾病、放射性性腺疾病、放射性膀胱疾病、急性放射性肺炎及放射性肿瘤，临床诊断及处理可参照 GBZ 104、GBZ 105、GBZ 106、GBZ 95、GBZ 96、GBZ 101、GBZ 107、GBZ 109、GBZ 110、GBZ 94、GBZ 97。放射性白内障可参照眼科评残处理办法，其他有关放射性损伤评残可参照相应条目进行处理。

B.5.12 本标准中有关慢性肾上腺皮质功能减低、免疫功能减低及血小板减少症均指由于放射性损伤所致，不适用于其他非放射性损伤的评残。

附录 C
（规范性附录）
职工工伤 职业病致残等级分级表

按门类对工伤进行分级，具体见表 C.1、表 C.2、表 C.3 和表 C.4。

表 C.1 神经内科、神经外科、精神科门

伤残类别	一	二	三	四	五	六	七	八	九	十
智能损伤	极重度	重度		中度	轻度					
精神症状			1. 精神病性症状系统治疗1年仍表现为危险或冲动行为者。 2. 精神病性症状系统治疗1年仍缺乏自理能力者	精神病性症状系统治疗1年后仍缺乏社交能力者		精神病性症状系统治疗1年后仍影响职业劳动能力者	人格改变或边缘智能，经系统治疗1年后仍存在明显社会功能受损者			
瘫痪				重度	轻度	中度			轻度	
运动障碍脑损伤	四肢瘫肌力≤3级或三肢瘫肌力≤2级	1. 三肢瘫肌力3级。 2. 偏瘫肌力≤2级	偏瘫肌力3级	单肢瘫肌力≤2级	1. 四肢瘫肌力4级。 2. 单肢瘫肌力3级	三肢瘫肌力4级	偏瘫肌力4级	单肢体瘫肌力4级		
脊髓损伤		截瘫肌力≤2级	截瘫肌力3级			截瘫双下肢肌力4级伴轻度排尿障碍	截瘫肌力4级			

324

表 C.1（续）

伤残类别	一	二	三	四	五	六	七	八	九	十
周围神经损伤		双手全肌瘫肌力≤2级	双足全肌瘫肌力≤2级	双手部分肌瘫肌力≤2级	1.双手部分肌瘫肌力3级。2.一手全肌瘫肌力≤2级。3.双足全肌瘫肌力3级	1.双手全肌瘫肌力4级。2.一手全肌瘫肌力3级。3.双足部分肌瘫肌力≤2级。4.单足全肌瘫肌力≤2级	1.单手部分肌瘫肌力3级。2.双足部分肌瘫肌力3级。3.单足全肌瘫肌力3级。4.中毒性周围神经病致深感觉障碍	1.单手全肌瘫肌力4级。2.双手部分肌瘫肌力4级。3.双足部分肌瘫肌力4级。4.单足部分肌瘫肌力≤3级	中毒性周围神经病致浅感觉障碍	
非肢体瘫运动障碍	重度		中度			轻度				
特殊皮层功能障碍 1.失语、2.失用、失写、失读、失认等		完全感觉性或混合性	两项及两项以上完全性	脑脊液漏伴有颅底骨缺损不能修复或反复修复手术失败	完全运动性 1.单侧完全性。2.多项不完全性	不完全感觉	不完全运动性单项不完全性			
颅脑损伤								脑叶部分切除后	1.脑挫裂伤无功能障碍。2.开颅术后无功能障碍。3.颅内异物无功能障碍。4.外伤致颈总、颈内动脉或椎、支架置入或血管桥术后无功能障碍	

表 C.2 骨科、整形外科、烧伤科门

伤残类别	分级									
	一	二	三	四	五	六	七	八	九	十
头面部毁容	1.面部重度毁容同时伴有表C.2中二级伤残之一者。2.全身重度瘢痕形成，占体表面积≥90%，并有脊柱及四肢大关节活动功能基本丧失	1.全面部瘢痕或植皮有重度毁容。2.全身重度瘢痕形成，占体表面积≥80%，伴有四肢大关节中3个以上活动功能基本丧失	1.面部瘢痕或植皮有≥2/3并有中度毁容。2.全身重度瘢痕形成，占体表面积≥70%，伴有四肢大关节中2个以上活动功能受限	1.面部中度毁容。2.全身瘢痕面积≥60%，四肢大关节中1个关节活动功能受限。3.面部或植皮≥1/2并有轻度毁容	1.面部瘢痕或植皮≥1/3并有毁容标准中的一项者。2.全身瘢痕占体表面积≥50%，并有关节活动功能受限	1.面部异物色素沉着或脱色≥1/3。2.面部瘢痕或全身瘢痕≥40%。3.全身瘢痕后头皮失去1/5以上。4.撕脱伤	1.符合重度毁容标准中的两项者。2.烧伤后瘢痕面积≥30cm²，或硬脑膜上植皮面积占10%以上。3.面部瘢痕异物色素改变占面部的10%以上。4.颈部瘢痕挛缩，影响颈部活动。5.全身瘢痕面积≥30%	1.符合重度毁容标准中的一项者。2.面部烧伤轻度或异物沉着或色素脱失。3.双侧耳廓部分或一侧耳廓大部分缺损。4.全身瘢痕痕占有≥20%或一侧或双侧眼睑明显缺损	1.符合中度毁容标准中的两项者。2.发际边缘或其他部位发皮，需植发发者。3.全身瘢痕占体表面积有≥8cm²或≥1cm²的瘢痕	1.符合中度毁容标准中的一项者。2.面部有瘢痕、异物、色素皮肤缺失≥2cm²。3.全身瘢痕或<5%，但≥1%
脊柱损伤				脊柱骨形，后遗30°以上侧凸畸形，后凸畸形，伴严重性神经痛			骨盆骨折内固定术后，骨盆不稳定，骶髂关节分离	1.脊椎压缩性断裂，椎体前缘高度减少1/2以上者或脊椎不稳定性骨折。2.3以上节段脊柱内固定术	1.两个以上横突骨折。2.脊椎体前缘骨折，高度减少小于1/2者。3.椎间盘髓核切除术。4.1节~2节脊柱内固定术	急性外伤导致椎间盘髓核突出，并伴神经刺激征者

326

表 C.2（续）

伤残类别	一	二	三	四	五	六	七	八	九	十
上肢	双肘关节以上缺失或功能完全丧失	双侧前臂缺失或双手功能完全丧失	1.一手缺失，另一手拇指缺失。2.双手拇、食指缺失或功能完全丧失。3.一手功能完全丧失，另一手拇指功能完全丧失。	1.双拇指完全缺失或功能丧失。2.一侧上肢功能部分丧失。3.一侧肘上缺失	1.一侧前臂缺失。2.一手功能完全丧失。3.肩、肘关节之一功能完全丧失。4.一手拇指缺失，另一手除拇指外三指功能完全丧失。5.一手除拇指外三指功能完全丧失。	1.单纯一拇指完全缺失，连同另一手非拇指二指缺失。2.一拇指功能完全丧失，另一手拇指外有二指功能完全丧失。3.一手（含拇指）缺失四指。4.除其余四指缺失或功能完全丧失。	1.一手除拇指外，其他2~3指（含食指）近侧指间关节离断。2.一手除拇指外，其他2~3指（含食指）近侧指间关节功能完全丧失。3.肩、肘关节伤后遗留重度功能障碍。4.一腕关节功能完全丧失。	1.一手除拇指、食指外，近侧指间关节功能完全丧失。2.一手除拇、食指外侧指间关节功能完全丧失。3.一拇指离断。4.一拇指畸形，功能完全丧失。	1.一拇指末节部分1/2缺失。2.一手食指2~3节缺失。3.一拇指指间关节僵直于功能位。4.除拇指外，余3~4指末节缺失	1.一手拇指除拇指外，任何关节离断或指间关节功能丧失。2.指端植皮术后（增生性瘢痕1 cm²以上）。3.手背植皮面积>50 cm²，并有明显瘢痕

表 C.2（续）

伤残类别	一	二	三	四	五	六	七	八	九	十
下肢		1. 双下肢瘢痕畸形，功能完全丧失。 2. 双膝以上缺失。 3. 双膝、双踝关节功能完全丧失	1. 双髋、双膝关节中，有一个关节功能完全丧失及另一关节严重功能障碍。 2. 双膝以下缺失或双膝以上功能完全丧失。 3. 一髋一膝关节功能完全丧失	1. 一侧膝以下缺失，另一侧足畸形、足跟或前足缺失。 2. 一侧膝以上缺失。 3. 一侧髋或一膝畸形、功能完全丧失	1. 双前足缺失或双前足畸形、功能完全丧失。 2. 双足跟或足底软组织缺损、瘢痕形成，反复破溃。 3. 一膝以下缺失。 4. 一侧膝以下缺失	1. 一侧踝以下缺失；或踝关节畸形、功能完全丧失。 2. 下肢骨折成角畸形 >15°，并有肢体短缩 4 cm以上。 3. 双足跟缺失或足仅残留跗骨。 4. 一前足缺失，另一足跗趾外，另2~5趾畸形、功能完全丧失。 5. 一足功能丧失，另一足功能部分丧失。 6. 髋或膝关节伸屈功能严重障碍者。 7. 单侧跟骨足底软组织缺损，瘢痕形成，反复破溃	1. 一足跗趾缺失。 2. 一前足缺失。 3. 下肢短缩大于 2 cm，但 ≤4 cm者。 4. 膝关节韧带损伤术后不稳定，屈伸功能正常者	1. 一足跗趾缺失，另一非跗趾缺失。 2. 一足跗趾畸形、功能完全丧失，另一非跗趾畸形。 3. 除跗趾外，其他三趾缺失。 4. 除跗趾外，另四趾畸形、功能完全丧失	1. 一足跗趾末节缺失。 2. 除跗趾外其他二趾畸形、功能不全。 3. 药骨或附骨骨折影响足弓者。 4. 外伤后膝关节半月板切除、髌骨切除、膝关节交叉韧带修补术后	1. 除跗趾外，任何一趾末节缺失。 2. 足背植皮面积 >100 cm^2。 3. 膝关节半月板损伤、膝关节交叉韧带损伤未做手术者

328

表 C.2（续）

伤残类别	一	二	三	四	五	六	七	八	九	十
上下肢	1.双下肢膝上缺失及一上肢肘上缺失。2.双上肢及一下肢瘫痪畸形，功能完全丧失	1.同上，下肢缺失或功能完全丧失。2.四肢大关节（肩、髋、膝、肘）中四个关节以上关节功能完全丧失	1.非同侧上、下肢（腕上、踝上）缺失。2.非同侧上、下肢瘫痪畸形，功能完全丧失		四肢大关节之一人工关节术后遗留重度功能障碍		1.四肢大关节之一人工关节术后基本生活自理。2.四肢大关节之一关节内骨折导致创伤性关节炎，遗留中重度功能障碍	1.因开放骨折感染形成慢性骨髓炎，反复发作。2.四肢大关节之一关节内骨折导致创伤性关节炎，遗留轻中度功能障碍	1.四肢长管状骨骨折内固定或外固定支架术后。2.髌骨、跟骨、距骨、下颌骨或骨盆骨折内固定术后	1.手掌、足掌植皮面积>30%者。2.身体各部分骨折愈合后无功能障碍或轻度功能障碍。3.四肢大关节撕裂伤术后及韧带撕裂伤后遗留轻度功能障碍

329

表 C.3 眼科、耳鼻喉科、口腔科门

伤残类别	一	二	三	四	五	六	七	八	九	十
眼损伤与视功能障碍	双眼无光感或仅有光感但光定位不准者	一眼有或无光感,另眼矫正视力≤0.02,或视野≤8%(或半径≤5°)。	1. 一眼有或无光感,另眼矫正视力≤0.05或视野≤16%(半径≤10°)。2. 双眼矫正视力<0.05或视野≤16%(半径≤10°)。3. 一侧眼球摘除或眼内容物剔出,另眼矫正视力<0.1或视野≤24%(或半径≤15°)。	1. 一眼有或无光感,另眼矫正视力<0.2或视野≤32%(或半径≤20°)。2. 一眼矫正视力<0.05,另眼矫正视力≥0.1。3. 双眼矫正视力<0.1或视野≤32%(或半径≤20°)。	1. 第Ⅲ对脑神经麻痹。2. 双眼青光眼术后,需用药物控制眼压者。3. 一眼矫正视力<0.3或视野≤40%(或半径≤25°)。4. 一眼矫正视力<0.05,另眼矫正视力等于0.2。5. 一眼矫正视力<0.1,另眼矫正视力≤40%(或半径≤25°)。	1. 一侧眼球摘除;或一侧眼球萎缩、明显无光感。2. 一眼有或无光感,另眼矫正视力>0.4。3. 一眼矫正视力<0.05,另眼矫正视力≥0.3。4. 一眼矫正视力<0.1,另眼矫正视力≥0.2。5. 双眼视野≤48%(或半径≤30°)。6. 第Ⅵ对脑神经麻痹或眼外肌损伤致复视的	1. 一眼有或无光感,另眼矫正视力>0.8。2. 一眼各种观察检查正常。3. 一眼矫正视力<0.05,另眼矫正视力≥0.5。4. 一眼矫正视力<0.1,另眼矫正视力≥0.4。5. 一眼矫正视力<0.3或视野≤64%(或半径≤40°)。6. 单眼外伤青光眼术后,需眼药物控制眼压者	1. 一眼矫正视力≤0.2,另眼矫正视力≥0.8。2. 双眼矫正视力等于0.4。3. 双眼视野≤80%(或半径≤50°)。4. 一侧眼睑闭合不全。5. 上睑下垂盖及瞳孔1/3者。6. 睑球粘连影响眼球转动者。7. 外伤性青光眼抗青光眼术后控制正常者	1. 第Ⅴ对脑神经麻痹。2. 眶壁骨折致眼球内陷,两眼球突出度相差>2mm或错位变形影响外观。3. 一眼矫正视力<0.3,另眼矫正视力≥0.6。4. 泪器损伤,手术无法改进溢泪者。5. 泪器损伤,手术无法改进溢泪者	1. 一眼矫正视力≤0.5,另一眼矫正视力>0.8。2. 双眼矫正视力≤0.8。3. 一侧或双侧眼睑外翻或成形术后不全行成形术后矫正者。4. 上睑下垂盖及瞳孔1/3行成形手术后矫正者。5. 睑球粘连转动行成形手术后矫正者。6. 职业性及外伤性白内障未行人工晶状体眼,矫正Ⅰ度(或轻度、中度)~Ⅱ度正视力正常者。7. 职业性及外伤性白内障Ⅰ度(或轻度、中度),矫正视力正常者。8. 晶状体内异物未取出者。9. 眶内异物未取出者。10. 眼球穿通伤治愈后。11. 外伤性瞳孔散大。12. 角巩膜穿通伤治愈者

330

表 C.3（续）

伤残类别	一	二	三	四	五	六	七	八	九	十
听功能障碍				双耳听力损失≥91 dB	双耳听力损失≥81 dB	双耳听力损失≥71 dB	双耳听力损失≥56 dB	双耳听力损失≥41 dB或一耳≥91 dB	双耳听力损失≥31 dB 或一耳损失≥71 dB	双耳听力损失≥26 dB，或一耳≥56 dB
前庭性平衡障碍						双侧前庭功能丧失，睁眼行走困难，不能并足站立				双侧前庭功能丧失，闭眼不能并足站立
喉原性呼吸困难及发声障碍			1.呼吸完全依赖套管或造口。2.静止状态下或仅轻微活动即有呼吸困难		一般活动及轻活动时有呼吸困难			1.体力劳动时有呼吸困难。2.发声及言语困难	发声及言语不畅	
吞咽功能障碍		无吞咽功能,完全依赖胃管进食		牙关紧闭或吞咽困难只能进流食	1.吞咽困难,仅能进半流食。2.双侧喉返神经损伤,喉保护功能丧失致饮食呛咳、误吸		咽成形术后咽下运动不正常			

331

表 C.3(续)

伤残类别	一	二	三	四	五	六	七	八	九	十
口腔颌面损伤		1. 双侧上颌骨或双侧下颌骨完全缺损。2. 一侧上颌骨及对侧下颌骨完全缺损，并伴有颜面软组织损伤 >30 cm²	1. 同侧上、下颌骨完全缺损。2. 一侧或完全下颌骨缺损，伴颜面部软组织损伤 >30 cm²。3. 舌缺损 >全舌的 2/3	1. 一侧上颌骨缺损 1/2，伴颜面部软组织损伤 >20 cm²。2. 下颌骨缺损长 6 cm 以上的区段，伴颜面部软组织损伤 >20 cm²。3. 双侧颞关节骨性强直，完全不能张口。4. 面颊部洞穿性缺损 >20 cm²	1. 一侧上颌骨缺损 >1/4，<1/2，伴颜面软组织损伤 >10 cm²。2. 下颌骨缺损长 4 cm 以上的区段，伴颜面部软组织损伤 >10 cm²	1. 单侧或双侧颌下腺直，张口困难Ⅲ度。2. 舌缺损 >1/3，<2/3，伴面颊部组织损伤 >10 cm²。3. 面部软组织缺损 >20 cm²，伴发涎瘘。4. 上、下颌骨折，骨性愈合，颌面部畸形经手术复位者。5. 双侧颞颌关节突骨折，伴有开口度Ⅱ度以上及咬合关系改变者未经手术治疗者。6. 双侧颧骨、颧弓骨折，伴有开口困难Ⅱ度以上及颜面部畸形未经手术治疗者	1. 牙槽骨损伤长 >8 cm，牙脱落 10 个以上。2. 单侧颞颌关节强直，张开口困难Ⅱ度以上及颜面部畸形未经复位者	1. 牙槽骨损伤长 >6 cm，牙脱落 8 个以上者。2. 舌缺损 <1/舌的 3。3. 双侧鼻腔或鼻咽部闭锁。4. 双侧颞颌关节强直，张口困难Ⅱ度。5. 上、下颌骨折，经牵引、固定治疗后功能障碍未恢复者。6. 双侧颧骨、颧弓骨折，骨性愈合，开口困难，面部凹陷畸形不明显，不需手术复位	1. 牙槽骨损伤长 >4 cm，脱落 4 个及以上。2. 上、下颌骨骨折，经牵引、固定治疗后无功能障碍者。3. 髁状突或面颌部有异物残留。4. 一侧下颌骨折、颧弓骨折	1. 牙齿除智齿外，切牙脱落 1 个以上或其他牙脱落 2 个以上。2. 一侧颌下腺实质或面颊部有异物残留。3. 鼻窦或面颊部有异物末取出。4. 单侧鼻腔或鼻中隔穿孔闭锁。5. 鼻中隔穿孔

332

表 C.3（续）

伤残类别	分 级									
	一	二	三	四	五	六	七	八	九	十
嗅觉障碍和铬鼻病									铬鼻病有医疗依赖	1. 铬鼻病（无症状者）。2. 嗅觉丧失
面神经损伤				双侧完全性面瘫	一侧完全面瘫,另一侧不完全面瘫	一侧完全性面瘫	双侧不完全性面瘫			一侧不完全面瘫

333

表 C.4 普外、胸外、泌尿生殖科门

伤残类别	一	二	三	四	五	六	七	八	九	十
胸壁、气管、支气管、肺	1.肺功能重度损伤和呼吸困难Ⅳ级，终生依赖机械通气。2.双肺联合移植术	一侧全肺切除并胸廓成形术，呼吸困难Ⅲ级	1.一侧全肺切除并胸廓成形术。2.一侧胸廓成形术，肋骨切除6根以上。3.一侧全肺切除并临近大血管成形术。4.一侧全肺切除并重建大血管术	1.一侧全肺叶切除术。2.双侧肺叶切除术。3.肺叶切除并胸廓成形术后。4.肺叶切除并隆凸成形术。5.一侧肺移植术	1.双肺叶切除术。2.肺叶切除并大血管重建术。3.隆凸成形术	1.肺叶切除并楔形切除术。2.肺叶切除并支气管（或气管）成形术后胸膜瘘	1.肺叶切除术。2.限局性脓胸并部分胸廓成形术后。3.气管部分切除术	1.肺段切除术。2.支气管成形术。3.双侧肋骨骨折根部畸形。4.膈肌破裂修补术后，伴膈神经麻痹。5.肺功能轻度损伤	1.肺内异物滞留或异物摘除术。2.限局性脓胸行胸膜剥脱术	血、气胸行单纯闭式引流术后，胸膜粘连增厚
心脏与大血管		心功能不全二级	Ⅲ度房室传导阻滞	1.心瓣膜置换术后。2.心功能不全一级		1.冠状动脉旁路移植术。2.大血管重建术	心功能不全一级	1.心脏、大血管修补术。2.心脏异物滞留或异物摘除术		
食管		食管闭锁伤或损伤后无法行食管重建，依赖胃造瘘或空肠造瘘进食		食管重建术后吻合口狭窄，仅能进流食者	1.食管重建术后吻合口狭窄，仅能进半流食者。2.食管或支气管瘘。3.食管胸膜瘘		1.食管重建术后伴反流性食管炎。2.食管外伤或成形术后运动不正常	食管重建术后正常进食		

334

表 C.4（续）

伤残类别	一	二	三	四	五	六	七	八	九	十
胃				全胃切除	胃切除3/4	胃切除2/3	胃切除1/2	胃部分切除		
十二指肠				胰头、十二指肠切除						
小肠	小肠切除≥90%	小肠切除3/4,合并短肠综合症		1.小肠切除3/4。2.小肠切除2/3,包括回盲部切除	小肠切除2/3,包括回肠大部	小肠切除1/2,包括回盲部	小肠切除1/2	小肠部分切除		
结肠、直肠				1.全结肠、直肠、肛门切除、回肠造瘘。2.外伤后肛门排便障碍重度或失禁	肛门、直肠、结肠部分切除、结肠造瘘	肛门外伤后排便轻度障碍或失禁	结肠大部分切除	结肠部分切除		
肝	肝切除后原位肝移植	1.肝切除3/4,合并肝功能重度损害。2.肝外伤后发生门脉高压三联症或Budd-chiari综合征	肝切除2/3,并肝功能中度损害	1.肝切除2/3。2.肝切除1/2,肝功能轻度损害	肝切除1/2	肝切除1/3	肝切除1/4	肝部分切除		
胆道	胆道损伤原位肝移植	胆道损伤致肝功能重度损害		胆道损伤致肝功能中度损害		胆道损伤致肝功能轻度损害	胆道损伤胆肠吻合术后		胆囊切除	

335

表 C.4（续）

伤残类别	一	二	三	四	分级 五	六	七	八	九	十
腹壁、腹腔						腹壁缺损面积 ≥ 腹壁的 1/4		腹壁缺损面积 < 腹壁的 1/4	胸腹腔脏器探查术或修补术后	腹腔脏器挫裂伤保守治疗后
胰、脾	全胰切除	胰次全切除、胰腺移植术后	胰次全切除，胰岛素依赖		胰切除 2/3	胰切除 1/2	1. 脾切除。2. 胰切除 1/3	1. 脾部分切除。2. 胰部分切除		
甲状腺					甲状腺功能重度损害	甲状腺功能中度损害		甲状腺功能轻度损害		
甲状旁腺				甲状旁腺功能重度损害		甲状旁腺功能中度损害		甲状旁腺功能轻度损害		
肾脏	双侧肾切除或孤肾切除术后，用透析维持或同种肾移植术后肾功能不全尿毒症期	孤肾部分切除术后，肾功能不全失代偿期	一侧肾切除，对侧肾功能不全失代偿期	肾修补术后，肾功能不全失代偿期	一侧肾切除，对侧肾功能不全代偿期	肾损伤性高血压	一侧肾切除			
肾上腺				双侧肾上腺缺损				一侧肾上腺缺损		
尿道					尿道瘘不能修复者	尿道狭窄经系统治疗 1 年后仍需定期行扩张术		尿道修补术		

336

表 C.4（续）

伤残类别	一	二	三	四	五	六	七	八	九	十
阴茎					阴茎全缺损	阴茎部分缺损		脊髓神经周围神经损伤，或阴盆腔、会阴手术后遗留性功能障碍		
输精管					一侧输精管狭窄，不能修复	双侧输精管缺损，不能修复		一侧输精管缺损，不能修复		
输尿管			1. 双侧输尿管狭窄，肾功能不全代偿期。2. 永久性输尿管腹壁造瘘	输尿管修补术后，肾功能不全失代偿期	一侧输尿管狭窄，肾功能不全代偿期					
膀胱			膀胱全切除	1. 永久性膀胱造瘘。2. 重度排尿障碍。3. 神经原性膀胱，残余尿≥50 mL		膀胱部分切除合并轻度排尿障碍	1. 膀胱部分切除。2. 轻度排尿障碍			
睾丸					1. 两侧睾丸、附睾缺损。2. 生殖功能重度损伤	1. 两侧睾丸创伤后萎缩，血睾酮低于正常值。2. 生殖损伤轻度损伤		一侧睾丸、附睾切除		

337

表 C.4（续）

伤残类别	分级									
	一	二	三	四	五	六	七	八	九	十
子宫						子宫切除				
卵巢					双侧卵巢切除			单侧卵巢切除	一侧卵巢部分切除	
输卵管						双侧输卵管切除		单侧输卵管切除		
阴道					1.阴道闭锁。2.会阴部瘢痕挛缩有阴道或尿道或肛门狭窄		阴道狭窄			
乳腺						女性双侧乳房切除或严重瘢痕畸形	女性两侧乳房部分缺损	女性单侧乳房切除或严重瘢痕畸形	乳腺成形术	乳腺修补术后

338

表 C.5 职业病内科门

伤残类别	一	二	三	四	五	六	七	八	九	十
肺部疾患	1.尘肺叁期伴肺功能损伤重度及/或重度低氧血症[PO_2<5.3 kPa (<40mmHg)]。2.其他职业性肺疾患,伴肺部功能损伤及/或重度低氧血症。3.放射性肺炎后,两叶以上肺纤维化伴肺功能损伤重度及/或重度低氧血症[PO_2<5.3 kPa (<40mmHg)]。4.职业性肺癌伴肺功能重度损伤	1.肺功能损伤重度及/或重度低氧血症。2.尘肺叁期伴肺功能中度损伤及/或中度低氧血症。3.尘肺贰期伴肺功能损伤重度及/或低氧血症[PO_2<5.3 kPa (<40mmHg)]。4.尘肺叁期伴活动性肺结核5.职业性肺癌或胸膜间皮瘤	1.尘肺叁期。2.尘肺贰期伴肺功能中度损伤及/或中度低氧血症。3.尘肺贰期合并活动性肺结核4.放射性肺炎后两叶肺纤维化伴肺功能中度损伤及/或中度低氧血症	1.尘肺贰期。2.尘肺壹期伴肺功能中度损伤或中度低氧血症。3.尘肺活动性肺结核	肺功能中度损伤或中度低氧血症	1.尘肺壹期伴肺功能轻度损伤及/或轻度低氧血症。2.放射性肺炎后肺纤维化(<两叶),伴肺功能轻度损伤及轻度低氧血症(或)低氧血症。3.其他职业性肺疾患,伴肺功能轻度损伤	1.尘肺壹期,肺功能正常。2.放射性肺炎后肺纤维化(<两叶),肺功能正常,轻度低氧血症	其他职业性肺疾患,肺功能正常		

339

表 C.5（续）

伤残类别	一	二	三	四	五	六	七	八	九	十
心脏		心功能不全三级	Ⅲ度房室传导阻滞	1.病态窦房结综合征（需安装起搏器者）。2.心功能不全二级	1.莫氏Ⅱ型Ⅱ度房室传导阻滞。2.病态窦房结综合征（不需装起搏器者）		心功能不全一级			
血液		1.职业性急性白血病。2.急性重型再生障碍性贫血	1.粒细胞缺乏症。2.再生障碍性贫血。3.职业性慢性白血病。4.中毒性血液病，骨髓增生异常综合征。5.中毒性严重出血，血小板含量≤2×10^{10}/L		1.中毒性血液病，血小板减少（≤4×10^{10}/L）并有出血倾向。2.中毒性贫血，白细胞含量持续<3×10^9/L（<3 000/mm^3）或粒细胞含量<1.5×10^9/L（<1 500/mm^3）	白血病完全缓解	1.再生障碍性贫血完全缓解。2.白细胞减少症，含量持续<4×10^9/L（4 000/mm^3）3.中性粒细胞减少症，含量持续<2×10^9/L（2 000/mm^3）			

表 C.5（续）

伤残类别	一	二	三	四	五	六	七	八	九	十
肝脏	1. 职业性肝血管肉瘤，重度肝功能损害。2. 肝硬化伴食道静脉破裂出血，肝功能重度损害者	1. 慢性重度中毒性肝病。2. 肝血管肉瘤			慢性中度中毒性肝病		慢性轻度中毒性肝病			
免疫功能				免疫功能明显减退						免疫功能轻度减退
内分泌				肾上腺皮质功能明显减退		肾上腺皮质功能轻度减退				
肾脏	肾功能不全尿毒症期，内生肌酐清除率持续 < 10 mL/min，或血浆肌酐水平持续 > 707 μmol/L（8 mg/dL）	肾功能不全尿毒症期，内生肌酐清除率持续 < 25 mL/min，或血浆肌酐水平持续 > 450 μmol/L（5 mg/dL）			肾功能不全失代偿期，内生肌酐清除率持续 < 50 mL/min，或血浆肌酐水平持续 > 177 μmol/L（2 mg/dL）	1. 中毒性肾病，持续性低分子蛋白尿伴白蛋白尿。2. 中毒性肾病，肾小管浓缩功能减退	肾功能不全代偿期，内生肌酐清除率 < 70 mL/min	中毒性肾病，持续低分子蛋白尿		

表 C.5（续）

伤残类别	一	二	三	四	五	六	七	八	九	十
其他		1.职业性膀胱癌。2.放射性肿瘤	1.砷性皮肤癌。2.放射性皮肤癌		1.慢性重度磷中毒。2.重度手臂振动病。3.放射性损伤致睾丸萎缩	1.放射性致甲状腺功能低下。2.减压性骨坏死Ⅲ期。3.中度手臂振动病。4.氟及其无机化合物慢性中毒	三度牙酸蚀病	1.慢性中度磷中毒。2.氟及其无机化合物中毒中度。3.减压性骨坏死Ⅱ期。4.轻度手臂振动病。5.二度牙酸蚀。6.急性放射性皮肤损伤Ⅳ度及慢性放射性皮肤损伤手术治疗后影响肢体功能。7.放射性溃疡经久不愈者		1.慢性轻度磷中毒。2.氟及其无机化合物中毒慢性轻度中毒。3.井下工人滑囊炎。4.减压性骨坏死Ⅰ期。5.一度牙酸蚀病。6.职业性皮肤病久治不愈。7.一手或两手慢性放射性皮肤损伤及Ⅱ度以上者

342

职业病诊断与鉴定管理办法（节录）

（2021年1月4日国家卫生健康委员会令第6号公布 自公布之日起施行）

……

第三章 诊 断

第十九条 劳动者可以在用人单位所在地、本人户籍所在地或者经常居住地的职业病诊断机构进行职业病诊断。

第二十条 职业病诊断应当按照《职业病防治法》、本办法的有关规定及《职业病分类和目录》、国家职业病诊断标准，依据劳动者的职业史、职业病危害接触史和工作场所职业病危害因素情况、临床表现以及辅助检查结果等，进行综合分析。材料齐全的情况下，职业病诊断机构应当在收齐材料之日起三十日内作出诊断结论。

没有证据否定职业病危害因素与病人临床表现之间的必然联系的，应当诊断为职业病。

第二十一条 职业病诊断需要以下资料：

（一）劳动者职业史和职业病危害接触史（包括在岗时间、工种、岗位、接触的职业病危害因素名称等）；

（二）劳动者职业健康检查结果；

（三）工作场所职业病危害因素检测结果；

（四）职业性放射性疾病诊断还需要个人剂量监测档案等资料。

第二十二条 劳动者依法要求进行职业病诊断的，职业病诊断机构不得拒绝劳动者进行职业病诊断的要求，并告知劳动者职业病诊断的程序和所需材料。劳动者应当填写《职业病诊断就诊登记表》，并提供本人掌握的职业病诊断有关资料。

第二十三条 职业病诊断机构进行职业病诊断时，应当书面通知劳动者所在的用人单位提供本办法第二十一条规定的职业病诊断资料，用人单位应当在接到通知后的十日内如实提供。

第二十四条 用人单位未在规定时间内提供职业病诊断所需要资料的，职业病诊断机构可以依法提请卫生健康主管部门督促用人单位提供。

第二十五条 劳动者对用人单位提供的工作场所职业病危害因素检测结果等资料有异议，或者因劳动者的用人单位解散、破产，无用人单位提供上述资料的，职业病诊断机构应当依法提请用人单位所在地卫生健康主管部门进行调查。

卫生健康主管部门应当自接到申请之日起三十日内对存在异议的资料或者工作场所职业病危害因素情况作出判定。

职业病诊断机构在卫生健康主管部门作出调查结论或者判定前应当中止职业病诊断。

第二十六条 职业病诊断机构需要了解工作场所职业病危害因素情况时，可以对工作场所进行现场调查，也可以依法提请卫生健康主管部门组织现场调查。卫生健康主管部门应当在接到申请之日起三十日内完成现场调查。

第二十七条 在确认劳动者职业史、职业病危害接触史时，当事人对劳动关系、工种、工作岗位或者在岗时间有争议的，职业病诊断机构应当告知当事人依法向用人单位所在地的劳动人事争议仲裁委员会申请仲裁。

第二十八条 经卫生健康主管部门督促，用人单位仍不提供工作场所职业病危害因素检测结果、职业健康监护档案等资料或者提供资料不全的，职业病诊断机构应当结合劳动者的临床表现、辅助检查结果和劳动者的职业史、职业病危害接触史，并参考劳动者自述或工友旁证资料、卫生健康等有关部门提供的日常监督检查信息等，作出职业病诊断结论。对于作出无职业病诊断结论的病人，可依据病人的临床表现以及辅助检查结果，作出疾病的诊断，提出相关医学意见或者建议。

第二十九条 职业病诊断机构可以根据诊断需要，聘请其他单位职业病诊断医师参加诊断。必要时，可以邀请相关专业专家提供咨询意见。

第三十条　职业病诊断机构作出职业病诊断结论后，应当出具职业病诊断证明书。职业病诊断证明书应当由参与诊断的取得职业病诊断资格的执业医师签署。

职业病诊断机构应当对职业病诊断医师签署的职业病诊断证明书进行审核，确认诊断的依据与结论符合有关法律法规、标准的要求，并在职业病诊断证明书上盖章。

职业病诊断证明书的书写应当符合相关标准的要求。

职业病诊断证明书一式五份，劳动者一份，用人单位所在地县级卫生健康主管部门一份，用人单位两份，诊断机构存档一份。

职业病诊断证明书应当于出具之日起十五日内由职业病诊断机构送达劳动者、用人单位及用人单位所在地县级卫生健康主管部门。

第三十一条　职业病诊断机构应当建立职业病诊断档案并永久保存，档案应当包括：

（一）职业病诊断证明书；

（二）职业病诊断记录；

（三）用人单位、劳动者和相关部门、机构提交的有关资料；

（四）临床检查与实验室检验等资料。

职业病诊断机构拟不再开展职业病诊断工作的，应当在拟停止开展职业病诊断工作的十五个工作日之前告知省级卫生健康主管部门和所在地县级卫生健康主管部门，妥善处理职业病诊断档案。

第三十二条　职业病诊断机构发现职业病病人或者疑似职业病病人时，应当及时向所在地县级卫生健康主管部门报告。职业病诊断机构应当在作出职业病诊断之日起十五日内通过职业病及健康危害因素监测信息系统进行信息报告，并确保报告信息的完整、真实和准确。

确诊为职业病的，职业病诊断机构可以根据需要，向卫生健康主管部门、用人单位提出专业建议；告知职业病病人依法享有的职业健康权益。

第三十三条 未承担职业病诊断工作的医疗卫生机构,在诊疗活动中发现劳动者的健康损害可能与其所从事的职业有关时,应及时告知劳动者到职业病诊断机构进行职业病诊断。

第四章 鉴 定

第三十四条 当事人对职业病诊断机构作出的职业病诊断有异议的,可以在接到职业病诊断证明书之日起三十日内,向作出诊断的职业病诊断机构所在地设区的市级卫生健康主管部门申请鉴定。

职业病诊断争议由设区的市级以上地方卫生健康主管部门根据当事人的申请组织职业病诊断鉴定委员会进行鉴定。

第三十五条 职业病鉴定实行两级鉴定制,设区的市级职业病诊断鉴定委员会负责职业病诊断争议的首次鉴定。

当事人对设区的市级职业病鉴定结论不服的,可以在接到诊断鉴定书之日起十五日内,向原鉴定组织所在地省级卫生健康主管部门申请再鉴定,省级鉴定为最终鉴定。

第三十六条 设区的市级以上地方卫生健康主管部门可以指定办事机构,具体承担职业病诊断鉴定的组织和日常性工作。职业病鉴定办事机构的职责是:

(一)接受当事人申请;

(二)组织当事人或者接受当事人委托抽取职业病诊断鉴定专家;

(三)组织职业病诊断鉴定会议,负责会议记录、职业病诊断鉴定相关文书的收发及其他事务性工作;

(四)建立并管理职业病诊断鉴定档案;

(五)报告职业病诊断鉴定相关信息;

(六)承担卫生健康主管部门委托的有关职业病诊断鉴定的工作。

职业病诊断机构不能作为职业病鉴定办事机构。

第三十七条 设区的市级以上地方卫生健康主管部门应当向社

会公布本行政区域内依法承担职业病诊断鉴定工作的办事机构的名称、工作时间、地点、联系人、联系电话和鉴定工作程序。

第三十八条　省级卫生健康主管部门应当设立职业病诊断鉴定专家库（以下简称专家库），并根据实际工作需要及时调整其成员。专家库可以按照专业类别进行分组。

第三十九条　专家库应当以取得职业病诊断资格的不同专业类别的医师为主要成员，吸收临床相关学科、职业卫生、放射卫生、法律等相关专业的专家组成。专家应当具备下列条件：

（一）具有良好的业务素质和职业道德；

（二）具有相关专业的高级专业技术职务任职资格；

（三）熟悉职业病防治法律法规和职业病诊断标准；

（四）身体健康，能够胜任职业病诊断鉴定工作。

第四十条　参加职业病诊断鉴定的专家，应当由当事人或者由其委托的职业病鉴定办事机构从专家库中按照专业类别以随机抽取的方式确定。抽取的专家组成职业病诊断鉴定委员会（以下简称鉴定委员会）。

经当事人同意，职业病鉴定办事机构可以根据鉴定需要聘请本省、自治区、直辖市以外的相关专业专家作为鉴定委员会成员，并有表决权。

第四十一条　鉴定委员会人数为五人以上单数，其中相关专业职业病诊断医师应当为本次鉴定专家人数的半数以上。疑难病例应当增加鉴定委员会人数，充分听取意见。鉴定委员会设主任委员一名，由鉴定委员会成员推举产生。

职业病诊断鉴定会议由鉴定委员会主任委员主持。

第四十二条　参加职业病诊断鉴定的专家有下列情形之一的，应当回避：

（一）是职业病诊断鉴定当事人或者当事人近亲属的；

（二）已参加当事人职业病诊断或者首次鉴定的；

（三）与职业病诊断鉴定当事人有利害关系的；

（四）与职业病诊断鉴定当事人有其他关系，可能影响鉴定公正的。

第四十三条 当事人申请职业病诊断鉴定时，应当提供以下资料：

（一）职业病诊断鉴定申请书；

（二）职业病诊断证明书；

（三）申请省级鉴定的还应当提交市级职业病诊断鉴定书。

第四十四条 职业病鉴定办事机构应当自收到申请资料之日起五个工作日内完成资料审核，对资料齐全的发给受理通知书；资料不全的，应当当场或者在五个工作日内一次性告知当事人补充。资料补充齐全的，应当受理申请并组织鉴定。

职业病鉴定办事机构收到当事人鉴定申请之后，根据需要可以向原职业病诊断机构或者组织首次鉴定的办事机构调阅有关的诊断、鉴定资料。原职业病诊断机构或者组织首次鉴定的办事机构应当在接到通知之日起十日内提交。

职业病鉴定办事机构应当在受理鉴定申请之日起四十日内组织鉴定、形成鉴定结论，并出具职业病诊断鉴定书。

第四十五条 根据职业病诊断鉴定工作需要，职业病鉴定办事机构可以向有关单位调取与职业病诊断、鉴定有关的资料，有关单位应当如实、及时提供。

鉴定委员会应当听取当事人的陈述和申辩，必要时可以组织进行医学检查，医学检查应当在三十日内完成。

需要了解被鉴定人的工作场所职业病危害因素情况时，职业病鉴定办事机构根据鉴定委员会的意见可以组织对工作场所进行现场调查，或者依法提请卫生健康主管部门组织现场调查。现场调查应当在三十日内完成。

医学检查和现场调查时间不计算在职业病鉴定规定的期限内。

职业病诊断鉴定应当遵循客观、公正的原则，鉴定委员会进行职业病诊断鉴定时，可以邀请有关单位人员旁听职业病诊断鉴定会议。所有参与职业病诊断鉴定的人员应当依法保护当事人的个人隐私、商业秘密。

第四十六条 鉴定委员会应当认真审阅鉴定资料，依照有关规定和职业病诊断标准，经充分合议后，根据专业知识独立进行鉴定。在事实清楚的基础上，进行综合分析，作出鉴定结论，并制作职业病诊断鉴定书。

鉴定结论应当经鉴定委员会半数以上成员通过。

第四十七条 职业病诊断鉴定书应当包括以下内容：

（一）劳动者、用人单位的基本信息及鉴定事由；

（二）鉴定结论及其依据，鉴定为职业病的，应当注明职业病名称、程度（期别）；

（三）鉴定时间。

诊断鉴定书加盖职业病鉴定委员会印章。

首次鉴定的职业病诊断鉴定书一式五份，劳动者、用人单位、用人单位所在地市级卫生健康主管部门、原诊断机构各一份，职业病鉴定办事机构存档一份；省级鉴定的职业病诊断鉴定书一式六份，劳动者、用人单位、用人单位所在地省级卫生健康主管部门、原诊断机构、首次职业病鉴定办事机构各一份，省级职业病鉴定办事机构存档一份。

职业病诊断鉴定书的格式由国家卫生健康委员会统一规定。

第四十八条 职业病鉴定办事机构出具职业病诊断鉴定书后，应当于出具之日起十日内送达当事人，并在出具职业病诊断鉴定书后的十日内将职业病诊断鉴定书等有关信息告知原职业病诊断机构或者首次职业病鉴定办事机构，并通过职业病及健康危害因素监测信息系统报告职业病鉴定相关信息。

第四十九条 职业病鉴定结论与职业病诊断结论或者首次职业病鉴定结论不一致的，职业病鉴定办事机构应当在出具职业病诊断鉴定书后十日内向相关卫生健康主管部门报告。

第五十条 职业病鉴定办事机构应当如实记录职业病诊断鉴定过程，内容应当包括：

（一）鉴定委员会的专家组成；

（二）鉴定时间；

（三）鉴定所用资料；

（四）鉴定专家的发言及其鉴定意见；

（五）表决情况；

（六）经鉴定专家签字的鉴定结论。

有当事人陈述和申辩的，应当如实记录。

鉴定结束后，鉴定记录应当随同职业病诊断鉴定书一并由职业病鉴定办事机构存档，永久保存。

……

职工非因工伤残或因病丧失劳动能力程度鉴定标准（试行）

（2002年4月5日　劳社部发〔2002〕8号）

职工非因工伤残或因病丧失劳动能力程度鉴定标准，是劳动者由于非因工伤残或因病后，于国家社会保障法规所规定的医疗期满或医疗终结时通过医学检查对伤残失能程度做出判定结论的准则和依据。

1　范　围

本标准规定了职工非因工伤残或因病丧失劳动能力程度的鉴定原则和分级标准。

本标准适用于职工非因工伤残或因病需进行劳动能力鉴定时，对其身体器官缺损或功能损失程度的鉴定。

2　总　则

2.1　本标准分完全丧失劳动能力和大部分丧失劳动能力两个程度档次。

2.2　本标准中的完全丧失劳动能力，是指因损伤或疾病造成人体组织器官缺失、严重缺损、畸形或严重损害，致使伤病的组织器官或生理功能完全丧失或存在严重功能障碍。

2.3 本标准中的大部分丧失劳动能力，是指因损伤或疾病造成人体组织器官大部分缺失、明显畸形或损害，致使受损组织器官功能中等度以上障碍。

2.4 如果伤病职工同时符合不同类别疾病三项以上（含三项）"大部分丧失劳动能力"条件时，可确定为"完全丧失劳动能力"。

2.5 本标准将《职工工伤与职业病致残程度鉴定》（GB/T16180—1996）中的1至4级和5至6级伤残程度分别列为本标准的完全丧失劳动能力和大部分丧失劳动能力的范围。

3 判定原则

3.1 本标准中劳动能力丧失程度主要以身体器官缺损或功能障碍程度作为判定依据。

3.2 本标准中对功能障碍的判定，以医疗期满或医疗终结时所作的医学检查结果为依据。

4 判定依据

4.1 完全丧失劳动能力的条件

4.1.1 各种中枢神经系统疾病或周围神经肌肉疾病等，经治疗后遗有下列情况之一者：

（1）单肢瘫，肌力2级以下（含2级）。

（2）两肢或三肢瘫，肌力3级以下（含3级）。

（3）双手或双足全肌瘫，肌力2级以下（含2级）。

（4）完全性（感觉性或混合性）失语。

（5）非肢体瘫的中度运动障碍。

4.1.2 长期重度呼吸困难。

4.1.3 心功能长期在Ⅲ级以上。左室疾患左室射血分数≤50%。

4.1.4 恶性室性心动过速经治疗无效。

4.1.5 各种难以治愈的严重贫血，经治疗后血红蛋白长期低于6克/分升以下（含6克/分升）者。

4.1.6 全胃切除或全结肠切除或小肠切除3/4。

4.1.7 慢性重度肝功能损害。

4.1.8 不可逆转的慢性肾功能衰竭期。

4.1.9 各种代谢性或内分泌疾病、结缔组织疾病或自身免疫性疾病所导致心、脑、肾、肺、肝等一个以上主要脏器严重合并症，功能不全失代偿期。

4.1.10 各种恶性肿瘤（含血液肿瘤）经综合治疗、放疗、化疗无效或术后复发。

4.1.11 一眼有光感或无光感，另眼矫正视力<0.2或视野半径≤20度。

4.1.12 双眼矫正视力<0.1或视野半径≤20度。

4.1.13 慢性器质性精神障碍，经系统治疗2年仍有下述症状之一，并严重影响职业功能者：痴呆（中度智能减退）；持续或经常出现的妄想和幻觉，持续或经常出现的情绪不稳定以及不能自控的冲动攻击行为。

4.1.14 精神分裂症，经系统治疗5年仍不能恢复正常者；偏执性精神障碍，妄想牢固，持续5年仍不能缓解，严重影响职业功能者。

4.1.15 难治性的情感障碍，经系统治疗5年仍不能恢复正常，男性年龄50岁以上（含50岁），女性45岁以上（含45岁），严重影响职业功能者。

4.1.16 具有明显强迫型人格发病基础的难治性强迫障碍，经系统治疗5年无效，严重影响职业功能者。

4.1.17 符合《职工工伤与职业病致残程度鉴定》标准1至4级者。

4.2 大部分丧失劳动能力的条件

4.2.1 各种中枢神经系统疾病或周围神经肌肉疾病等，经治疗后遗有下列情况之一者：

（1）单肢瘫，肌力3级。

（2）两肢或三肢瘫，肌力4级。

（3）单手或单足全肌瘫，肌力2级。

（4）双手或双足全肌瘫，肌力3级。

4.2.2 长期中度呼吸困难。

4.2.3 心功能长期在Ⅱ级。

4.2.4 中度肝功能损害。

4.2.5 各种疾病造瘘者。

4.2.6 慢性肾功能不全失代偿期。

4.2.7 一眼矫正视力≤0.05，另眼矫正视力≤0.3。

4.2.8 双眼矫正视力≤0.2或视野半径≤30度。

4.2.9 双耳听力损失≥91分贝。

4.2.10 符合《职工工伤与职业病致残程度鉴定》标准5至6级者。

5 判定基准

5.1 运动障碍判定基准

5.1.1 肢体瘫以肌力作为分级标准，划分为0至5级：

0级：肌肉完全瘫痪，无收缩。

1级：可看到或触及肌肉轻微收缩，但不能产生动作。

2级：肌肉在不受重力影响下，可进行运动，即肢体能在床面上移动，但不能抬高。

3级：在和地心引力相反的方向中尚能完成其动作，但不能对抗外加的阻力。

4级：能对抗一定的阻力，但较正常人为低。

5级：正常肌力。

5.1.2 非肢体瘫的运动障碍包括肌张力增高、共济失调、不自主运动、震颤或吞咽肌肉麻痹等。根据其对生活自理的影响程度划分为轻、中、重三度：

（1）重度运动障碍不能自行进食、大小便、洗漱、翻身和穿衣。

（2）中度运动障碍上述动作困难，但在他人帮助下可以完成。

（3）轻度运动障碍完成上述运动虽有一些困难，但基本可以自理。

5.2 呼吸困难及肺功能减退判定基准

5.2.1 呼吸困难分级

表1 呼吸困难分级

	轻度	中度	重度	严重度
临床表现	平路快步或登山、上楼时气短明显	平路步行100米即气短。	稍活动（穿衣，谈话）即气短。	静息时气短
阻塞性通气功能减退：一秒钟用力呼气量占预计值百分比	≥80%	50—79%	30—49%	<30%
限制性通气功能减退：肺活量	≥70%	60—69%	50—59%	<50%
血氧分压			60—87毫米汞柱	<60毫米汞柱

＊血气分析氧分压60—87毫米汞柱时，需参考其他肺功能结果。

5.3 心功能判定基准

心功能分级

Ⅰ级：体力活动不受限制。

Ⅱ级：静息时无不适，但稍重于日常生活活动量即致乏力、心悸、气促或心绞痛。

Ⅲ级：体力活动明显受限，静息时无不适，但低于日常活动量即致乏力、心悸、气促或心绞痛。

Ⅳ级：任何体力活动均引起症状，休息时亦可有心力衰竭或心绞痛。

5.4 肝功能损害程度判定基准

表2 肝功能损害的分级

	轻度	中度	重度
血浆白蛋白	3.1-3.5克/分升	2.5-3.0克/分升	<2.5克/分升
血清胆红质	1.5-5毫克/分升	5.1-10毫克/分升	>10毫克/分升
腹水	无	无或少量，治疗后消失	顽固性
脑症	无	轻度	明显
凝血酶原时间	稍延长（较对照组>3秒）	延长（较对照组>6秒）	明显延长（较对照组>9秒）

5.5 慢性肾功能损害程度判定基准

表3 肾功能损害程度分期

	肌酐清除率	血尿素氮	血肌酐	其他临床症状
肾功能不全代偿期	50-80毫升/分	正常	正常	无症状
肾功能不全失代偿期	20-50毫升/分	20-50毫克/分升	2-5毫克/分升	乏力；轻度贫血；食欲减退
肾功能衰竭期	10-20毫升/分	50-80毫克/分升	5-8毫克/分升	贫血；代谢性酸中毒；水电解质紊乱
尿毒症期	<10毫升/分	>80毫克/分升	>8毫克/分升	严重酸中毒和全身各系统症状

注：血尿素氮水平受多种因素影响，一般不单独作为衡量肾功能损害轻重的指标。

附件：

正确使用标准的说明

1. 本标准条目只列出达到完全丧失劳动能力的起点条件，比此条件严重的伤残或疾病均属于完全丧失劳动能力。

2. 标准中有关条目所指的"长期"是经系统治疗12个月以上（含12个月）。

3. 标准中所指的"系统治疗"是指经住院治疗，或每月二次以上（含二次）到医院进行门诊治疗并坚持服药一个疗程以上，以及恶性肿瘤在门诊进行放射或化学治疗。

4. 对未列出的其他伤病残丧失劳动能力程度的条目，可参照国家标准《职工工伤与职业病致残程度鉴定》（GB/T16180—1996）相应条目执行。

最高人民法院关于因第三人造成工伤的职工或其亲属在获得民事赔偿后是否还可以获得工伤保险补偿问题的答复

(2006年12月28日 〔2006〕行他字第12号)

新疆维吾尔自治区高级人民法院生产建设兵团分院：

你院《关于因第三人造成工伤死亡的亲属在获得高于工伤保险待遇的民事赔偿后是否还可以获得工伤保险补偿问题的请示报告》收悉。经研究，答复如下：

原则同意你院审判委员会的倾向性意见。即根据《中华人民共和国安全生产法》第四十八条①以及最高人民法院《关于审理人身损害赔偿案件适用法律若干问题的解释》第十二条②的规定,因第三人造成工伤的职工或其近亲属,从第三人处获得民事赔偿后,可以按照《工伤保险条例》第三十七条③的规定,向工伤保险机构申请工伤保险待遇补偿。

此复

附:《新疆维吾尔自治区高级人民法院生产建设兵团分院关于因第三人造成工伤死亡的亲属在获得高于工伤保险待遇的民事赔偿后是否还可以获得工伤保险补偿问题的请示》(略)

---

① 编者注:该条所指内容见现行《安全生产法》第56条。
② 编者注:该条所指内容见现行《最高人民法院关于审理人身损害赔偿案件适用法律若干问题的解释》第3条。
③ 编者注:该条所指内容见现行《工伤保险条例》第39条。

医疗事故伤残鉴定与赔偿

医疗事故处理条例

（2002年2月20日国务院第55次常务会议通过 2002年4月4日中华人民共和国国务院令第351号公布 自2002年9月1日起施行）

第一章 总 则

第一条 【立法宗旨】为了正确处理医疗事故，保护患者和医疗机构及其医务人员的合法权益，维护医疗秩序，保障医疗安全，促进医学科学的发展，制定本条例。

> **注释** 本条例主要是针对通过行政途径处理医疗事故。这里所称医疗事故的行政部门的"处理"主要包括两方面：一是在医疗事故发生后，卫生行政部门对发生医疗事故的医疗机构及其医务人员的行政处理；二是应当事人的请求，卫生行政部门对医疗事故争议的处理。从广义上讲，医患双方采取自行协商解决也是一种"处理"方式，但不是本条例所特指的"行政处理"的含义。

第二条 【医疗事故的概念】本条例所称医疗事故，是指医疗机构及其医务人员在医疗活动中，违反医疗卫生管理法律、行政法规、部门规章和诊疗护理规范、常规，过失造成患者人身损害的事故。

> **注释** 本条例所规定的"医患双方"实际上是由两个主要方面组成的。医方主要包括医疗机构和医务人员；患方主要包括发生医疗事故的患者及其亲属。

[医疗事故构成要件]

(1) 医疗事故的主体

医疗事故的主体是医疗机构及其医务人员。"医疗机构",是指按照《医疗机构管理条例》取得《医疗机构执业许可证》的机构。"医务人员",是指依法取得执业资格的医疗卫生专业技术人员,如医师和护士等,他们必须在医疗机构执业。"医疗事故"发生在医疗机构及其医务人员的医疗活动中,这指明了医疗事故发生的场所和活动范围,即依法取得执业许可或者执业资格的医疗机构和医务人员在其合法的医疗活动中发生的事故。

(2) 行为的违法性

目前,我国已经颁布的医疗卫生管理方面法律、法规、规章、规范是医疗机构和医务人员的工作依据和"指南"。医疗机构和医务人员在自己的有关业务活动中应当掌握相应的规定,并遵循规定,以确保其行为合法。从医疗实践看,最常用、最直接的是关于医疗机构、医疗行为管理的规章、诊疗护理规范、常规。它们是指导具体操作的,在判断是否为医疗事故时,这是最好的判断标准。

(3) 过失造成患者人身损害

"过失造成患者人身损害"说的是违法行为的后果。这里有两点应当注意:一是,"过失"造成的,即是医务人员的过失行为,而不是有伤害患者的主观故意;二是,对患者要有"人身损害"后果。

(4) 过失行为和后果之间存在因果关系

过失行为和后果之间存在因果关系是判定是否属于医疗事故的一个重要方面。虽然存在过失行为,但是并没有给患者造成损害后果,这种情况不应该被视为医疗事故;虽然存在损害后果,但是医疗机构和医务人员并没有过失行为,也不能判定为医疗事故。

案例 吴某诉某医院医疗损害责任纠纷案(天津市高级人民法院发布8起残疾人权益保护典型案例之六)

案件适用要点: 法院认为,患者在诊疗活动中受到损害,医疗机构及其医务人员有过错的,由医疗机构承担赔偿责任。《司法鉴定意见书》认定某医院对吴某的治疗过程中存在医疗过错,其医过错与损害后果之间存在因果关系，参与度大小为主要。该鉴定意见书应作为认定事实的证据。根据《司法鉴定意见书》，法院酌定某医院承担75%的损害赔偿责任，并一次性赔偿吴某精神损害抚慰金5万元。吴某日后的护理费、营养费，可根据其现实情况另行主张。上诉后，二审判决驳回上诉，维持原判。

第三条 【基本原则】 处理医疗事故，应当遵循公开、公平、公正、及时、便民的原则，坚持实事求是的科学态度，做到事实清楚、定性准确、责任明确、处理恰当。

第四条 【医疗事故分级】 根据对患者人身造成的损害程度，医疗事故分为四级：

一级医疗事故：造成患者死亡、重度残疾的；

二级医疗事故：造成患者中度残疾、器官组织损伤导致严重功能障碍的；

三级医疗事故：造成患者轻度残疾、器官组织损伤导致一般功能障碍的；

四级医疗事故：造成患者明显人身损害的其他后果的。

具体分级标准由国务院卫生行政部门制定。

> **参见** 《医疗事故分级标准（试行）》

第二章 医疗事故的预防与处置

第五条 【管理规范与职业道德】 医疗机构及其医务人员在医疗活动中，必须严格遵守医疗卫生管理法律、行政法规、部门规章和诊疗护理规范、常规，恪守医疗服务职业道德。

> **参见** 《医师法》第23条；《医院工作制度》；《医院工作制度的补充规定（试行）》

第六条 【培训和教育】 医疗机构应当对其医务人员进行医疗卫生管理法律、行政法规、部门规章和诊疗护理规范、常规的培训和医疗服务职业道德教育。

> 参见　《医师法》第四章

第七条　【医疗服务监督】医疗机构应当设置医疗服务质量监控部门或者配备专（兼）职人员，具体负责监督本医疗机构的医务人员的医疗服务工作，检查医务人员执业情况，接受患者对医疗服务的投诉，向其提供咨询服务。

第八条　【病历书写】医疗机构应当按照国务院卫生行政部门规定的要求，书写并妥善保管病历资料。

因抢救急危患者，未能及时书写病历的，有关医务人员应当在抢救结束后6小时内据实补记，并加以注明。

> 参见　《民法典》第1225条；《医师法》第24条、第56条；《病历书写基本规范》；《医疗机构病历管理规定（2013年版）》

> 案例　曹某某、丁某某医疗损害责任纠纷再审民事判决书［最高人民法院民事判决书（2016）最高法民再285号］

案件适用要点：通常情况下，医疗损害后果的发生往往与患者自身有直接或间接的关系，应该考虑医疗机构过错程度和诊疗行为在损害结果发生中的原因力大小确定损害赔偿比例。审判实践中，一般要根据鉴定结论认定的医疗过错行为在医疗损害后果中的责任程度来确定赔偿的比例。但就本案而言，人民医院的加插病历行为不仅扰乱了正常的病历管理秩序，而且行为性质恶劣，最终导致了鉴定结论无法作出、各方责任无法确定的严重后果。长沙市中级人民法院二审判决认定本案系因为人民医院的加插病历行为导致鉴定结论无法作出，人民医院应当承担不利法律后果和全部法律责任，并无不当，应予维持。湖南省高级人民法院再审判决在因人民医院的加插病历行为导致鉴定结论无法作出、无法判断人民医院医疗过错对损害结果发生的原因力及参与度的情况下，以患者丁某本身患有高血压、颈椎病、肾结石等疾病及原发疾病的固有风险为由，判定人民医院承担70%的责任，适用法律确有不当，应予纠正。

第九条　【病历的真实与完整】严禁涂改、伪造、隐匿、销毁或者抢夺病历资料。

注释 实践中,有的病历由患者保管,如未在医院建立档案的门诊病历。在发生医疗事故争议时,医患双方均不得涂改、伪造、隐匿、销毁病历,否则,都要承担相应的法律责任。即使当患者希望得到其病历资料或对病历真实性质疑时,也不能发生抢夺行为,如果患者需要病历资料,应当依法取得。患者可以依照规定,复印或复制相关病历资料。

参见 《民法典》第 1225 条;《医师法》第 24 条、第 56 条;《医疗机构病历管理规定(2013 年版)》

第十条 【病历管理】 患者有权复印或者复制其门诊病历、住院志、体温单、医嘱单、化验单(检验报告)、医学影像检查资料、特殊检查同意书、手术同意书、手术及麻醉记录单、病理资料、护理记录以及国务院卫生行政部门规定的其他病历资料。

患者依照前款规定要求复印或者复制病历资料的,医疗机构应当提供复印或者复制服务并在复印或者复制的病历资料上加盖证明印记。复印或者复制病历资料时,应当有患者在场。

医疗机构应患者的要求,为其复印或者复制病历资料,可以按照规定收取工本费。具体收费标准由省、自治区、直辖市人民政府价格主管部门会同同级卫生行政部门规定。

参见 《医疗机构病历管理规定(2013 年版)》;《民法典》第 1225 条

第十一条 【如实告知义务】 在医疗活动中,医疗机构及其医务人员应当将患者的病情、医疗措施、医疗风险等如实告知患者,及时解答其咨询;但是,应当避免对患者产生不利后果。

注释 知情权是指公民应该享有知晓与自己利益相关情况的权利。关于患者的知情权,《医师法》第 25 条明确规定:"医师在诊疗活动中应当向患者说明病情、医疗措施和其他需要告知的事项。需要实施手术、特殊检查、特殊治疗的,医师应当及时向患者具体说明医疗风险、替代医疗方案等情况,并取得其明确同意;不能或者不宜向患者说明的,应当向患者的近亲属说明,并取得其明确同意。"

患者享有的知情权包括：患者有权明白自己的病情；明白自己要做何种检查项目；明白自己应如何选择看病医生；明白可能出现何种医疗风险，明白影响自己病情的事项。同时应该让患者知道看病时应遵守医院诊疗秩序和规章制度；知道看病时应尊重医护人员诊治权；知道自己进行特殊检查和手术应该履行的签字手续；知道发生医疗纠纷应当依法解决的相关程序等。

医疗机构及其医务人员在履行告知义务时，要注意保护患者的隐私，这些隐私是患者在就诊过程中向医师公开的、不愿让他人知道的个人信息、私人活动或私有领域，如可造成患者精神伤害的疾病、病理生理上的缺陷、有损个人名誉的疾病、患者不愿他人知道的隐情等，医师应为患者保守秘密，未经患者本人同意，不得向他人泄露。

参见　《医师法》第25条、第26条；《乡村医生从业管理条例》第27条；《疫苗管理法》第45条；《民法典》第1219条

案例　1. 方某凯诉某医院医疗损害赔偿纠纷案（《中华人民共和国最高人民法院公报》2004年第2期）

案件适用要点： 有风险的医疗行为如果是在征得患者及其亲属同意后实施的，风险责任应由患者及其亲属承担。

2. 张某与广州某医院医疗损害责任案——诊断性治疗未告知说明的责任认定及损害赔偿（广州法院医疗纠纷诉讼情况白皮书（2015-2017）暨典型案例之六）

案件适用要点： 生效判决认为，医方为患者实施的化疗方案，旨在以诊断性治疗帮助确诊病情。此种带有试验性的治疗措施，尽管有医学上的合理性，但广州某医院未经充分告知说明，未取得患者有效知情同意，实施对人体有危害性的化疗方案，造成患者遭受不应有的伤害，广州某医院应承担相应的医疗损害责任。据此判决广州某医院向张某赔偿各项损失59195.6元。

第十二条　【处理医疗事故预案】 医疗机构应当制定防范、处理医疗事故的预案，预防医疗事故的发生，减轻医疗事故的损害。

第十三条　【内部报告制度】 医务人员在医疗活动中发生或者

发现医疗事故、可能引起医疗事故的医疗过失行为或者发生医疗事故争议的,应当立即向所在科室负责人报告,科室负责人应当及时向本医疗机构负责医疗服务质量监控的部门或者专(兼)职人员报告;负责医疗服务质量监控的部门或者专(兼)职人员接到报告后,应当立即进行调查、核实,将有关情况如实向本医疗机构的负责人报告,并向患者通报、解释。

第十四条 【向卫生行政部门的报告】发生医疗事故的,医疗机构应当按照规定向所在地卫生行政部门报告。

发生下列重大医疗过失行为的,医疗机构应当在12小时内向所在地卫生行政部门报告:

(一)导致患者死亡或者可能为二级以上的医疗事故;

(二)导致3人以上人身损害后果;

(三)国务院卫生行政部门和省、自治区、直辖市人民政府卫生行政部门规定的其他情形。

第十五条 【防止损害扩大】发生或者发现医疗过失行为,医疗机构及其医务人员应当立即采取有效措施,避免或者减轻对患者身体健康的损害,防止损害扩大。

第十六条 【病历资料的封存和启封】发生医疗事故争议时,死亡病例讨论记录、疑难病例讨论记录、上级医师查房记录、会诊意见、病程记录应当在医患双方在场的情况下封存和启封。封存的病历资料可以是复印件,由医疗机构保管。

参见 《病历书写基本规范》第22条;《医疗事故技术鉴定暂行办法》第25、42、43条

第十七条 【现场实物的封存和检验】疑似输液、输血、注射、药物等引起不良后果的,医患双方应当共同对现场实物进行封存和启封,封存的现场实物由医疗机构保管;需要检验的,应当由双方共同指定的、依法具有检验资格的检验机构进行检验;双方无法共同指定时,由卫生行政部门指定。

疑似输血引起不良后果,需要对血液进行封存保留的,医疗机

构应当通知提供该血液的采供血机构派员到场。

参见 《临床输血技术规范》；《民法典》第1223条

第十八条 【尸检】患者死亡，医患双方当事人不能确定死因或者对死因有异议的，应当在患者死亡后48小时内进行尸检；具备尸体冻存条件的，可以延长至7日。尸检应当经死者近亲属同意并签字。

尸检应当由按照国家有关规定取得相应资格的机构和病理解剖专业技术人员进行。承担尸检任务的机构和病理解剖专业技术人员有进行尸检的义务。

医疗事故争议双方当事人可以请法医病理学人员参加尸检，也可以委派代表观察尸检过程。拒绝或者拖延尸检，超过规定时间，影响对死因判定的，由拒绝或者拖延的一方承担责任。

案例 吴某等与某医院医疗过错损害赔偿纠纷上诉案（浙江省高级人民法院民事判决书〔2009〕浙民终字第98号）

案件适用要点： 是否做尸检（遗体解剖）应当征得死者近亲属同意并签字，且尸体解剖不属于医院的医疗行为，属于医疗争议发生后的处理程序，无论医院有否征求死者近亲属进行尸检，均不属于医疗过错。

第十九条 【尸体存放和处理】患者在医疗机构内死亡的，尸体应当立即移放太平间。死者尸体存放时间一般不得超过2周。逾期不处理的尸体，经医疗机构所在地卫生行政部门批准，并报经同级公安部门备案后，由医疗机构按照规定进行处理。

参见 《传染病防治法》第46条；《关于尸体运输管理的若干规定》

第三章 医疗事故的技术鉴定

第二十条 【鉴定程序的启动】卫生行政部门接到医疗机构关于重大医疗过失行为的报告或者医疗事故争议当事人要求处理医疗

事故争议的申请后，对需要进行医疗事故技术鉴定的，应当交由负责医疗事故技术鉴定工作的医学会组织鉴定；医患双方协商解决医疗事故争议，需要进行医疗事故技术鉴定的，由双方当事人共同委托负责医疗事故技术鉴定工作的医学会组织鉴定。

第二十一条 【鉴定主体及职责分工】设区的市级地方医学会和省、自治区、直辖市直接管辖的县（市）地方医学会负责组织首次医疗事故技术鉴定工作。省、自治区、直辖市地方医学会负责组织再次鉴定工作。

必要时，中华医学会可以组织疑难、复杂并在全国有重大影响的医疗事故争议的技术鉴定工作。

参见 《医疗事故技术鉴定暂行办法》第3、10、12-14、46条

第二十二条 【申请再次鉴定程序】当事人对首次医疗事故技术鉴定结论不服的，可以自收到首次鉴定结论之日起15日内向医疗机构所在地卫生行政部门提出再次鉴定的申请。

> **注释** 由双方当事人共同委托，首次鉴定后一方当事人对鉴定结论不服，再次鉴定可以由双方当事人共同委托，也可以单方向卫生行政部门提出再次鉴定申请。根据《最高人民法院关于当事人对医疗事故鉴定结论有异议又不申请重新鉴定而以要求医疗单位赔偿经济损失为由向人民法院起诉的案件应否受理问题的复函》[1]，当事人对医疗事故鉴定结论虽有异议，但不申请重新鉴定，而以要求医疗单位赔偿经济损失为由向人民法院起诉的，如符合民事案件立案条件的，人民法院应该作为民事案件受理。

参见 《医疗事故技术鉴定暂行办法》第3、40、42条

第二十三条 【专家库】负责组织医疗事故技术鉴定工作的医学会应当建立专家库。

专家库由具备下列条件的医疗卫生专业技术人员组成：

（一）有良好的业务素质和执业品德；

---

[1] 该复函虽已被废止，但相关规定已被《民事诉讼法》吸收。

（二）受聘于医疗卫生机构或者医学教学、科研机构并担任相应专业高级技术职务3年以上。

符合前款第（一）项规定条件并具备高级技术任职资格的法医可以受聘进入专家库。

负责组织医疗事故技术鉴定工作的医学会依照本条例规定聘请医疗卫生专业技术人员和法医进入专家库，可以不受行政区域的限制。

> **参见** 《医疗事故技术鉴定暂行办法》第5-8条

第二十四条 【专家鉴定组的产生方式】 医疗事故技术鉴定，由负责组织医疗事故技术鉴定工作的医学会组织专家鉴定组进行。

参加医疗事故技术鉴定的相关专业的专家，由医患双方在医学会主持下从专家库中随机抽取。在特殊情况下，医学会根据医疗事故技术鉴定工作的需要，可以组织医患双方在其他医学会建立的专家库中随机抽取相关专业的专家参加鉴定或者函件咨询。

符合本条例第二十三条规定条件的医疗卫生专业技术人员和法医有义务受聘进入专家库，并承担医疗事故技术鉴定工作。

> **参见** 《医疗事故技术鉴定暂行办法》第17-26条

第二十五条 【专家鉴定组合议制及成员构成】 专家鉴定组进行医疗事故技术鉴定，实行合议制。专家鉴定组人数为单数，涉及的主要学科的专家一般不得少于鉴定组成员的二分之一；涉及死因、伤残等级鉴定的，并应当从专家库中随机抽取法医参加专家鉴定组。

> **参见** 《医疗事故技术鉴定暂行办法》第17条

第二十六条 【回避】 专家鉴定组成员有下列情形之一的，应当回避，当事人也可以以口头或者书面的方式申请其回避：

（一）是医疗事故争议当事人或者当事人的近亲属的；

（二）与医疗事故争议有利害关系的；

（三）与医疗事故争议当事人有其他关系，可能影响公正鉴定的。

注释 ［医疗事故回避的法定情形］

（1）是医疗事故争议当事人或者当事人的近亲属的。"当事人"是指因发生医疗事故争议的双方，既包括医疗机构，也包括患者。"近亲属"包括配偶、父母、子女、兄弟姐妹、祖父母、外祖父母、孙子女、外孙子女。

（2）与医疗事故争议有利害关系的。这里说的"利害关系"一般是指医疗事故技术鉴定的结论可能直接或者间接地损害专家鉴定组成员的经济利益、学术地位、名誉声望等，包括参加过引发医疗事故争议的医疗行为的会诊、医疗事故争议初次鉴定等。

（3）与医疗事故争议当事人有其他关系，可能影响公正鉴定的。"其他关系"，指上述两种关系以外的其他比较亲近或者密切的关系。如上述近亲属以外的其他亲属、邻居、师生、同学、战友、过去的同事和上下级关系等等。需要指出的是，不是所有这种关系都应当回避，必须是能够影响案件公正处理的，才应当回避。至于是否能够影响到鉴定的公正进行，不能凭主观判断和推测，而是应当以事实为根据，来分析、认定这些关系是否能够影响到鉴定的公正进行。

参见 《医疗事故技术鉴定暂行办法》第20、30、31条

第二十七条 【鉴定的目的和依据】专家鉴定组依照医疗卫生管理法律、行政法规、部门规章和诊疗护理规范、常规，运用医学科学原理和专业知识，独立进行医疗事故技术鉴定，对医疗事故进行鉴别和判定，为处理医疗事故争议提供医学依据。

任何单位或者个人不得干扰医疗事故技术鉴定工作，不得威胁、利诱、辱骂、殴打专家鉴定组成员。

专家鉴定组成员不得接受双方当事人的财物或者其他利益。

第二十八条 【通知程序和提交材料】负责组织医疗事故技术鉴定工作的医学会应当自受理医疗事故技术鉴定之日起5日内通知医疗事故争议双方当事人提交进行医疗事故技术鉴定所需的材料。

当事人应当自收到医学会的通知之日起10日内提交有关医疗事

故技术鉴定的材料、书面陈述及答辩。医疗机构提交的有关医疗事故技术鉴定的材料应当包括下列内容：

（一）住院患者的病程记录、死亡病例讨论记录、疑难病例讨论记录、会诊意见、上级医师查房记录等病历资料原件；

（二）住院患者的住院志、体温单、医嘱单、化验单（检验报告）、医学影像检查资料、特殊检查同意书、手术同意书、手术及麻醉记录单、病理资料、护理记录等病历资料原件；

（三）抢救急危患者，在规定时间内补记的病历资料原件；

（四）封存保留的输液、注射用物品和血液、药物等实物，或者依法具有检验资格的检验机构对这些物品、实物作出的检验报告；

（五）与医疗事故技术鉴定有关的其他材料。

在医疗机构建有病历档案的门诊、急诊患者，其病历资料由医疗机构提供；没有在医疗机构建立病历档案的，由患者提供。

医患双方应当依照本条例的规定提交相关材料。医疗机构无正当理由未依照本条例的规定如实提供相关材料，导致医疗事故技术鉴定不能进行的，应当承担责任。

注释 医疗机构违反规定，不如实提供相关材料或不配合相关调查，导致医疗事故技术鉴定不能进行的，应当承担医疗事故责任。患者向卫生行政部门提出判定医疗事故等级及责任程度请求的，卫生行政部门可以委托医学会依法对患者人身损害的后果进行等级判定，若二级、三级医疗事故无法判定等级的，按同等级甲等定。责任程度按照完全责任判定。

第二十九条 【鉴定的期限和调查取证权】 负责组织医疗事故技术鉴定工作的医学会应当自接到当事人提交的有关医疗事故技术鉴定的材料、书面陈述及答辩之日起45日内组织鉴定并出具医疗事故技术鉴定书。

负责组织医疗事故技术鉴定工作的医学会可以向双方当事人调查取证。

注释 在有些情况下,如涉及个人隐私、技术秘密、国家机密等,医疗事故争议双方当事人,特别是患者一方取证有困难甚至无法取证,因此本条例赋予负责医疗事故技术鉴定工作的医学会有调查取证权。注意,本条将调查取证权赋予给医学会,而不是专家鉴定组。

参见 《医疗事故技术鉴定暂行办法》第27-29条

第三十条 【审查与调查】专家鉴定组应当认真审查双方当事人提交的材料,听取双方当事人的陈述及答辩并进行核实。

双方当事人应当按照本条例的规定如实提交进行医疗事故技术鉴定所需要的材料,并积极配合调查。当事人任何一方不予配合,影响医疗事故技术鉴定的,由不予配合的一方承担责任。

注释 患者提交的材料包括:(1)医疗事故技术鉴定申请书。该申请书应当载明:申请人姓名、与患者的关系(患者死亡的)、性别、年龄、民族、家庭地址、工作单位、联系电话、被申请人单位名称、住所地、法定代表人姓名、联系电话、申请鉴定的事实与理由、申请人签字、申请日期等内容;(2)自己保存的原始病历资料;(3)从医疗机构复制或者复印的病历资料;(4)进行尸体解剖的,提供尸解报告;(5)各项检验报告;(6)其他相关证据。

医疗机构提交的材料包括:(1)申请书(医疗机构申请或者委托医疗事故技术鉴定的);(2)答辩书;(3)《条例》28条规定的材料;(4)病历资料以外的专项检验报告;(5)其他相关证据。

属于再次鉴定的,医患双方还应当提供首次鉴定结论。

参见 《医疗事故技术鉴定暂行办法》第16、30-33、38、44条

案例 陈某与广州市某医院医疗损害责任案——拒绝申请医疗损害鉴定的法律后果(广州法院医疗纠纷诉讼情况白皮书(2015-2017)暨典型案例之一)

案件适用要点:申请医疗损害鉴定是患方的权利,也是患方履行举证责任的方法,患方负有申请医疗损害鉴定的举证义务。经人民法院释明,患方无正当理由拒绝申请医疗损害鉴定,导致不能通

过鉴定查明医学专门性问题的，构成举证妨碍，应当承担不利后果。

生效判决认为，患者主张医方实施手术有过错，致其受到损害，有责任提供证据予以证明。因涉及医学专门性问题的查明，需委托医疗损害鉴定。但经一审法院充分释明，陈某撤回鉴定申请并拒绝申请鉴定，同时表示不预交鉴定费用，不履行必要的举证义务，导致鉴定不能。在此情况下，人民法院不能查清案件涉及的医学专门性问题，应当由患方承担不利后果。据此判决驳回陈某的上诉，维持原判。

第三十一条 【鉴定的工作原则及鉴定书的制作】专家鉴定组应当在事实清楚、证据确凿的基础上，综合分析患者的病情和个体差异，作出鉴定结论，并制作医疗事故技术鉴定书。鉴定结论以专家鉴定组成员的过半数通过。鉴定过程应当如实记载。

医疗事故技术鉴定书应当包括下列主要内容：
（一）双方当事人的基本情况及要求；
（二）当事人提交的材料和负责组织医疗事故技术鉴定工作的医学会的调查材料；
（三）对鉴定过程的说明；
（四）医疗行为是否违反医疗卫生管理法律、行政法规、部门规章和诊疗护理规范、常规；
（五）医疗过失行为与人身损害后果之间是否存在因果关系；
（六）医疗过失行为在医疗事故损害后果中的责任程度；
（七）医疗事故等级；
（八）对医疗事故患者的医疗护理医学建议。

注释 医疗事故中医疗过失行为责任程度分为：（1）完全责任，指医疗事故损害后果完全由医疗过失行为造成；（2）主要责任，指医疗事故损害后果主要由医疗过失行为造成，其他因素起次要作用；（3）次要责任，指医疗事故损害后果主要由其他因素造成，医疗过失行为起次要作用；（4）轻微责任，指医疗事故损害后果绝大部分由其他因素造成，医疗过失行为起轻微作用。

参见 《医疗事故技术鉴定暂行办法》第33-36条

第三十二条 【医疗事故技术鉴定办法的制定】医疗事故技术鉴定办法由国务院卫生行政部门制定。

参见 《医疗事故技术鉴定暂行办法》

第三十三条 【不属于医疗事故的情形】有下列情形之一的，不属于医疗事故：

（一）在紧急情况下为抢救垂危患者生命而采取紧急医学措施造成不良后果的；

（二）在医疗活动中由于患者病情异常或者患者体质特殊而发生医疗意外的；

（三）在现有医学科学技术条件下，发生无法预料或者不能防范的不良后果的；

（四）无过错输血感染造成不良后果的；

（五）因患方原因延误诊疗导致不良后果的；

（六）因不可抗力造成不良后果的。

注释 ［紧急医学措施造成不良后果不属于医疗事故］

适用此种情况须同时具备以下两个条件：

第一，必须是情况紧急，患者存在生命危险，这种危险迫在眉睫。"紧急情况"一般包括下列内容：

（1）凡病员由于疾病发作，突然外伤受害及异物侵入体内，身体成危险状态或非常痛苦的状态。例如：急性外伤、脑外伤、骨折、脱臼、撕裂伤、烧伤等；突然之急性腹痛；突发高热；突然出血、吐血、有内出血象征、流产、小儿腹泻、严重脱水、休克者；发病突然、症状剧烈、发病后迅速恶化者；烈性传染病可疑者；急性过敏性疾病；其他经医师认为适合于急诊抢救条件者。

（2）突发事件、重大事故和疫情，例如：重大灾害、突发事件、事故造成的人员伤亡；鼠疫流行造成的人员病亡；霍乱病例或其他法定传染病在短期内大面积暴发流行；造成多人伤亡的食物中毒事故等。

第二,紧急医学措施应当限于迫不得已的。如果抢救人员知晓该抢救措施可能给患者造成损害,则采取该种紧急措施应当是别无选择的。也就是说在抢救的时候,施救的医方根据当时的情况和其自身的能力没有任何其他更好的救助措施可以实施。

[医疗意外]

医疗意外,是指由于病情或病员体质特殊而发生难以预料和防范的不良后果的。因此,医疗意外具有两个基本特征:其一,病员死亡、残疾或功能障碍的不良后果发生在诊疗护理工作中;其二,不良后果的发生,是医护人员难以预料和防范的,或者说是他们不能抗拒或者不能预见的原因所引起的。医疗意外的发生,并不是医务人员的医疗过失所致,而是患者自身体质变化和特殊病种结合在一起突然发生的,且医务人员本身和现代医学科学技术不能预见和避免。医疗意外属于意外事件,由于欠缺主观要件,所以不承担法律责任。

[无过错输血感染]

所谓"无过错输血感染",指的是就诊人因在医疗活动中接受输血而感染疾病,而医方在输血中不存在过错。无过错输血感染应具备以下构成要件:

(1) 输血者存在某种感染性疾病。

(2) 排除该输血者在医疗机构就诊输血前本来已是某种病原体隐性携带者的可能性。因为患者来院就诊时,必然伴有不良的健康状况,在抵抗力减弱时,"健康"的病原携带者是极易发病的。

(3) 输血感染是发生在医疗机构就诊的时间之内,这就需要排除在到达医疗机构之前和离开医疗机构之后受到感染的可能性。

(4) 患者受到的输血感染是在医疗机构内,这就需要排除患者在除本医疗机构外的其他地域内受到感染的可能性。

(5) 患者在院内发生输血感染,医疗机构和医务人员无过错。例如当献血者感染病毒而尚未发病,处于潜伏期时,血液已处于病毒血症但无临床症状且还查不到该病毒抗体,在这段时间(有称之为"窗口期")血站和医疗机构都无法查出血液中是否存在某种病原,因此发生的输血感染,就应属于无过错输血感染。

[不可抗力]

不可抗力是指不能预见、不能避免并且不能克服的客观情况。不能预见是指在现有的技术条件下，人类不可能预见到的情况。不能避免是指即使尽了最大的努力也不能防止客观情况的发生。不能克服是指情况发生后，即使尽了最大努力也不能克服该客观情况造成的损害后果。这里的客观情况是指不以人的主观意志为转移的情况。在很多情况下，不可抗力的死亡等不良后果在所难免，这主要是疾病的自然转归所致。如果损害结果完全是由不可抗力引起的，行为人的行为与损害结果之间并没有因果关系，同时行为人没有过错，那么行为人就无须为此承担责任。

第三十四条　【鉴定费用】医疗事故技术鉴定，可以收取鉴定费用。经鉴定，属于医疗事故的，鉴定费用由医疗机构支付；不属于医疗事故的，鉴定费用由提出医疗事故处理申请的一方支付。鉴定费用标准由省、自治区、直辖市人民政府价格主管部门会同同级财政部门、卫生行政部门规定。

第四章　医疗事故的行政处理与监督

第三十五条　【医疗事故的行政处理】卫生行政部门应当依照本条例和有关法律、行政法规、部门规章的规定，对发生医疗事故的医疗机构和医务人员作出行政处理。

第三十六条　【重大医疗过失的处理】卫生行政部门接到医疗机构关于重大医疗过失行为的报告后，除责令医疗机构及时采取必要的医疗救治措施，防止损害后果扩大外，应当组织调查，判定是否属于医疗事故；对不能判定是否属于医疗事故的，应当依照本条例的有关规定交由负责医疗事故技术鉴定工作的医学会组织鉴定。

第三十七条　【医疗事故争议处理申请】发生医疗事故争议，当事人申请卫生行政部门处理的，应当提出书面申请。申请书应当载明申请人的基本情况、有关事实、具体请求及理由等。

当事人自知道或者应当知道其身体健康受到损害之日起1年内，可以向卫生行政部门提出医疗事故争议处理申请。

第三十八条　【受理申请的权限划分】 发生医疗事故争议，当事人申请卫生行政部门处理的，由医疗机构所在地的县级人民政府卫生行政部门受理。医疗机构所在地是直辖市的，由医疗机构所在地的区、县人民政府卫生行政部门受理。

有下列情形之一的，县级人民政府卫生行政部门应当自接到医疗机构的报告或者当事人提出医疗事故争议处理申请之日起7日内移送上一级人民政府卫生行政部门处理：

（一）患者死亡；

（二）可能为二级以上的医疗事故；

（三）国务院卫生行政部门和省、自治区、直辖市人民政府卫生行政部门规定的其他情形。

参见　《医疗事故技术鉴定暂行办法》第9-11条

第三十九条　【申请的审查和受理】 卫生行政部门应当自收到医疗事故争议处理申请之日起10日内进行审查，作出是否受理的决定。对符合本条例规定，予以受理，需要进行医疗事故技术鉴定的，应当自作出受理决定之日起5日内将有关材料交由负责医疗事故技术鉴定工作的医学会组织鉴定并书面通知申请人；对不符合本条例规定，不予受理的，应当书面通知申请人并说明理由。

当事人对首次医疗事故技术鉴定结论有异议，申请再次鉴定的，卫生行政部门应当自收到申请之日起7日内交由省、自治区、直辖市地方医学会组织再次鉴定。

第四十条　【行政处理与诉讼】 当事人既向卫生行政部门提出医疗事故争议处理申请，又向人民法院提起诉讼的，卫生行政部门不予受理；卫生行政部门已经受理的，应当终止处理。

注释　医疗事故争议行政处理和人民法院对医疗事故争议的审理裁决，都是解决医疗事故争议的途径，是医疗事故受害方获得救济的方式。行政处理是行政机关通过调解方式，解决医疗事故争议使医疗事故受害方获得相应的救济；民事诉讼是人民法院依据《民事诉讼法》的规定，通过司法程序进行审理、裁决，解决医疗事故争议，使医疗事故受害方得到民事救济和权利保护。二者存在一个相互衔接和如何处理不同途径之间的关系问题。

根据本条的规定，行政处理程序和民事处理程序不能同时进行，医疗事故争议的当事人不能同时启动两种程序，同时在两个途径中解决医疗事故争议问题。如果当事人选择了行政程序，行政程序并不否定当事人仍有继续选择司法程序的可能。已经进入诉讼程序的，则不能进行行政处理。因为司法程序是解决医疗事故争议的最终途径，是民事救济的最终手段。

第四十一条 【鉴定结论的审核】卫生行政部门收到负责组织医疗事故技术鉴定工作的医学会出具的医疗事故技术鉴定书后，应当对参加鉴定的人员资格和专业类别、鉴定程序进行审核；必要时，可以组织调查，听取医疗事故争议双方当事人的意见。

第四十二条 【鉴定结论的处理】卫生行政部门经审核，对符合本条例规定作出的医疗事故技术鉴定结论，应当作为对发生医疗事故的医疗机构和医务人员作出行政处理以及进行医疗事故赔偿调解的依据；经审核，发现医疗事故技术鉴定不符合本条例规定的，应当要求重新鉴定。

> **注释** 重新鉴定不同于再次鉴定。重新鉴定是卫生行政部门审核拟作为行政处理依据的鉴定结论，作出过程不符合规定，要求原组织该项医疗事故技术鉴定的医学会依照规定程序，重新组织一次鉴定；再次鉴定是当事人不服首次由地、市、县一级医学会组织的医疗事故技术鉴定作出的鉴定结论，向卫生行政部门提出申请，由卫生行政部门交省、自治区、直辖市地方医学会，再次组织对该医疗事故争议进行医疗事故技术鉴定。

第四十三条 【自行协商解决情况报告】医疗事故争议由双方当事人自行协商解决的，医疗机构应当自协商解决之日起7日内向所在地卫生行政部门作出书面报告，并附具协议书。

第四十四条 【调解或判决】医疗事故争议经人民法院调解或者判决解决的，医疗机构应当自收到生效的人民法院的调解书或者判决书之日起7日内向所在地卫生行政部门作出书面报告，并附具调解书或者判决书。

第四十五条 【各级医疗事故情况报告】县级以上地方人民政府卫生行政部门应当按照规定逐级将当地发生的医疗事故以及依法对发生医疗事故的医疗机构和医务人员作出行政处理的情况，上报国务院卫生行政部门。

第五章 医疗事故的赔偿

第四十六条 【争议解决途径】发生医疗事故的赔偿等民事责任争议，医患双方可以协商解决；不愿意协商或者协商不成的，当事人可以向卫生行政部门提出调解申请，也可以直接向人民法院提起民事诉讼。

> **注释** 发生医疗事故赔偿等民事责任争议后，医疗机构和患者可以采取的解决途径有：
> （1）医患双方平等、自愿协商，自行解决争议。
> （2）医患双方当事人向卫生行政部门提出调解申请，请求卫生行政部门对赔偿问题进行调解。当事人对行政调解不服的，向人民法院提起诉讼的，是民事诉讼，而不是行政诉讼。
> （3）医疗机构和患者可以直接向人民法院提起民事诉讼。

第四十七条 【协商途径协议书】双方当事人协商解决医疗事故的赔偿等民事责任争议的，应当制作协议书。协议书应当载明双方当事人的基本情况和医疗事故的原因、双方当事人共同认定的医疗事故等级以及协商确定的赔偿数额等，并由双方当事人在协议书上签名。

> **注释** 在医疗纠纷发生之后，医患双方基于真实的意思表示就医疗损害的补偿或者分担问题达成和解协议，也就是民间通常所说的"私了协议"，双方按照协议约定履行了"私了协议"，双方的

纠纷就此平息。"私了协议"的法律意义是，患者对医疗损害人身赔偿之债的处分，双方就医疗损害人身赔偿之债的履行达成和解协议，患方受领了医方履行的人身损害赔偿债务之后，医疗损害人身赔偿的债权债务关系因医方清偿债务而消灭，但医疗损害人身赔偿请求权因医方清偿债务而消灭的只是实体请求权，而程序请求权并不消灭，患者及其家属仍有医疗损害人身赔偿请求权的程序请求权，即提起医疗损害人身赔偿的诉权，但如果经人民法院进行实体审理之后，查明该医疗损害人身赔偿之债因医方清偿债务而消灭的事实则可以驳回患者及家属的诉讼请求。故患者及家属在双方达成了医疗纠纷的"私了协议"之后，仍可以提起医疗事故人身损害赔偿之诉，"私了协议"的履行只消灭医疗损害人身赔偿之债及债上实体请求权，不消灭该债上请求权的程序权利。

和解协议是合同的一种类型，其成立及生效则当然要符合合同成立和生效的法律要件。法院应当审查该"私了协议"是否成立和生效，如果患方主张该"私了协议"存在可撤销或可变更的法定事由，法院则应当审查该"私了协议"是否具有可撤销或者可变更的法定情形。如果经法院审理查明，该"私了协议"存在效力的瑕疵或者可撤销、可变更的法定情形，则根据我国《民法典》关于合同效力的法律规定或认定该协议绝对无效或者撤销该"私了协议"，或者变更协议的部分条款。如果认定协议绝对无效或者撤销的，进而可以认定患者的医疗损害人身赔偿实体请求权并未消灭，患者可以依据该实体请求权获得相应的物质或者精神损害赔偿。

第四十八条 【行政调解】 已确定为医疗事故的，卫生行政部门应医疗事故争议双方当事人请求，可以进行医疗事故赔偿调解。调解时，应当遵循当事人双方自愿原则，并应当依据本条例的规定计算赔偿数额。

经调解，双方当事人就赔偿数额达成协议的，制作调解书，双方当事人应当履行；调解不成或者经调解达成协议后一方反悔的，卫生行政部门不再调解。

第四十九条 【确定赔偿数额的原则】 医疗事故赔偿，应当考虑下列因素，确定具体赔偿数额：

（一）医疗事故等级；

（二）医疗过失行为在医疗事故损害后果中的责任程度；

（三）医疗事故损害后果与患者原有疾病状况之间的关系。

不属于医疗事故的，医疗机构不承担赔偿责任。

第五十条　【赔偿项目和标准】医疗事故赔偿，按照下列项目和标准计算：

（一）医疗费：按照医疗事故对患者造成的人身损害进行治疗所发生的医疗费用计算，凭据支付，但不包括原发病医疗费用。结案后确实需要继续治疗的，按照基本医疗费用支付。

（二）误工费：患者有固定收入的，按照本人因误工减少的固定收入计算，对收入高于医疗事故发生地上一年度职工年平均工资3倍以上的，按照3倍计算；无固定收入的，按照医疗事故发生地上一年度职工年平均工资计算。

（三）住院伙食补助费：按照医疗事故发生地国家机关一般工作人员的出差伙食补助标准计算。

（四）陪护费：患者住院期间需要专人陪护的，按照医疗事故发生地上一年度职工年平均工资计算。

（五）残疾生活补助费：根据伤残等级，按照医疗事故发生地居民年平均生活费计算，自定残之月起最长赔偿30年；但是，60周岁以上的，不超过15年；70周岁以上的，不超过5年。

（六）残疾用具费：因残疾需要配置补偿功能器具的，凭医疗机构证明，按照普及型器具的费用计算。

（七）丧葬费：按照医疗事故发生地规定的丧葬费补助标准计算。

（八）被扶养人生活费：以死者生前或者残疾者丧失劳动能力前实际扶养且没有劳动能力的人为限，按照其户籍所在地或者居所地居民最低生活保障标准计算。对不满16周岁的，扶养到16周岁。对年满16周岁但无劳动能力的，扶养20年；但是，60周岁以上的，不超过15年；70周岁以上的，不超过5年。

（九）交通费：按照患者实际必需的交通费用计算，凭据支付。

（十）住宿费：按照医疗事故发生地国家机关一般工作人员的出差住宿补助标准计算，凭据支付。

（十一）精神损害抚慰金：按照医疗事故发生地居民年平均生活费计算。造成患者死亡的，赔偿年限最长不超过6年；造成患者残疾的，赔偿年限最长不超过3年。

参见 《最高人民法院关于审理人身损害赔偿案件适用法律若干问题的解释》；《最高人民法院关于确定民事侵权精神损害赔偿责任若干问题的解释》

第五十一条 【患者亲属损失赔偿】参加医疗事故处理的患者近亲属所需交通费、误工费、住宿费，参照本条例第五十条的有关规定计算，计算费用的人数不超过2人。

医疗事故造成患者死亡的，参加丧葬活动的患者的配偶和直系亲属所需交通费、误工费、住宿费，参照本条例第五十条的有关规定计算，计算费用的人数不超过2人。

第五十二条 【赔偿费用结算】医疗事故赔偿费用，实行一次性结算，由承担医疗事故责任的医疗机构支付。

第六章 罚　　则

第五十三条 【卫生行政部门工作人员的法律责任】卫生行政部门的工作人员在处理医疗事故过程中违反本条例的规定，利用职务上的便利收受他人财物或者其他利益，滥用职权，玩忽职守，或者发现违法行为不予查处，造成严重后果的，依照刑法关于受贿罪、滥用职权罪、玩忽职守罪或者其他有关罪的规定，依法追究刑事责任；尚不够刑事处罚的，依法给予降级或者撤职的行政处分。

第五十四条 【卫生行政部门的法律责任】卫生行政部门违反本条例的规定，有下列情形之一的，由上级卫生行政部门给予警告并责令限期改正；情节严重的，对负有责任的主管人员和其他直接责任人员依法给予行政处分：

（一）接到医疗机构关于重大医疗过失行为的报告后，未及时组织调查的；

（二）接到医疗事故争议处理申请后，未在规定时间内审查或者移送上一级人民政府卫生行政部门处理的；

（三）未将应当进行医疗事故技术鉴定的重大医疗过失行为或者医疗事故争议移交医学会组织鉴定的；

（四）未按照规定逐级将当地发生的医疗事故以及依法对发生医疗事故的医疗机构和医务人员的行政处理情况上报的；

（五）未依照本条例规定审核医疗事故技术鉴定书的。

第五十五条　【医疗事故主体的法律责任】医疗机构发生医疗事故的，由卫生行政部门根据医疗事故等级和情节，给予警告；情节严重的，责令限期停业整顿直至由原发证部门吊销执业许可证，对负有责任的医务人员依照刑法关于医疗事故罪的规定，依法追究刑事责任；尚不够刑事处罚的，依法给予行政处分或者纪律处分。

对发生医疗事故的有关医务人员，除依照前款处罚外，卫生行政部门并可以责令暂停6个月以上1年以下执业活动；情节严重的，吊销其执业证书。

第五十六条　【违反医疗事故预防和处理规范的情形】医疗机构违反本条例的规定，有下列情形之一的，由卫生行政部门责令改正；情节严重的，对负有责任的主管人员和其他直接责任人员依法给予行政处分或者纪律处分：

（一）未如实告知患者病情、医疗措施和医疗风险的；

（二）没有正当理由，拒绝为患者提供复印或者复制病历资料服务的；

（三）未按照国务院卫生行政部门规定的要求书写和妥善保管病历资料的；

（四）未在规定时间内补记抢救工作病历内容的；

（五）未按照本条例的规定封存、保管和启封病历资料和实物的；

（六）未设置医疗服务质量监控部门或者配备专（兼）职人员的；

（七）未制定有关医疗事故防范和处理预案的；

（八）未在规定时间内向卫生行政部门报告重大医疗过失行为的；

（九）未按照本条例的规定向卫生行政部门报告医疗事故的；

（十）未按照规定进行尸检和保存、处理尸体的。

第五十七条 【出具虚假医疗事故技术鉴定书】参加医疗事故技术鉴定工作的人员违反本条例的规定，接受申请鉴定双方或者一方当事人的财物或者其他利益，出具虚假医疗事故技术鉴定书，造成严重后果的，依照刑法关于受贿罪的规定，依法追究刑事责任；尚不够刑事处罚的，由原发证部门吊销其执业证书或者资格证书。

第五十八条 【拒绝尸检与涂改、伪造、隐匿、销毁病历资料】医疗机构或者其他有关机构违反本条例的规定，有下列情形之一的，由卫生行政部门责令改正，给予警告；对负有责任的主管人员和其他直接责任人员依法给予行政处分或者纪律处分；情节严重的，由原发证部门吊销其执业证书或者资格证书：

（一）承担尸检任务的机构没有正当理由，拒绝进行尸检的；

（二）涂改、伪造、隐匿、销毁病历资料的。

> **参见** 《医疗机构病历管理规定（2013年版）》

第五十九条 【扰乱医疗秩序和医疗事故鉴定工作】以医疗事故为由，寻衅滋事、抢夺病历资料，扰乱医疗机构正常医疗秩序和医疗事故技术鉴定工作，依照刑法关于扰乱社会秩序罪的规定，依法追究刑事责任；尚不够刑事处罚的，依法给予治安管理处罚。

第七章　附　　则

第六十条 【医疗机构的范围与事故处理部门职能分工】本条例所称医疗机构，是指依照《医疗机构管理条例》的规定取得《医疗机构执业许可证》的机构。

县级以上城市从事计划生育技术服务的机构依照《计划生育技术服务管理条例》的规定开展与计划生育有关的临床医疗服务，发生的计划生育技术服务事故，依照本条例的有关规定处理；但是，其中不属于医疗机构的县级以上城市从事计划生育技术服务的机构发生的计划生育技术服务事故，由计划生育行政部门行使依照本条例有关规定由卫生行政部门承担的受理、交由负责医疗事故技术鉴定工作的医学会组织鉴定和赔偿调解的职能；对发生计划生育技术服务事故的该机构及其有关责任人员，依法进行处理。

第六十一条 【非法行医的定性及法律责任】非法行医，造成患者人身损害，不属于医疗事故，触犯刑律的，依法追究刑事责任；有关赔偿，由受害人直接向人民法院提起诉讼。

第六十二条 【军队医疗机构】军队医疗机构的医疗事故处理办法，由中国人民解放军卫生主管部门会同国务院卫生行政部门依据本条例制定。

第六十三条 【生效日期及废止条款】本条例自2002年9月1日起施行。1987年6月29日国务院发布的《医疗事故处理办法》同时废止。本条例施行前已经处理结案的医疗事故争议，不再重新处理。

医疗事故技术鉴定暂行办法

（2002年7月31日卫生部令第30号公布 自2002年9月1日起施行）

第一章 总 则

第一条 为规范医疗事故技术鉴定工作，确保医疗事故技术鉴定工作有序进行，依据《医疗事故处理条例》的有关规定制定本办法。

第二条 医疗事故技术鉴定工作应当按照程序进行，坚持实事求是的科学态度，做到事实清楚、定性准确、责任明确。

第三条 医疗事故技术鉴定分为首次鉴定和再次鉴定。

设区的市级和省、自治区、直辖市直接管辖的县（市）级地方医学会负责组织专家鉴定组进行首次医疗事故技术鉴定工作。

省、自治区、直辖市地方医学会负责组织医疗事故争议的再次鉴定工作。

负责组织医疗事故技术鉴定工作的医学会（以下简称医学会）

可以设立医疗事故技术鉴定工作办公室，具体负责有关医疗事故技术鉴定的组织和日常工作。

第四条 医学会组织专家鉴定组，依照医疗卫生管理法律、行政法规、部门规章和诊疗护理技术操作规范、常规，运用医学科学原理和专业知识，独立进行医疗事故技术鉴定。

第二章 专家库的建立

第五条 医学会应当建立专家库。专家库应当依据学科专业组名录设置学科专业组。

医学会可以根据本地区医疗工作和医疗事故技术鉴定实际，对本专家库学科专业组设立予以适当增减和调整。

第六条 具备下列条件的医疗卫生专业技术人员可以成为专家库候选人：

（一）有良好的业务素质和执业品德；

（二）受聘于医疗卫生机构或者医学教学、科研机构并担任相应专业高级技术职务3年以上；

（三）健康状况能够胜任医疗事故技术鉴定工作。

符合前款（一）、（三）项规定条件并具备高级技术职务任职资格的法医可以受聘进入专家库。

负责首次医疗事故技术鉴定工作的医学会原则上聘请本行政区域内的专家建立专家库；当本行政区域内的专家不能满足建立专家库需要时，可以聘请本省、自治区、直辖市范围内的专家进入本专家库。

负责再次医疗事故技术鉴定工作的医学会原则上聘请本省、自治区、直辖市范围内的专家建立专家库；当本省、自治区、直辖市范围内的专家不能满足建立专家库需要时，可以聘请其他省、自治区、直辖市的专家进入本专家库。

第七条 医疗卫生机构或医学教学、科研机构、同级的医药卫生专业学会应当按照医学会要求，推荐专家库成员候选人；符合条件的个人经所在单位同意后也可以直接向组建专家库的医学会申请。

医学会对专家库成员候选人进行审核。审核合格的，予以聘任，并发给中华医学会统一格式的聘书。

符合条件的医疗卫生专业技术人员和法医，有义务受聘进入专家库。

第八条 专家库成员聘用期为4年。在聘用期间出现下列情形之一的，应当由专家库成员所在单位及时报告医学会，医学会应根据实际情况及时进行调整：

（一）因健康原因不能胜任医疗事故技术鉴定的；

（二）变更受聘单位或被解聘的；

（三）不具备完全民事行为能力的；

（四）受刑事处罚的；

（五）省级以上卫生行政部门规定的其他情形。

聘用期满需继续聘用的，由医学会重新审核、聘用。

第三章 鉴定的提起

第九条 双方当事人协商解决医疗事故争议，需进行医疗事故技术鉴定的，应共同书面委托医疗机构所在地负责首次医疗事故技术鉴定工作的医学会进行医疗事故技术鉴定。

第十条 县级以上地方人民政府卫生行政部门接到医疗机构关于重大医疗过失行为的报告或者医疗事故争议当事人要求处理医疗事故争议的申请后，对需要进行医疗事故技术鉴定的，应当书面移交负责首次医疗事故技术鉴定工作的医学会组织鉴定。

第十一条 协商解决医疗事故争议涉及多个医疗机构的，应当由涉及的所有医疗机构与患者共同委托其中任何一所医疗机构所在地负责组织首次医疗事故技术鉴定工作的医学会进行医疗事故技术鉴定。

医疗事故争议涉及多个医疗机构，当事人申请卫生行政部门处理的，只可以向其中一所医疗机构所在地卫生行政部门提出处理申请。

第四章 鉴定的受理

第十二条 医学会应当自受理医疗事故技术鉴定之日起5日内，通知医疗事故争议双方当事人按照《医疗事故处理条例》第二十八条规定提交医疗事故技术鉴定所需的材料。

当事人应当自收到医学会的通知之日起10日内提交有关医疗事故技术鉴定的材料、书面陈述及答辩。

对不符合受理条件的，医学会不予受理。不予受理的，医学会应说明理由。

第十三条 有下列情形之一的，医学会不予受理医疗事故技术鉴定：

（一）当事人一方直接向医学会提出鉴定申请的；

（二）医疗事故争议涉及多个医疗机构，其中一所医疗机构所在地的医学会已经受理的；

（三）医疗事故争议已经人民法院调解达成协议或判决的；

（四）当事人已向人民法院提起民事诉讼的（司法机关委托的除外）；

（五）非法行医造成患者身体健康损害的；

（六）卫生部规定的其他情形。

第十四条 委托医学会进行医疗事故技术鉴定，应当按规定缴纳鉴定费。

第十五条 双方当事人共同委托医疗事故技术鉴定的，由双方当事人协商预先缴纳鉴定费。

卫生行政部门移交进行医疗事故技术鉴定的，由提出医疗事故争议处理的当事人预先缴纳鉴定费。经鉴定属于医疗事故的，鉴定费由医疗机构支付；经鉴定不属于医疗事故的，鉴定费由提出医疗事故争议处理申请的当事人支付。

县级以上地方人民政府卫生行政部门接到医疗机构关于重大医疗过失行为的报告后，对需要移交医学会进行医疗事故技术鉴定的，鉴定费由医疗机构支付。

第十六条 有下列情形之一的，医学会中止组织医疗事故技术鉴定：

（一）当事人未按规定提交有关医疗事故技术鉴定材料的；

（二）提供的材料不真实的；

（三）拒绝缴纳鉴定费的；

（四）卫生部规定的其他情形。

第五章 专家鉴定组的组成

第十七条 医学会应当根据医疗事故争议所涉及的学科专业，确定专家鉴定组的构成和人数。

专家鉴定组组成人数应为3人以上单数。

医疗事故争议涉及多学科专业的，其中主要学科专业的专家不得少于专家鉴定组成员的1/2。

第十八条 医学会应当提前通知双方当事人，在指定时间、指定地点，从专家库相关学科专业组中随机抽取专家鉴定组成员。

第十九条 医学会主持双方当事人抽取专家鉴定组成员前，应当将专家库相关学科专业组中专家姓名、专业、技术职务、工作单位告知双方当事人。

第二十条 当事人要求专家库成员回避的，应当说明理由。符合下列情形之一的，医学会应当将回避的专家名单撤出，并经当事人签字确认后记录在案：

（一）医疗事故争议当事人或者当事人的近亲属的；

（二）与医疗事故争议有利害关系的；

（三）与医疗事故争议当事人有其他关系，可能影响公正鉴定的。

第二十一条 医学会对当事人准备抽取的专家进行随机编号，并主持双方当事人随机抽取相同数量的专家编号，最后一个专家由医学会随机抽取。

双方当事人还应当按照上款规定的方法各自随机抽取一个专家作为候补。

涉及死因、伤残等级鉴定的，应当按照前款规定由双方当事人各自随机抽取一名法医参加鉴定组。

第二十二条 随机抽取结束后，医学会当场向双方当事人公布所抽取的专家鉴定组成员和候补成员的编号并记录在案。

第二十三条 现有专家库成员不能满足鉴定工作需要时，医学会应当向双方当事人说明，并经双方当事人同意，可以从本省、自治区、直辖市其他医学会专家库中抽取相关学科专业组的专家参加专家鉴定组；本省、自治区、直辖市医学会专家库成员不能满足鉴定工作需要时，可以从其他省、自治区、直辖市医学会专家库中抽取相关学科专业组的专家参加专家鉴定组。

第二十四条 从其他医学会建立的专家库中抽取的专家无法到场参加医疗事故技术鉴定，可以以函件的方式提出鉴定意见。

第二十五条 专家鉴定组成员确定后，在双方当事人共同在场的情况下，由医学会对封存的病历资料启封。

第二十六条 专家鉴定组应当认真审查双方当事人提交的材料，妥善保管鉴定材料，保护患者的隐私，保守有关秘密。

第六章　医疗事故技术鉴定

第二十七条 医学会应当自接到双方当事人提交的有关医疗事故技术鉴定的材料、书面陈述及答辩之日起45日内组织鉴定并出具医疗事故技术鉴定书。

第二十八条 医学会可以向双方当事人和其他相关组织、个人进行调查取证，进行调查取证时不得少于2人。调查取证结束后，调查人员和调查对象应当在有关文书上签字。如调查对象拒绝签字的，应当记录在案。

第二十九条 医学会应当在医疗事故技术鉴定7日前，将鉴定的时间、地点、要求等书面通知双方当事人。双方当事人应当按照通知的时间、地点、要求参加鉴定。

参加医疗事故技术鉴定的双方当事人每一方人数不超过3人。

任何一方当事人无故缺席、自行退席或拒绝参加鉴定的，不影响鉴定的进行。

第三十条 医学会应当在医疗事故技术鉴定7日前书面通知专家鉴定组成员。专家鉴定组成员接到医学会通知后认为自己应当回避的，应当于接到通知时及时提出书面回避申请，并说明理由；因其他原因无法参加医疗事故技术鉴定的，应当于接到通知时及时书面告知医学会。

第三十一条 专家鉴定组成员因回避或因其他原因无法参加医疗事故技术鉴定时，医学会应当通知相关学科专业组候补成员参加医疗事故技术鉴定。

专家鉴定组成员因不可抗力因素未能及时告知医学会不能参加鉴定或虽告知但医学会无法按规定组成专家鉴定组的，医疗事故技术鉴定可以延期进行。

第三十二条 专家鉴定组组长由专家鉴定组成员推选产生，也可以由医疗事故争议所涉及的主要学科专家中具有最高专业技术职务任职资格的专家担任。

第三十三条 鉴定由专家鉴定组组长主持，并按照以下程序进行：

（一）双方当事人在规定的时间内分别陈述意见和理由。陈述顺序先患方，后医疗机构；

（二）专家鉴定组成员根据需要可以提问，当事人应当如实回答。必要时，可以对患者进行现场医学检查；

（三）双方当事人退场；

（四）专家鉴定组对双方当事人提供的书面材料、陈述及答辩等进行讨论；

（五）经合议，根据半数以上专家鉴定组成员的一致意见形成鉴定结论。专家鉴定组成员在鉴定结论上签名。专家鉴定组成员对鉴定结论的不同意见，应当予以注明。

第三十四条 医疗事故技术鉴定书应当根据鉴定结论作出，其文稿由专家鉴定组组长签发。

医疗事故技术鉴定书盖医学会医疗事故技术鉴定专用印章。

医学会应当及时将医疗事故技术鉴定书送达移交鉴定的卫生行政部门,经卫生行政部门审核,对符合规定作出的医疗事故技术鉴定结论,应当及时送达双方当事人;由双方当事人共同委托的,直接送达双方当事人。

第三十五条 医疗事故技术鉴定书应当包括下列主要内容:

(一)双方当事人的基本情况及要求;

(二)当事人提交的材料和医学会的调查材料;

(三)对鉴定过程的说明;

(四)医疗行为是否违反医疗卫生管理法律、行政法规、部门规章和诊疗护理规范、常规;

(五)医疗过失行为与人身损害后果之间是否存在因果关系;

(六)医疗过失行为在医疗事故损害后果中的责任程度;

(七)医疗事故等级;

(八)对医疗事故患者的医疗护理医学建议。

经鉴定为医疗事故的,鉴定结论应当包括上款(四)至(八)项内容;经鉴定不属于医疗事故的,应当在鉴定结论中说明理由。

医疗事故技术鉴定书格式由中华医学会统一制定。

第三十六条 专家鉴定组应当综合分析医疗过失行为在导致医疗事故损害后果中的作用、患者原有疾病状况等因素,判定医疗过失行为的责任程度。医疗事故中医疗过失行为责任程度分为:

(一)完全责任,指医疗事故损害后果完全由医疗过失行为造成。

(二)主要责任,指医疗事故损害后果主要由医疗过失行为造成,其他因素起次要作用。

(三)次要责任,指医疗事故损害后果主要由其他因素造成,医疗过失行为起次要作用。

(四)轻微责任,指医疗事故损害后果绝大部分由其他因素造成,医疗过失行为起轻微作用。

第三十七条 医学会参加医疗事故技术鉴定会的工作人员,应如实记录鉴定会过程和专家的意见。

第三十八条 因当事人拒绝配合，无法进行医疗事故技术鉴定的，应当终止本次鉴定，由医学会告知移交鉴定的卫生行政部门或共同委托鉴定的双方当事人，说明不能鉴定的原因。

第三十九条 医学会对经卫生行政部门审核认为参加鉴定的人员资格和专业类别或者鉴定程序不符合规定，需要重新鉴定的，应当重新组织鉴定。重新鉴定时不得收取鉴定费。

如参加鉴定的人员资格和专业类别不符合规定的，应当重新抽取专家，组成专家鉴定组进行重新鉴定。

如鉴定的程序不符合规定而参加鉴定的人员资格和专业类别符合规定的，可以由原专家鉴定组进行重新鉴定。

第四十条 任何一方当事人对首次医疗事故技术鉴定结论不服的，可以自收到首次医疗事故技术鉴定书之日起15日内，向原受理医疗事故争议处理申请的卫生行政部门提出再次鉴定的申请，或由双方当事人共同委托省、自治区、直辖市医学会组织再次鉴定。

第四十一条 县级以上地方人民政府卫生行政部门对发生医疗事故的医疗机构和医务人员进行行政处理时，应当以最后的医疗事故技术鉴定结论作为处理依据。

第四十二条 当事人对鉴定结论无异议，负责组织医疗事故技术鉴定的医学会应当及时将收到的鉴定材料中的病历资料原件等退还当事人，并保留有关复印件。

当事人提出再次鉴定申请的，负责组织首次医疗事故技术鉴定的医学会应当及时将收到的鉴定材料移送负责组织再次医疗事故技术鉴定的医学会。

第四十三条 医学会应当将专家鉴定组成员签名的鉴定结论、由专家鉴定组组长签发的医疗事故技术鉴定书文稿和复印或者复制的有关病历资料等存档，保存期限不得少于20年。

第四十四条 在受理医患双方共同委托医疗事故技术鉴定后至专家鉴定组作出鉴定结论前，双方当事人或者一方当事人提出停止鉴定的，医疗事故技术鉴定终止。

第四十五条 医学会应当于每年3月31日前将上一年度医疗事故技术鉴定情况报同级卫生行政部门。

第七章 附 则

第四十六条 必要时，对疑难、复杂并在全国有重大影响的医疗事故争议，省级卫生行政部门可以商请中华医学会组织医疗事故技术鉴定。

第四十七条 本办法由卫生部负责解释。

第四十八条 本办法自2002年9月1日起施行。

最高人民法院关于审理医疗损害责任纠纷案件适用法律若干问题的解释

(2017年3月27日最高人民法院审判委员会第1713次会议通过 根据2020年12月23日《最高人民法院关于修改〈最高人民法院关于在民事审判工作中适用《中华人民共和国工会法》若干问题的解释〉等二十七件民事类司法解释的决定》修正 2020年12月29日最高人民法院公告公布 自2021年1月1日起施行 法释2020〔17〕号)

为正确审理医疗损害责任纠纷案件，依法维护当事人的合法权益，推动构建和谐医患关系，促进卫生健康事业发展，根据《中华人民共和国民法典》《中华人民共和国民事诉讼法》等法律规定，结合审判实践，制定本解释。

第一条 患者以在诊疗活动中受到人身或者财产损害为由请求医疗机构，医疗产品的生产者、销售者、药品上市许可持有人或者血液提供机构承担侵权责任的案件，适用本解释。

患者以在美容医疗机构或者开设医疗美容科室的医疗机构实施的医疗美容活动中受到人身或者财产损害为由提起的侵权纠纷案件，适用本解释。

当事人提起的医疗服务合同纠纷案件，不适用本解释。

第二条 患者因同一伤病在多个医疗机构接受诊疗受到损害，起诉部分或者全部就诊的医疗机构的，应予受理。

患者起诉部分就诊的医疗机构后，当事人依法申请追加其他就诊的医疗机构为共同被告或者第三人的，应予准许。必要时，人民法院可以依法追加相关当事人参加诉讼。

第三条 患者因缺陷医疗产品受到损害，起诉部分或者全部医疗产品的生产者、销售者、药品上市许可持有人和医疗机构的，应予受理。

患者仅起诉医疗产品的生产者、销售者、药品上市许可持有人、医疗机构中部分主体，当事人依法申请追加其他主体为共同被告或者第三人的，应予准许。必要时，人民法院可以依法追加相关当事人参加诉讼。

患者因输入不合格的血液受到损害提起侵权诉讼的，参照适用前两款规定。

第四条 患者依据民法典第一千二百一十八条规定主张医疗机构承担赔偿责任的，应当提交到该医疗机构就诊、受到损害的证据。

患者无法提交医疗机构或者其医务人员有过错、诊疗行为与损害之间具有因果关系的证据，依法提出医疗损害鉴定申请的，人民法院应予准许。

医疗机构主张不承担责任的，应当就民法典第一千二百二十四条第一款规定情形等抗辩事由承担举证证明责任。

第五条 患者依据民法典第一千二百一十九条规定主张医疗机构承担赔偿责任的，应当按照前条第一款规定提交证据。

实施手术、特殊检查、特殊治疗的，医疗机构应当承担说明义务并取得患者或者患者近亲属明确同意，但属于民法典第一千二百二十条规定情形的除外。医疗机构提交患者或者患者近亲属明确同意证据的,人民法院可以认定医疗机构尽到说明义务,但患者有相反证据足以反驳的除外。

第六条 民法典第一千二百二十二条规定的病历资料包括医疗机构保管的门诊病历、住院志、体温单、医嘱单、检验报告、医学影像检查资料、特殊检查(治疗)同意书、手术同意书、手术及麻醉记录、病理资料、护理记录、出院记录以及国务院卫生行政主管部门规定的其他病历资料。

患者依法向人民法院申请医疗机构提交由其保管的与纠纷有关的病历资料等,医疗机构未在人民法院指定期限内提交的,人民法院可以依照民法典第一千二百二十二条第二项规定推定医疗机构有过错,但是因不可抗力等客观原因无法提交的除外。

第七条 患者依据民法典第一千二百二十三条规定请求赔偿的,应当提交使用医疗产品或者输入血液、受到损害的证据。

患者无法提交使用医疗产品或者输入血液与损害之间具有因果关系的证据,依法申请鉴定的,人民法院应予准许。

医疗机构,医疗产品的生产者、销售者、药品上市许可持有人或者血液提供机构主张不承担责任的,应当对医疗产品不存在缺陷或者血液合格等抗辩事由承担举证证明责任。

第八条 当事人依法申请对医疗损害责任纠纷中的专门性问题进行鉴定的,人民法院应予准许。

当事人未申请鉴定,人民法院对前款规定的专门性问题认为需要鉴定的,应当依职权委托鉴定。

第九条 当事人申请医疗损害鉴定的,由双方当事人协商确定鉴定人。

当事人就鉴定人无法达成一致意见,人民法院提出确定鉴定人的方法,当事人同意的,按照该方法确定;当事人不同意的,由人民法院指定。

鉴定人应当从具备相应鉴定能力、符合鉴定要求的专家中确定。

第十条 委托医疗损害鉴定的,当事人应当按照要求提交真实、完整、充分的鉴定材料。提交的鉴定材料不符合要求的，人民法院应当通知当事人更换或者补充相应材料。

在委托鉴定前，人民法院应当组织当事人对鉴定材料进行质证。

第十一条 委托鉴定书，应当有明确的鉴定事项和鉴定要求。鉴定人应当按照委托鉴定的事项和要求进行鉴定。

下列专门性问题可以作为申请医疗损害鉴定的事项：

（一）实施诊疗行为有无过错；

（二）诊疗行为与损害后果之间是否存在因果关系以及原因力大小；

（三）医疗机构是否尽到了说明义务、取得患者或者患者近亲属明确同意的义务；

（四）医疗产品是否有缺陷、该缺陷与损害后果之间是否存在因果关系以及原因力的大小；

（五）患者损伤残疾程度；

（六）患者的护理期、休息期、营养期；

（七）其他专门性问题。

鉴定要求包括鉴定人的资质、鉴定人的组成、鉴定程序、鉴定意见、鉴定期限等。

第十二条 鉴定意见可以按照导致患者损害的全部原因、主要原因、同等原因、次要原因、轻微原因或者与患者损害无因果关系，表述诊疗行为或者医疗产品等造成患者损害的原因力大小。

第十三条 鉴定意见应当经当事人质证。

当事人申请鉴定人出庭作证，经人民法院审查同意，或者人民法院认为鉴定人有必要出庭的，应当通知鉴定人出庭作证。双方当事人同意鉴定人通过书面说明、视听传输技术或者视听资料等方式作证的，可以准许。

鉴定人因健康原因、自然灾害等不可抗力或者其他正当理由不能按期出庭的，可以延期开庭；经人民法院许可，也可以通过书面说明、视听传输技术或者视听资料等方式作证。

无前款规定理由，鉴定人拒绝出庭作证，当事人对鉴定意见又不认可的，对该鉴定意见不予采信。

第十四条 当事人申请通知一至二名具有医学专门知识的人出庭，对鉴定意见或者案件的其他专门性事实问题提出意见，人民法院准许的，应当通知具有医学专门知识的人出庭。

前款规定的具有医学专门知识的人提出的意见，视为当事人的陈述，经质证可以作为认定案件事实的根据。

第十五条 当事人自行委托鉴定人作出的医疗损害鉴定意见，其他当事人认可的，可予采信。

当事人共同委托鉴定人作出的医疗损害鉴定意见，一方当事人不认可的，应当提出明确的异议内容和理由。经审查，有证据足以证明异议成立的，对鉴定意见不予采信；异议不成立的，应予采信。

第十六条 对医疗机构或者其医务人员的过错，应当依据法律、行政法规、规章以及其他有关诊疗规范进行认定，可以综合考虑患者病情的紧急程度、患者个体差异、当地的医疗水平、医疗机构与医务人员资质等因素。

第十七条 医务人员违反民法典第一千二百一十九条第一款规定义务，但未造成患者人身损害，患者请求医疗机构承担损害赔偿责任的，不予支持。

第十八条 因抢救生命垂危的患者等紧急情况且不能取得患者意见时，下列情形可以认定为民法典第一千二百二十条规定的不能取得患者近亲属意见：

（一）近亲属不明的；

（二）不能及时联系到近亲属的；

（三）近亲属拒绝发表意见的；

（四）近亲属达不成一致意见的；

（五）法律、法规规定的其他情形。

前款情形，医务人员经医疗机构负责人或者授权的负责人批准立即实施相应医疗措施，患者因此请求医疗机构承担赔偿责任的，不予支持；医疗机构及其医务人员怠于实施相应医疗措施造成损害，患者请求医疗机构承担赔偿责任的，应予支持。

第十九条　两个以上医疗机构的诊疗行为造成患者同一损害，患者请求医疗机构承担赔偿责任的，应当区分不同情况，依照民法典第一千一百六十八条、第一千一百七十一条或者第一千一百七十二条的规定，确定各医疗机构承担的赔偿责任。

第二十条　医疗机构邀请本单位以外的医务人员对患者进行诊疗，因受邀医务人员的过错造成患者损害的，由邀请医疗机构承担赔偿责任。

第二十一条　因医疗产品的缺陷或者输入不合格血液受到损害，患者请求医疗机构、缺陷医疗产品的生产者、销售者、药品上市许可持有人或者血液提供机构承担赔偿责任的，应予支持。

医疗机构承担赔偿责任后，向缺陷医疗产品的生产者、销售者、药品上市许可持有人或者血液提供机构追偿的，应予支持。

因医疗机构的过错使医疗产品存在缺陷或者血液不合格，医疗产品的生产者、销售者、药品上市许可持有人或者血液提供机构承担赔偿责任后，向医疗机构追偿的，应予支持。

第二十二条　缺陷医疗产品与医疗机构的过错诊疗行为共同造成患者同一损害，患者请求医疗机构与医疗产品的生产者、销售者、药品上市许可持有人承担连带责任的，应予支持。

医疗机构或者医疗产品的生产者、销售者、药品上市许可持有人承担赔偿责任后，向其他责任主体追偿的，应当根据诊疗行为与缺陷医疗产品造成患者损害的原因力大小确定相应的数额。

输入不合格血液与医疗机构的过错诊疗行为共同造成患者同一损害的，参照适用前两款规定。

第二十三条　医疗产品的生产者、销售者、药品上市许可持有人明知医疗产品存在缺陷仍然生产、销售，造成患者死亡或者健康严重损害，被侵权人请求生产者、销售者、药品上市许可持有人赔偿损失及二倍以下惩罚性赔偿的，人民法院应予支持。

第二十四条　被侵权人同时起诉两个以上医疗机构承担赔偿责任，人民法院经审理，受诉法院所在地的医疗机构依法不承担赔偿责任，其他医疗机构承担赔偿责任的，残疾赔偿金、死亡赔偿金的计算，按下列情形分别处理：

（一）一个医疗机构承担责任的，按照该医疗机构所在地的赔偿标准执行；

（二）两个以上医疗机构均承担责任的，可以按照其中赔偿标准较高的医疗机构所在地标准执行。

第二十五条　患者死亡后，其近亲属请求医疗损害赔偿的，适用本解释；支付患者医疗费、丧葬费等合理费用的人请求赔偿该费用的，适用本解释。

本解释所称的"医疗产品"包括药品、消毒产品、医疗器械等。

第二十六条　本院以前发布的司法解释与本解释不一致的，以本解释为准。

本解释施行后尚未终审的案件，适用本解释；本解释施行前已经终审，当事人申请再审或者按照审判监督程序决定再审的案件，不适用本解释。

精神损害鉴定与赔偿

精神疾病司法鉴定暂行规定

(1989年7月11日 卫医字〔1989〕第17号)

第一章 总 则

第一条 根据《中华人民共和国刑法》、《中华人民共和国刑事诉讼法》、《中华人民共和国民法通则》、《中华人民共和国民事诉讼法（试行）》、《中华人民共和国治安管理处罚条例》及其他有关法规，为司法机关依法正确处理案件，保护精神疾病患者的合法权益，特制定本规定。

第二条 精神病的司法鉴定，根据案件事实和被鉴定人的精神状态，作出鉴定结论，为委托鉴定机关提供有关法定能力的科学证据。

第二章 司法鉴定机构

第三条 为开展精神疾病的司法鉴定工作，各省、自治区、直辖市、地区、地级市，应当成立精神疾病司法鉴定委员会，负责审查、批准鉴定人，组织技术鉴定组，协调、开展鉴定工作。

第四条 鉴定委员会由人民法院、人民检察院和公安、司法、卫生机关的有关负责干部和专家若干人组成，人选由上述机关协商确定。

第五条 鉴定委员会根据需要，可以设置若干个技术鉴定组，承担具体鉴定工作，其成员由鉴定委员会聘请、指派。技术鉴定组不得少于二名成员参加鉴定。

第六条 对疑难案件，在省、自治区、直辖市内难以鉴定的，可以由委托鉴定机关重新委托其他省、自治区、直辖市鉴定委员会进行鉴定。

第三章 鉴定内容

第七条 对可能患有精神疾病的下列人员应当进行鉴定：

（一）刑事案件的被告人、被害人；

（二）民事案件的当事人；

（三）行政案件的原告人（自然人）；

（四）违反治安管理应当受拘留处罚的人员；

（五）劳动改造的罪犯；

（六）劳动教养人员；[①]

（七）收容审查人员；

（八）与案件有关需要鉴定的其他人员。

第八条 鉴定委员会根据情况可以接受被鉴定人补充鉴定、重新鉴定、复核鉴定的要求。

第九条 刑事案件中，精神疾病司法鉴定包括：

（一）确定被鉴定人是否患有精神疾病，患何种精神疾病，实施危害行为时的精神状态，精神疾病和所实施危害行为之间的关系，以及有无刑事责任能力。

（二）确定被鉴定人在诉讼过程中的精神状态以及有无诉讼能力。

（三）确定被鉴定人在服刑期间的精神状态以及对应当采取的法律措施的建议。

第十条 民事案件中精神疾病司法鉴定任务如下：

（一）确定被鉴定人是否患有精神疾病，患何种精神疾病，在进行民事活动时的精神状态，精神疾病对其意思表达能力的影响，以

[①] 根据2013年12月28日公布施行的《全国人民代表大会常务委员会关于废止有关劳动教养法律规定的决定》，废止劳动教养制度，在劳动教养制度废止前，依法作出的劳动教养决定有效；劳动教养制度废止后，对正在被依法执行劳动教养的人员，解除劳动教养，剩余期限不再执行。

及有无民事行为能力。

（二）确定被鉴定人在调解或审理阶段期间的精神状态，以及有无诉讼能力。

第十一条 确定各类案件的被害人等，在其人身、财产等合法权益遭受侵害时的精神状态，以及对侵犯行为有无辨认能力或者自我防卫、保护能力。

第十二条 确定案件中有关证人的精神状态，以及有无作证能力。

第四章 鉴定人

第十三条 具有下列资格之一的，可以担任鉴定人：

（一）具有五年以上精神科临床经验并具有司法精神病学知识的主治医师以上人员。

（二）具有司法精神病学知识、经验和工作能力的主检法医师以上人员。

第十四条 鉴定人权利

（一）被鉴定人案件材料不充分时，可以要求委托鉴定机关提供所需要的案件材料。

（二）鉴定人有权通过委托鉴定机关，向被鉴定人的工作单位和亲属以及有关证人了解情况。

（三）鉴定人根据需要有权要求委托鉴定机关将被鉴定人移送至收治精神病人的医院住院检查和鉴定。

（四）鉴定机构可以向委托鉴定机关了解鉴定后的处理情况。

第十五条 鉴定人义务

（一）进行鉴定时，应当履行职责，正确、及时地作出结论。

（二）解答委托鉴定机关提出的与鉴定结论有关的问题。

（三）保守案件秘密。

（四）遵守有关回避的法律规定。

第十六条 鉴定人在鉴定过程中徇私舞弊、故意作虚假鉴定的，应当追究法律责任。

第五章　委托鉴定和鉴定书

第十七条　司法机关委托鉴定时，需有《委托鉴定书》，说明鉴定的要求和目的，并应当提供下列材料：

（一）被鉴定人及其家庭情况；
（二）案件的有关材料；
（三）工作单位提供的有关材料；
（四）知情人对鉴定人精神状态的有关证言；
（五）医疗记录和其他有关检查结果。

第十八条　鉴定结束后，应当制作《鉴定书》。
《鉴定书》包括以下内容：
（一）委托鉴定机关的名称；
（二）案由、案号，鉴定书号；
（三）鉴定的目的和要求；
（四）鉴定的日期、场所、在场人；
（五）案情摘要；
（六）被鉴定人的一般情况；
（七）被鉴定人发案时和发案前后各阶段的精神状态；
（八）被鉴定精神状态检查和其他检查所见；
（九）分析说明；
（十）鉴定结论；
（十一）鉴定人员签名，并加盖鉴定专用章；
（十二）有关医疗或监护的建议。

第六章　责任能力和行为能力的评定

第十九条　刑事案件被鉴定人责任能力的评定：
被鉴定人实施危害行为时，经鉴定患有精神疾病，由于严重的精神活动障碍，致使不能辨认或者不能控制自己行为的，为无刑事责任能力。

被鉴定人实施危害行为时，经鉴定属于下列情况之一的，为具有责任能力：

1. 具有精神疾病的既往史，但实施危害行为时并无精神异常；
2. 精神疾病的间歇期，精神症状已经完全消失。

第二十条 民事案件被鉴定人行为能力的评定：

（一）被鉴定人在进行民事活动时，经鉴定患有精神疾病，由于严重的精神活动障碍致使不能辨认或者不能保护自己合法权益的，为无民事行为能力。

（二）被鉴定人在进行民事活动时，经鉴定患有精神疾病，由于精神活动障碍，致使不能完全辨认、不能控制或者不能完全保护自己合法权益的，为限制民事行为能力。

（三）被鉴定人在进行民事活动时，经鉴定属于下列情况之一的，为具有民事行为能力：

1. 具有精神疾病既往史，但在民事活动时并无精神异常；
2. 精神疾病的间歇期，精神症状已经消失；
3. 虽患有精神疾病，但其病理性精神活动具有明显局限性，并对他所进行的民事活动具有辨认能力和能保护自己合法权益的；
4. 智能低下，但对自己的合法权益仍具有辨认能力和保护能力的。

第二十一条 诉讼过程中有关法定能力的评定：

（一）被鉴定人为刑事案件的被告人，在诉讼过程中，经鉴定患有精神疾病，致使不能行使诉讼权利的，为无诉讼能力。

（二）被鉴定人为民事案件的当事人或者是刑事案件的自诉人，在诉讼过程中经鉴定患有精神疾病，致使不能行使诉讼权利的，为无诉讼能力。

（三）控告人、检举人、证人等提供不符合事实的证言，经鉴定患有精神疾病，致使缺乏对客观事实的理解力或判断力的，为无作证能力。

第二十二条 其他有关法定能力的评定：

（一）被鉴定人是女性，经鉴定患有精神病，在她的性不可侵犯权遭到侵害时，对自身所受的侵害或严重后果缺乏实质性理解能力的，为无自我防卫能力。

（二）被鉴定人在服刑、劳动教养或者被裁决受治安处罚中，经鉴定患有精神疾病，由于严重的精神活动障碍，致使其无辨认能力或控制能力，为无服刑、受劳动教养能力或者无受处罚能力。

第七章 附 则

第二十三条 本规定自1989年8月1日起施行。

最高人民法院关于确定民事侵权精神损害赔偿责任若干问题的解释

（2001年2月26日最高人民法院审判委员会第1161次会议通过 根据2020年12月23日《最高人民法院关于修改〈最高人民法院关于在民事审判工作中适用《中华人民共和国工会法》若干问题的解释〉等二十七件民事类司法解释的决定》修正 2020年12月29日最高人民法院公告公布 自2021年1月1日起施行 法释2020〔17〕号）

为在审理民事侵权案件中正确确定精神损害赔偿责任，根据《中华人民共和国民法典》等有关法律规定，结合审判实践，制定本解释。

第一条 因人身权益或者具有人身意义的特定物受到侵害，自然人或者其近亲属向人民法院提起诉讼请求精神损害赔偿的，人民法院应当依法予以受理。

第二条 非法使被监护人脱离监护，导致亲子关系或者近亲属间的亲属关系遭受严重损害，监护人向人民法院起诉请求赔偿精神损害的，人民法院应当依法予以受理。

第三条 死者的姓名、肖像、名誉、荣誉、隐私、遗体、遗骨等受到侵害，其近亲属向人民法院提起诉讼请求精神损害赔偿的，人民法院应当依法予以支持。

第四条 法人或者非法人组织以名誉权、荣誉权、名称权遭受侵害为由，向人民法院起诉请求精神损害赔偿的，人民法院不予支持。

第五条 精神损害的赔偿数额根据以下因素确定：

（一）侵权人的过错程度，但是法律另有规定的除外；

（二）侵权行为的目的、方式、场合等具体情节；

（三）侵权行为所造成的后果；

（四）侵权人的获利情况；

（五）侵权人承担责任的经济能力；

（六）受理诉讼法院所在地的平均生活水平。

第六条 在本解释公布施行之前已经生效施行的司法解释，其内容有与本解释不一致的，以本解释为准。

实用附录

司法鉴定委托书

委托方：　　　　　　（盖章）　　　　　　〔　　〕号

委托时间		委托承办人		邮政编码	
联系地址				联系电话	
鉴定机构					
案情摘要：					
委托鉴定 事　　项					
委托鉴定 提交的材料					
是否申请 鉴定人回避			是否参加 鉴定旁听		
鉴定后需要 退还的材料					
其他事项					
注：鉴定时限、鉴定费用、鉴定文书送达方式等相关事宜，由委托方承办人与鉴定机构协商后，在《司法鉴定协议书》中明确。					

司法鉴定协议书

编号：_____

委 托 人		联 系 人	
联系地址		联系电话	
委托日期		送 检 人	
司法鉴定 机　　构	机构名称： 地　　址： 联 系 人：	许可证号： 邮　　编： 联系电话：	
委托鉴定事项 及　用　途			
委托鉴定 要　　求			
是否属于 重新鉴定			
检案摘要			
鉴定材料 目录和数量	检材： 鉴定资料：		
鉴定费用 及 收取方式	□按照委托鉴定事项分项目收费： ××××　　鉴定 ××××　　项目　　□标准　　□协议 　　　　　项目　　□标准　　□协议 　　　　　项目　　□标准　　□协议 　　　　　项目　　□标准　　□协议 □特殊鉴定项目收费 预计收费总计　　　元，人民币大写　　　　元整。		

鉴定文书发送方式	□ 自取 □ 邮寄　　地址： □ 其他方式（注明）
协议事项： 1. 鉴定机构应当严格依照有关技术规范保管和使用鉴定材料。鉴定委托人同意或者认可： 　□ 因鉴定需要耗尽检材； 　□ 因鉴定需要可能损坏检材； 　□ 鉴定完成后无法完整退还检材； 　□ 检材留样保存3个月。 2. 鉴定时限：从协议签订之日起_____个工作日完成。 　□ 遇复杂、疑难、特殊的技术问题，或者检验过程确需较长时间的，延长_____个工作日； 3. 特殊情形鉴定： 　□ 需要对女性作妇科检查； 　□ 需要对未成年人的身体进行检查； 　□ 需要对被鉴定人进行法医精神病鉴定； 　□ 需要到现场提取检材； 　□ 需要进行尸体解剖。 4. □ 需要补充或者重新提取鉴定材料的，延长_____个工作日。 　□ 委托人要求鉴定人回避。被要求回避的鉴定人姓名_____。 5. 鉴定过程中如需变更协议书内容，由协议双方协议确定。	
其他约定事项	
协议变更 事　　项	

鉴定风险 提　示	1. 鉴定意见属于专家专业性意见，其是否被采信取决于办案机关的审查和判断，鉴定人和鉴定机构无权干涉； 2. 由于鉴定材料或者客观条件限制，并非所有鉴定都能得出明确的鉴定意见； 3. 鉴定活动遵循独立、客观、公正的原则，因此，鉴定意见可能对委托人有利，也可能不利。	
委托人（机构） （签名或者盖章） 　　　　年　月　日		接受委托的鉴定机构 （签名、盖章） 　　　　年　月　日
备注		

司法鉴定流程图

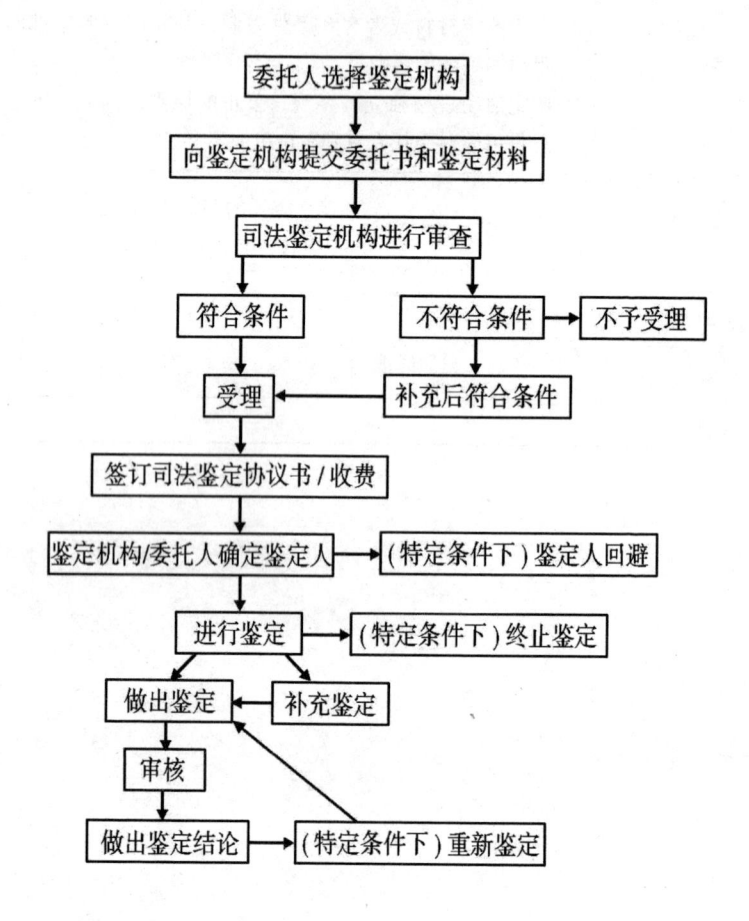

```
委托人选择鉴定机构
        ↓
向鉴定机构提交委托书和鉴定材料
        ↓
司法鉴定机构进行审查
    ↓           ↓
符合条件      不符合条件 → 不予受理
    ↓           ↓
    ↑ ← 补充后符合条件
受理
    ↓
签订司法鉴定协议书/收费
    ↓
鉴定机构/委托人确定鉴定人 → (特定条件下)鉴定人回避
    ↓
进行鉴定 → (特定条件下)终止鉴定
    ↓
做出鉴定 ← 补充鉴定
    ↓
审核
    ↓
做出鉴定结论 ← (特定条件下)重新鉴定
```

图书在版编目（CIP）数据

伤残鉴定与赔偿 / 中国法治出版社编. -- 8 版. -- 北京：中国法治出版社，2025.3. -- （实用版法规专辑系列）. -- ISBN 978-7-5216-5080-8

Ⅰ. D923.89

中国国家版本馆 CIP 数据核字第 2025AP7419 号

| 策划编辑：舒 丹 | 责任编辑：张 僚 | 封面设计：杨泽江 |

伤残鉴定与赔偿（实用版法规专辑系列）

SHANGCAN JIANDING YU PEICHANG (SHIYONGBAN FAGUI ZHUANJI XILIE)

经销/新华书店
印刷/保定市中画美凯印刷有限公司
开本/850 毫米×1168 毫米　32 开　　　　　印张/ 13.25　字数/ 275 千
版次/2025 年 3 月第 8 版　　　　　　　　　2025 年 3 月第 1 次印刷

中国法治出版社出版
书号 ISBN 978-7-5216-5080-8　　　　　　　　　定价：32.00 元

北京市西城区西便门西里甲 16 号西便门办公区
邮政编码：100053　　　　　　　　　传真：010-63141600
网址：http://www.zgfzs.com　　　　　编辑部电话：010-63141663
市场营销部电话：010-63141612　　　印务部电话：010-63141606

（如有印装质量问题，请与本社印务部联系。）